Objetivo Trabalhar num Navio

OBJETIVO TRABALHAR NUM NAVIO

Álvaro Máximo Sardinha

TransporteMarítimoGlobal
Lisboa, Portugal

Ficha Técnica

Título: Objetivo Trabalhar num Navio
Autor: Alvaro Máximo Sardinha
Design: Paula Ruivo
N.º páginas: 332
Formato: 15 x 23 cm
Editora: Transporte Marítimo Global

Contatar o autor: tm 917020363 | alvarompsardinha@gmail.com

Para mais informações visite www.transportemaritimoglobal.com

DEDICADO

.. a todos quantos se interrogam,

se o Mar é bom caminho e ainda maior destino.

*Se queres estar bem a bordo de um navio, não deixes o
tempo passar apressado para outros destinos.
Segue orientações mas não esperes por vozes de comando
ou manual de instruções.*

Descobre e renova-te em cada dia.

*E falando de investimentos, seguros e certos de elevados
ganhos de curto a longo prazo, considera as opções por
conhecimento, aprendizagem, desafio e obra feita.*

Com evidências declaradas.

CONTEÚDOS

UM FESTIVAL DE OPORTUNIDADES

Este livro foi escrito por quem trabalha num navio, para quem quer trabalhar em navios. Não é uma biografia nem sequer um diário de bordo. Não fala de outros, é dedicado a si. Não fala de passado, antes de futuro. Das oportunidades únicas que o autor, com experiência de trabalho em navios de cruzeiros, encontra todos os dias e perante as quais se questiona:

– Porque não estão aqui mais portugueses?

A principal razão para este facto, consiste na falta de informação e na ausência de respostas corretas e comprovadas, para as seguintes questões:

– O que significa trabalhar num navio? O que ganho com isso?
– Possuo informação suficiente para querer realmente perseguir este objetivo?
– Que competências me faltam? Que certificados preciso?
– Quero trabalhar num navio. Por onde começo?
– Como diferencio e valorizo a minha candidatura para entrar num navio?

O livro Objetivo Trabalhar num Navio, transmite os conhecimentos essenciais sobre a indústria do transporte marítimo e revela os segredos das profissões, certificação, acesso a emprego e condições reais de vida e trabalho em navios de carga e de cruzeiros. Apesar de todo o vasto conhecimento que partilha, não é um compêndio nem um dicionário do mar e do transporte marítimo. É, isso sim, um mapa para um tesouro, um guia que revela segredos e que ensina a contornar obstáculos, um plano de pensamento e de ação, para alcançar um promissor e valioso objetivo – Trabalhar num Navio!

Convido-o a ler este argumento e a adaptá-lo ao seu tempo, história e vontade. Absorva as ideias, as provas e os atalhos. Depois, suba ao palco e desempenhe o seu papel com atitude. Decida, seguro e confiante, os seus próprios caminhos, prepare a viagem e acerte o seu destino.

O livro Objetivo Trabalhar num Navio, convida-o para um festival de oportunidades profissionais, o local onde pode escolher e preparar uma carreira internacional gratificante.

Construa o seu futuro com sucesso – venha Trabalhar num Navio!

1

HÁ LUGAR PARA
MIM?

Perco a conta ao número de pessoas que me têm colocado esta questão. Respondo sempre da mesma forma:

– Trabalhar num navio inclui um vasto universo de atividades profissionais, algumas das quais mais exigentes em termos de qualificação, outras nem por isso. Por esta razão, trabalhar num navio depende apenas de cada um, do seu objetivo, do seu nível de informação acerca da carreira, da sua vontade, da sua disponibilidade para desenvolver competências, da sua perseverança, disciplina e método. Porém, as questões que se deveriam colocar em primeiro lugar seriam:

– O que significa trabalhar num navio? Possuo informação suficiente para querer realmente perseguir este objetivo? Possuo as características certas para aproveitar esta oportunidade?

O livro *Objetivo Trabalhar num Navio* responde a estas questões, de forma clara, completa e detalhada. Este é o livro que deve ler para obter informação real e atualizada, para alargar a sua visão, planear e completar as suas competências. Depois, entrar num navio e seguir à descoberta do mundo e de diferentes civilizações, de uma forma única e exclusiva dos marítimos (homens e mulheres que trabalham em navios).

Trabalhar num Navio é para si. Mas tem de o querer.

O transporte marítimo é a espinha dorsal do comércio internacional e um motor da globalização, constituindo um pilar fundamental da civilização que conhecemos. Mais de 90.000 navios transportam atualmente 90% do comércio mundial e empregam 1,5 milhões de marítimos. O mundo do transporte marítimo é crucial para a nossa existência quotidiana, mas poucas pessoas têm ideia do que acontece em alto-mar.

Uma oportunidade a considerar

Trabalhar num navio constitui uma carreira internacional. Não só porque Portugal tem um número insignificante de navios, face ao mercado global, mas porque os conteúdos de ensino e os processos de certificação são normalizados a nível global. Quer isto dizer, que a formação especializada realizada em Portugal, é certificada e reconhecida em todo o mundo, podendo assim trabalhar em qualquer navio, de qualquer nacionalidade. O que significa que o investimento na formação, na área do transporte marítimo, tem um elevado retorno – o mercado de trabalho é global, praticamente sem fronteiras ou barreiras.

Trabalhar num navio é para todos. Mas nem todos são (aptos) para trabalhar num navio. Trata-se de uma carreira que requer suficiente robustez física e psíquica, estabilidade emocional, vontade de viajar, facilidade de integração em ambiente multiculturais, conhecimentos básicos ou avançados de inglês consoante a área de atividade, alguma capacidade financeira para um investimento inicial em formação de qualificação, e atitude (muito) positiva.

E a idade? É um fator eliminatório?

Grande e comum questão para a qual existe uma única e simples resposta:

– A idade não é, regra geral, fator eliminatório na entrada num navio. As lacunas de competências sim. A falta de informação e a deficiente pré integração na comunidade marítima também. A ausência de um plano e de determinação para o executar, constituem igualmente importantes obstáculos.

As maiores limitações são, porém, as que criar na sua cabeça, a falta de confiança, as respostas negativas que der a si próprio. A saúde é o verdadeiro fator eliminatório. Não só porque os testes médicos, necessários e exigidos pelas companhias, são cada vez mais exigentes. Também porque não vai querer estar a bordo de um navio, se não estiver 100% capaz, física e intelectualmente.

O que ganho com isso?

Parece uma questão egocêntrica mas sustenta-se de sentido. Faz parte do processo de integração de informação, para avaliação e suporte a importantes decisões. Afinal, falamos de opções profissionais, de seleção de caminhos que podem fazer toda a diferença no futuro.

Trabalhar num navio tem aspetos positivos e negativos. Nos primeiros, destaco o facto de poder ganhar (poupar) dinheiro, muitas vezes livre de impostos, viajando e conhecendo outras culturas, algumas com as quais não iria decerto ter contato ao longo da sua vida. Acrescento ainda o convívio com naturezas gigantes, secretas, inspiradoras e com pessoas únicas. E, finalmente, o enriquecimento único do currículo, com uma experiência reconhecida e valorizada em qualquer área. Particularmente nos serviços em terra, das companhias que operam navios e nas indústrias similares às dos navios ou tecnologias utilizadas.
Nos aspetos menos positivos, a saudade da família, dos amigos, da alegria e diversidade da nossa gastronomia. Também o afasta-

mento da atualidade e da cultura geral. As notícias ficam distantes, os cinemas e teatros mais ainda, as comunicações sofrem e a internet, a maior parte das vezes e quando disponível, paga-se.

O mercado do turismo em navios de cruzeiros encontra-se em franca expansão, com resultados de exploração milionários, estando prevista a construção e lançamento de mais de 40 novos navios de grande porte até 2022. Este crescimento é acompanhado da necessidade de contratação de tripulações, com ou sem especialização, tendo os portugueses uma excelente imagem profissional neste setor.

24/7

Trabalhar num navio significa estar disponível 24 horas por dia, 7 dias por semana. Significa trabalhar cerca de 11 horas por dia. Além do desempenho das suas funções profissionais regulares, deve estar preparado para exercer funções no domínio da segurança, nomeadamente na salvaguarda de vidas, da carga e do navio.

Significa também, conviver praticamente sempre com as mesmas pessoas, integrado na equipa de trabalho ou em espaços limitados. Adicionalmente, nos navios de cruzeiros, partilhar cabinas com uma ou mais pessoas, suportar a quase total ausência de privacidade, ter acesso a internet a velocidade reduzida e a preços elevados. E, ainda assim, desfrutar e sorrir, voluntariamente.

De facto, embora esta informação pareça assustadora, na realidade, o ritmo de vida num navio conduz-nos de forma natural e saudável, a trabalhar e a conviver mais, e a dormir menos. Há sempre muito para fazer, para aprender e para crescer.

Posso realmente visitar as cidades por onde o navio passa?

Depende de muitos fatores. Principalmente do tipo de navio e das rotas em que opera. Em alguns navios de transporte de carga, é comum passar muito tempo no mar e pouco tempo em terra. E quando em porto, devido ao reduzido número de tripulantes e às operações de carga e descarga, visitas e inspeções, pode tornar-se difícil a saída.

Em navios de passageiros, nomeadamente de cruzeiros, quase todos os dias se visita um local diferente. A navegação é realizada durante a noite e os percursos mais longos são ocasionais. Normalmente, a tripulação tem tempo para sair e visitar as cidades, exceto quando se situam distantes dos portos. As equipas organizam-se e, sem prejuízo dos serviços do navio, encontram rotações de saídas, que praticamente não deixam ninguém a suspirar. Na maior parte dos locais, é possível usufruir de 2 a 4 horas de tempo livre para compras, alimentação, praia, fotografia, eventualmente excursões, etc. Por vezes mais, quando o navio pernoita em alguma cidade. Nestes casos, uma grande parte da tripulação, passa a noite fora do navio descobrindo as delícias locais, descomprimindo tensões e aprofundando relacionamentos. Claro que algumas profissões têm mais restrições que outras, mas ninguém está preso. Existem sim, tripulantes que não se ausentam do navio, por opção própria. O que deixa mais espaço para outros aproveitarem esse benefício.

E a alimentação?

Uma citação marítima afirma:

> *"Bad cooking is responsible for more trouble at sea than all other things together"*

Algumas companhias conhecem esta citação e respeitam-na. Reconhecem que as suas tripulações são o mais importante ativo das suas empresas, investindo na sua nutrição e na variedade de oferta gastronómica. Porém, tal não sucede em muitas companhias. Em alguns navios, a alimentação deixa muito a desejar. Não por culpa dos cozinheiros, tão pouco pela ausência de ingredientes de qualidade. A maior parte das vezes, por falta de políticas adequadas e de liderança para as implementar.
Verifica-se porém outro fenómeno, particularmente nos navios de cruzeiros. Enquanto os passageiros entram e saiem praticamente todas as semanas, os tripulantes vivem meses a bordo dos mesmos. É natural que, ao fim de algum tempo, as ementas e os métodos culinários se tornem repetitivos, o que pode conduzir a alguma perda de apetite. Nestes casos torna-se imperativo a saída em portos e o investimento em diversidade alimentar local.

O que é restrito/ proibido?

O transporte ou consumo de drogas é absolutamente proibido a bordo dos navios, como seria de esperar. O consumo de álcool é restrito. Neste caso, a permissividade varia de navio para navio, mas a tendência é generalizada: drogas e álcool não se enquadram com a responsabilidade requerida, a todos os tripulantes de navios. Particularmente em navios de cruzeiros, são comuns inspeções surpresa a cabinas, inspeções em porto por polícia especializada e controlo aleatório de níveis de álcool no sangue. Nos bares destinados à tripulação, apenas se vendem bebidas de baixo teor alcoólico e, a todas as outras, é proibida a entrada a bordo.

Um navio é uma comunidade onde todos dependem de todos. Um ambiente fechado e de espaço relativamente reduzido, onde a segurança é levada muito a sério. Não só o navio se encontra em movimento, por vezes sujeito a mares e ventos desafiantes, como existem a bordo sistemas e espaços que necessitam de elevada vigilância e controlo, nomeadamente na prevenção de incêndios. Enquanto em terra, na ocorrência de um acidente, pode chamar os bombeiros e fugir para longe, num navio vai com certeza ter uma missão no seu combate ou na salvaguarda de vidas, da carga e do navio. Prevenir é a palavra-chave. Controlar o consumo de álcool e excluir o consumo de drogas é um passo fundamental. Por isso, se quer trabalhar num navio, beba moderadamente. E esqueça os consumos proibidos. Para bem de todos.

E as tempestades?

Todos os navios são calculados e construídos para navegar em mares calmos e menos calmos, e também sob intempéries, incluindo ondas de 12 metros e ventos superiores a 100 Km. Evidentemente, nenhum navio foi projetado para suportar fenómenos meteorológicos extremos, incluindo furacões, ciclones tufões e tornados, sendo a navegação normalmente evitada nas zonas onde os mesmos se desenvolvem e evoluem. Felizmente, nos dias de hoje a informação meteorológica disponível permite prever e antecipar a evolução das condições no mar, propiciando uma análise atempada e as melhores decisões por parte dos comandantes dos navios e das respetivas companhias.

Relativamente aos navios de cruzeiros, os programas de viagens são preparados e vendidos com muita antecedência, pelo que, regra geral, os mesmos não são cancelados, embora possam ser modificados os seus portos de escala, de acordo com as condições registadas na data da realização dos cruzeiros. Registando-se situações de significativo mau tempo, por vezes os navios ficam retidos em portos aguardando melhores condições; em outros casos alteram-se os percursos de viagem. Porém, de forma a cumprir os calendários previstos, principalmente de início e de fim de cada cruzeiro, nem sempre é possível evitar o mau tempo nos percursos destes navios, com o natural prejuízo para os passageiros que não desfrutam da sua viagem nas melhores condições e para os tripulantes que têm de assegurar os serviços, mesmo que com o natural enjoo.

> *"- Diz-me por favor, para onde devo ir a partir daqui?*
> *– Isso depende muito donde queres chegar – disse o Gato.*
> *– Não me interessa muito onde... – respondeu Alice.*
> *– Então não interessa para onde vais – replicou o Gato"*
> Lewis Carrol, Alice no País das Maravilhas

Quero Trabalhar num Navio! Onde apresento a minha candidatura?

Respondo com algumas questões:

– Conhece suficientemente a indústria do transporte marítimo?
– Qual a função que pretende desempenhar?
– Fez um plano detalhando os recursos, as competências e as ações necessárias?
– Tem um CV marítimo vencedor, em inglês?
– Possui os documentos e certificados necessários?
– Tem as malas prontas para embarcar amanhã?
– Sente-se já parte integrante da comunidade marítima, mesmo sem ter ainda embarcado?

Se não tem, pelo menos seis respostas afirmativas, leia este livro até ao fim. Encontrará a informação que necessita, para colocar um pouco de sal na sua apresentação, ingrediente absolutamente necessário. Depois poderá apresentar-se ao mercado – preparado e vencedor. Existem muitas empresas, às quais se pode candidatar para trabalhar num navio, direta ou indiretamente. Existem mais profissões em navios, dos que as que consegue imaginar. Existem empresas que o podem recrutar, que nem sequer imagina neste momento. Existem, inclusive, alguns tipos de navios e de atividades marítimas que desconhece.

Pode encontrar ou ser encontrado. Depende da sua visibilidade, da sua reputação e das suas ligações sociais. E da sua capacidade de promover e vender o seu proviço (o seu mix produto/serviço), o valor que as empresas realmente procuram e compram. Fundamental, se não tem uma comunicação vencedora, pondere nem sequer a apresentar. Será perda de tempo. E de estima.

"Não é o que não sabe que traz problemas. É quando o que pensa que sabe não corresponde à verdade."

Mark Twain

2

ONDE ESTÁ A OPORTUNIDADE?

O mercado de trabalho em navios

Para uma análise com rigor e orientada ao desenvolvimento de carreira profissional a bordo de navios, interessa classificar e agrupar os mesmos, em três grandes áreas que incluem, no total, mais de 90.000 unidades:

– Os navios de carga, incluindo carga geral, os graneleiros (graneleiros sólidos, petroleiros, químicos, gases liquefeitos) e os navios de carga unitizada (porta-contentores e roll-on/roll-off);

– Os navios de passageiros, incluindo os ferries, os ferries-cruzeiros e os navios de cruzeiros, que oferecem um grande número de oportunidades de trabalho na área de hotelaria, turismo, entretenimento, etc;

– Os navios auxiliares/ especializados, nomeadamente os rebocadores, embarcações de salvamento, navios quebra-gelo, navios de apoio a plataformas, navios de pesquisa, etc.

Embora a indústria da pesca, seja também um importante mercado de trabalho para muitas categorias de marítimos, excluímos da presente análise as embarcações ligados a este setor.

Navios de carga

Ao longo do século passado, a indústria do transporte marítimo registou uma tendência geral de crescimento, no volume total do comércio. A crescente industrialização e a liberalização das economias, têm alimentado o livre comércio e a procura por produtos de consumo. Estima-se que ao longo das últimas quatro décadas, o comércio marítimo tenha quadruplicado o seu volume de atividade. No entanto, tal como acontece em todas as indústrias, o transporte marítimo é também suscetível a crises económicas. Com efeito, e sendo inerentemente servo da economia, foi também vítima da crise global que se registou no final de 2008, com forte impacto na contração do consumo, que se traduziu na redução dramática e abrupta da procura de transporte marítimo. Os efeitos da referida crise continuam ainda hoje presentes, afetando de uma forma geral todo o mercado do transporte de carga, embora de forma diferenciada.

Não obstante a situação atual, as perspetivas de longo prazo para a indústria do transporte marítimo continuam a ser boas. A população mundial continua a expandir-se e as economias emergentes vão continuar a aumentar a sua procura por produtos e matérias-primas, que o transporte marítimo distribui de forma segura e eficiente. Esse crescimento regista-se já de forma constante nos últimos anos. A longo prazo, o facto do transporte marítimo ser, entre os vários meios, o mais eficiente em termos de emissões de carbono, vai potenciar ainda mais o seu crescimento.

Segundo o estudo publicado em 2016 pela IHS (IHS Maritime &

Trade: 2016 Global Trends Outlook), apesar da elevada instabilidade do mercado de transporte marítimo de carga, perspetivam-se melhorias contínuas significativas para o mercado de transporte de contentores e para o mercado de transporte de petróleo e produtos derivados. O mercado de transporte de carga a granel tem apresentado dificuldades, mas perspetivam-se melhorias a curto prazo.

Importa registar que, segundo um estudo publicado pela Statista em 2015, dos cerca de 50.000 navios de carga com arqueação bruta igual ou superior a 500, em atividade atualmente, 34% são navios graneleiros (bulk carriers), 22% são navios de carga geral (general cargo ships), 14% são navios petroleiros (crude oil tankers), 10% são navios porta-contentores (container ships), 10% são navios de transporte de químicos (chemical tankers), 8% são navios roll-on/roll-off e de passageiros (ro-ro and passenger ships) e 3% são navios de transporte de LNG (liquified natural gas tankers). É no entanto curioso registar, que em termos do valor global da carga transportada, segundo estudo da Lloyd's Maritime Intelligence, o transporte contentorizado detém 52% do valor, seguido dos navios tanque com 22%, os navios de carga geral com 20% e, finalmente, os navios de transporte de carga sólida a granel, com 6%.

Navios de passageiros e de veículos – ferries

Um ferry é um navio utilizado para transportar passageiros e/ou veículos, através de um corpo de água, de forma frequente e regular. Os ferries incluem pequenas embarcações, que transportam passageiros através de um porto, lago ou rio, e grandes navios de mar que transportam passageiros, carros, camiões e outras cargas pesadas, através de longas distâncias, em que são necessárias acomodações para dormir. Alguns destes últimos, caracterizam-se pela sua grande dimensão e oferta de serviços semelhantes aos dos navios cruzeiros, merecendo a classificação de ferries-cruzeiro.

Existem, atualmente, cerca de 1.300 ferries com arqueação bruta

superior a 1.000 GT (toneladas de arqueação bruta) e milhares de
ferries de menor dimensão. Além disso, existem ainda cerca de
1.800 ferries rápidos (ferries com velocidade de pelo menos 25
nós). A indústria de ferries mundial, transporta cerca de 2,1 mil
milhões de passageiros por ano, mais de 250 milhões de veículos
e 32 milhões de reboques. A título de comparação, a indústria da
aviação comercial, transporta 2,3 mil milhões de passageiros por
ano. Não estão incluídos neste grupo, os navios roll-on/roll-off,
que apenas transportam veículos, sendo os mesmos classificados
como navios de carga unitizada.

Navios de passageiros – cruzeiros

O setor dos navios de cruzeiros, tem apresentado um crescimento sustentado ao longo dos últimos anos, apontando todas as
previsões para uma continuidade na próxima década. Na sua globalidade, a indústria de cruzeiros apresenta uma faturação conjunta de cerca de 40 mil milhões de dólares anuais, quase 1/5
do produto interno bruto de Portugal. Segundo a CLIA (Cruise
Lines International Association), em 2015 existiam em operação
270 navios de cruzeiros oceânicos e 151 navios de cruzeiros
em rios. No seu conjunto, disponibilizavam um total de 482.000
camas. No mesmo ano, foram investidos 4 mil milhões de dólares
na aquisição de 22 novos navios, oferecendo mais 20.000 camas.

De acordo com a pesquisa realizada pela UNWTO (United Nations World Tourism Organization), ao longo dos anos 2004 a
2014, os cruzeiros de férias têm crescido mais rapidamente em
popularidade, que as férias em destinos terrestres, por uma margem de 23 por cento. Efetivamente, as companhias de cruzeiros
estão constantemente a atualizar as suas ofertas, proporcionando
opções de itinerários quase ilimitadas, oferecendo experiências
únicas em todo o mundo, a um valor cada vez mais acessível.
A variedade da oferta tem também proporcionado um cruzeiro
para cada tipo de viajante, desde famílias completas com crianças, a pessoas que procuram turismo de luxo e requinte em

locais paradisíacos. Existe assim, uma experiência de cruzeiro para cada desejo de viagem.

Segundo a Statista, considerando a faturação de 2009 a 2015, a indústria global de cruzeiros tem aumentado o seu volume de negócios em cerca de 7,6% ao ano. Não é assim de estranhar, que esteja hoje prevista a construção de mais de 40 novos grandes navios até 2022, o que significa um aumento de oferta de 129.000 camas.

Considerando apenas os cruzeiros oceânicos, são anualmente servidos 23 milhões de passageiros, metade dos quais têm origem nos Estados Unidos. Para 2016, esperam-se 24 milhões de passageiros. Segundo estatísticas recentes, estima-se que, em média, cada passageiro representa uma faturação de 1.700 dólares, apenas no bilhete de entrada. Os consumos internos atingem quase o mesmo valor por passageiro, levando a que cada um represente, em média, um lucro de 180 dólares, o que corresponde a um lucro total anual, de cerca de 4 mil milhões de dólares. (Fonte: Statista)

A maior organização privada de exploração de navios de cruzeiros, é o Grupo Carnival que inclui 10 companhias (Carnival, Princess Cruises, Holland America Line, Seabourn, Cunard, Aida, Costa Cruises, Fathom, P&O Cruises UK e P&O Cruises Australia). Explora atualmente mais de 100 navios, empregando cerca de 95.000 pessoas. A segunda maior empresa de cruzeiros, a Royal Caribbean Cruises, explora atualmente 42 navios e emprega mais de 65.000 pessoas, de 120 países diferentes. Integra 6 companhias (RoyalCaribbean, Celebrity Cruises, Azamara Club Cruises, Pullmantur, Croisieres de France e Tui Cruises).

Muitos dos navios de cruzeiros construídos recentemente, são de grandes dimensões, com capacidade para transportar mais de 6.000 passageiros e com mais de 2.000 tripulantes. Quer isto dizer que, com as necessidades de rotação de equipas ao longo do ano (férias), um só destes navios pode empregar 4.000 pessoas.

Veja por exemplo o caso do navio MV Harmony of the Seas, da Royal Caribbean Cruises, que iniciou atividade em 2016: trezentos e sessenta e dois metros de comprimento, setenta metros de altura, dezasseis pisos, sete bairros, vinte restaurantes, capacidade para transportar mais de seis mil passageiros e mais de dois mil tripulantes.

A área geográfica onde se realizam mais cruzeiros, é a região das Caraíbas, com cerca de 34% de quota de mercado. Seguem-se a região do Mediterrâneo, com cerca de 19%, a região da Ásia/Pacífico com cerca de 10% e o norte da Europa, com 8.5%.

Navios de passageiros – iates

De acordo com os dados da Superyacht Intelligence, existem atualmente mais de 5.000 iates em operação, 4.000 dos quais com comprimento entre 30 e 45 metros e 1.400 com mais de 45 metros. Não existe um padrão na indústria, para a diferenciação entre os vários tipos de iates. No entanto, tem sido geralmente aceite, que os superyachts têm um comprimento de 36 a 60 metros e os megayacht apresentam um comprimento superior a 60 metros. A tripulação necessária, para operar um iate de luxo ou superyacht de luxo, pode incluir 8 membros para um iate de 36 metros e atingir 60 ou mais tripulantes, no caso de navios maiores. A tripulação é composta por um comandante, um chefe de máquinas e oficiais de máquinas, um imediato e oficiais de ponte, um contramestre, marinheiros, chefes de cozinha e empregados de restauração e hotelaria, entre outros.

Os iates de luxo são mantidos pela tripulação durante todo o ano, muitas vezes com uma equipa reduzida, durante as estações em que os proprietários não estão a bordo ou os iates não estão alugados. A maioria dos membros da tripulação vive a bordo e recebe um salário mensal, com a maioria dos custos de vida cobertos pelo proprietário. Todos os iates de luxo têm áreas para a tripulação, abaixo do convés, incluindo área de refeições, alojamentos e lavandaria. A maioria dos alojamentos possui beliches.

Nos iates de maior dimensão, os comandantes e chefes de máquinas, têm acomodações independentes. Não há horários de trabalho rígidos, dependendo do facto de os proprietários estarem a bordo, do navio estar fretado ou de existirem clientes a bordo.

Para uma melhor perceção deste tipo de embarcações, mencionamos o M/Y Eclipse, o segundo maior iate privado do mundo, com 163,5 metros de comprimento, construído em 2010 pela Blohm + Voss de Hamburgo, Alemanha. E também o M/Y Azzam, o maior iate privado do mundo, com 180 metros de comprimento, construído pela Lürssen Yachts, tendo sido lançado em Abril de 2013. Entre muitas outras características, o iate possui um salão principal com 29 por 18 metros, com um plano aberto e sem pilares. A velocidade máxima atinge os 32 nós, sendo a propulsão garantida por uma combinação de duas turbinas a gás e dois motores diesel, com uma potência total de 94.000 cavalos.

Regulamentação internacional

A marinha mercante de comércio é uma das indústrias mais fortemente regulamentadas, tendo sido uma das primeiras a adotar padrões internacionais de segurança. Sendo o transporte marítimo uma indústria inerentemente internacional, a sua regulamentação é desenvolvida a nível global, sendo vital que esteja sujeita a normalização nas áreas de projeto e de construção, nas regras de navegação e de manutenção, na formação e competências da tripulação e em muitas outras. Se assim não fosse, existiria uma infinidade de regulamentações nacionais, eventualmente contraditórias, resultando em distorção comercial, confusão administrativa e conflitos legais, comprometendo a eficiência do comércio mundial.

Adicionalmente, a normalização global imprime velocidade e dinâmica, na implementação de emendas de convenções existentes e na ratificação de novas, o que obriga os países com maior inércia a agirem, sob o risco de serem expostos a visibilidade negativa e a forte penalização, protegendo assim os interesses das empresas e dos cidadãos.

Por outro lado e como já afirmado, a existência de normalização na formação e certificação dos marítimos, conduz a um mercado global de oportunidades, praticamente isento de fronteiras ou de regras particulares, o que torna apetecível o desenvolvimento de carreira nesta área.

Marítimo, marinheiro, seafarer, seaman, tripulação, crew, staff, etc

Antes de falarmos das profissões disponíveis a bordo de navios, importa clarificar qual o termo comum a todas elas, a classificação que podemos atribuir a todas as pessoas que realizam o seu sustento, através do trabalho a bordo de navios. Como veremos, não é fácil clarificar o que separa o significado dos termos apresentados. O homem do mar é cada vez mais internacional e isento de fronteiras, seguindo padrões e normalização de terminologia e de carreiras. São porém os diferentes idiomas e os seus termos e definições, que se encarregam, ainda, por criar alguma desordem em toda esta arrumação.

Quem é o seafarer?
As definições encontradas em várias fontes documentam assim:

– Seafarer é o *"Marinheiro, navegante, homem do mar"*, afirma a Google;

– *"Marinheiro, uma pessoa que viaja por mar"*, sublinha o Free dictionary;

– *"Uma pessoa que viaja regularmente por mar"*, desafiam os Oxford dictionaries;

– *"Alguém que trabalha ou viaja num barco ou navio no mar"*, confirma a Encyclopedia Britannica.

Quem é o marinheiro?
Voltam a ser as definições a apontar caminhos. O marinheiro encontra sentido no mar e também nos rios e nos lagos, virtualmente onde se possa navegar. Segundo a wikipédia,

"Marinheiro é, em sentido lato, uma pessoa que opera embarcações ou assiste à sua operação, manutenção ou serviço. O termo aplica-se aos profissionais das marinhas de comércio e pesca, aos militares das marinhas de guerra e aos profissionais e amadores certificados da náutica de recreio. Além do sentido lato, no qual se refere desde ao grumete até ao almirante, nas marinhas de guerra o termo "marinheiro" designa, em sentido restrito, uma ou mais graduações dentro da categoria dos praças. Igualmente, na marinha mercante, o termo "marinheiro" refere-se a uma ou mais categorias profissionais do pessoal do convés, dentro do escalão da marinhagem."

Segundo o dicionário Priberam,

"Marinheiro é uma pessoa que trabalha a bordo de um barco; homem do mar (principalmente quando embarcado), o mesmo que marítimo ou marujo". Do ponto de vista militar acrescenta, *"Indivíduo da marinha de guerra; praça da armada com graduação inferior à de cabo e superior à de grumete"*. E finaliza, *"Termo relativo à vida no mar ou às pessoas que trabalham a bordo de um barco. O mesmo que Marítimo."*

A Infopédia (dicionários Porto Editora) esclarece,

"Marinheiro é um indivíduo que trabalha a bordo de uma embarcação; indivíduo entendido na arte da navegação". Do ponto de vista militar acrescenta, *"Designação comum aos militares que ocupam um dos postos superiores a grumete e inferiores a cabo (primeiro-marinheiro e segundo-marinheiro)".*

O Dicionário InFormal, de origem brasileira acrescenta,

"Marinheiro é o indivíduo que trabalha num iate ou embarcação de porte". Do ponto de vista militar, *"Militar da armada de graduação menor que a de cabo".* Esclarece ainda, *"Homem do mar, bom nadador e apto a navegar".* E surpreende, *"Popularmente, marinheiro é um fragmento de fezes renitente, que não afunda e muito menos deixa-se levar pela descarga."*

Quem é o Marítimo?
Para se explicar o marítimo, temos de nos socorrer da definição de marinha mercante. Segundo a wikipédia,

"A marinha mercante é o conjunto das organizações, pessoas, embarcações e outros recursos dedicados às atividades marítimas, fluviais e lacustres de âmbito civil. A marinha mercante é normalmente subdividida em três ramos:
– Marinha de comércio, dedicada, essencialmente, às atividades económicas de transporte de passageiros e de carga, através do mar, de rios, de lagos e de canais;
– Marinha de pesca, dedicada à atividade da pesca;
– Marinha de recreio, dedicada ao desporto náutico e às outras atividades recreativas.
Além destes três ramos, a marinha mercante também inclui as atividades transversais aos mesmos, como a autoridade marítima, a formação náutica, as operações portuárias e a investigação marinha."

Podemos agora esclarecer que, em Portugal, todas as pessoas que trabalham na marinha mercante, a bordo de navios – de todos os escalões, categorias e carreiras – são designados, genericamente, por "marítimos". Esta classificação inclui os profissionais de transporte marítimo e os profissionais da pesca. O termo "marítimo" surge, aparentemente, como uma simplificação da expressão "trabalhadores marítimos" ou "inscritos marítimos".

E no Brasil? Interessa primeiro definir o termo "Transporte Aquaviário". Segundo a Portopédia,

"O transporte aquaviário, aquático ou hidroviário consiste no transporte de mercadorias e de passageiros por barcos, navios ou balsas, via um corpo de água, tais como oceanos, mares, lagos, rios ou canais. O transporte aquático engloba tanto o transporte marítimo, utilizando como via de comunicação os mares abertos, como o transporte fluvial, usando os lagos e rios. Como o transporte marítimo representa a grande maioria do transporte aquático, muitas vezes é usada esta denominação como sinónimo."

Percebemos assim que, no Brasil, os profissionais da marinha mercante são globalmente designados como "aquaviários", os quais se dividem em vários grupos, entre os quais o dos "marítimos", o dos "fluviários" e o dos "pescadores".

Marítimo = Aquaviário = Seafarer

Tendo em conta o objetivo do presente livro, transmitir conhecimentos e visibilidade sobre a indústria do transporte marítimo, na sua globalidade, potenciando o desenvolvimento de carreira profissional no setor, importa clarificar definitivamente quem é o marítimo. O texto apresentado previamente, é informativo e esclarecedor, mas importa sustentar o mesmo, em definições reconhecidas internacionalmente. Socorremo-nos para o efeito, do instrumento que regula o trabalho marítimo, a Convenção MLC 2006 (Maritime Labour Convention). Esta Convenção é um instrumento da ILO (International Labour Organization), uma agência especializada das Nações Unidas, tendo sido adotada até à data por mais de 70 países. Na referida Convenção, podemos ler no artigo II, parágrafo 1 (f):

"Marítimo designa qualquer pessoa empregada ou contratada ou que trabalha, a qualquer título, a bordo de um navio ao qual se aplique a presente convenção."

A MCA (Maritime & CoastGuard Agency) do Reino Unido, reconhece a importância da definição e, na respetiva implementação interna da MLC 2006, acrescenta e clarifica:

"Marítimo (seafarer) designa qualquer pessoa, incluindo o comandante, que esteja empregada ou contratada ou que trabalhe em qualquer forma, a bordo de um navio e cujo local normal de trabalho é num navio."

Concluímos assim que o marítimo (seafarer), é qualquer pessoa que realiza o seu sustento através do trabalho a bordo de navios. Quer a atividade profissional seja de piloto do navio, médico, músico, massagista, ou qualquer outra disponível nos mesmos. Importa esclarecer, à luz das definições anteriores, que uma pessoa que embarca num navio como passageiro e que, enquanto a bordo, decide trabalhar na sua atividade (escrever, enviar emails, gerir remotamente, etc), não é um marítimo.

Profissões em navios de carga

As atividades profissionais a bordo de navios de carga, estão relativamente normalizadas a nível global. Em Portugal, as mesmas são definidas pelo Regulamento de Inscrição Marítima (RIM), cuja revisão, documentada no decreto-lei 280/2001, se encontra ainda hoje em vigor, registando-se apenas algumas alterações posteriores, que não introduzem modificações nas categorias profissionais.

O RIM estabelece as normas reguladoras da atividade profissional dos marítimos, incluindo as relativas à sua inscrição marítima e à emissão de cédulas marítimas; à sua aptidão física, classificação, categorias e requisitos de acesso e funções a desempenhar; à sua formação e certificação, reconhecimento de certificados, recrutamento e regimes de embarque e de desembarque e à lotação de segurança das embarcações.

Segundo o mesmo e relativamente às atividades profissionais, os marítimos classificam-se de acordo com os escalões e as categorias seguintes:

Escalões dos marítimos:

- Oficiais
- Mestrança
- Marinhagem

O escalão dos oficiais compreende as seguintes categorias de marítimos:

- Capitão da marinha mercante
- Piloto de 1ª classe
- Piloto de 2ª classe
- Praticante de piloto
- Maquinista-chefe
- Maquinista de 1ª classe
- Maquinista de 2ª classe
- Praticante de maquinista

O escalão da mestrança compreende as seguintes categorias (não incluindo categorias relacionadas exclusivamente com embarcações de pesca):

- Contramestre
- Operador de gruas flutuantes
- Maquinista prático de 1ª classe
- Maquinista prático de 2ª classe
- Maquinista prático de 3ª classe
- Eletricista
- Mecânico de bordo
- Cozinheiro

O escalão da marinhagem compreende as seguintes categorias de marítimos (não incluindo categorias relacionadas exclusivamente com embarcações de pesca):

- Marinheiro de 1ª classe
- Marinheiro de 2ª classe
- Marinheiro do tráfego local
- Marinheiro de 2ª classe do tráfego local
- Marinheiro-maquinista
- Ajudante de maquinista
- Empregado de câmaras
- Ajudante de cozinheiro

Como referido, todos os profissionais das áreas indicadas podem realizar a sua inscrição marítima, sendo-lhes emitido um documento de validade nacional e internacional, conhecido por cédula marítima.

Profissões em navios de cruzeiros

As atividades profissionais a bordo de navios de cruzeiros, incluem todas as indicadas para os navios de carga e adicionam uma infinidade de outras atividades, comuns nos setores de turismo e hotelaria. Entre as mesmas incluem-se as áreas de restauração, entretenimento, saúde e beleza, comércio, casino, fotografia e vídeo, logística, gestão de recursos humanos, marketing e comunicação, serviços financeiros, excursões, gestão de clientes, etc.

Importa aqui apresentar uma lista exaustiva, que informe devidamente todos os que consideram desenvolver carreira a bordo de navios de cruzeiros, permitindo-lhes uma visão global esclarecedora. Evidentemente, nem todos os navios de cruzeiros terão todas as atividades apresentadas, dependendo as mesmas das dimensões do navio, da companhia que os opera e dos segmentos de mercado que explora. Importante não esquecer o mercado de trabalho em mega iates, alguns deles com dimensão superior a alguns navios de cruzeiros.

Dado que falamos de uma indústria internacional e global, algumas das atividades são apresentadas em inglês/ francês, sendo importante a familiarização com a respetiva terminologia nestes idiomas. A estrutura apresentada é meramente indicativa, podendo assumir formatos diferentes consoante as companhias e os navios.

CONVÉS

O departamento de convés é responsável pela navegação e segurança do navio e pelo bem-estar da sua tripulação e dos passageiros, em todos os momentos. Os oficiais da ponte são responsáveis pela navegação e pela supervisão da manutenção dos pavimentos exteriores e do casco do navio, Adicionalmente, realizam a formação de segurança a todos os membros da tripulação.

Profissões no departamento de convés (deck department jobs)

- Captain/ Master (Comandante)
- Chief Mate/ Chief Officer/ Staff Captain (Imediato)
- Safety Officer (Oficial de segurança)
- Environmental Officer (Oficial de ambiente)
- 1st Officer (1º Oficial)
- 2nd Officer (2º Oficial)
- 3rd Officer (3º Oficial)
- Deck Cadet (Praticante)
- Chief Security Officer (Oficial de proteção)
- Deputy Security Officer (Oficial adjunto de proteção)
- Security Guard (Agente de proteção)
- Bosun (Boatswain) (Contramestre)
- Quartermaster (Helmsman) – QM (Timoneiro)
- Able Seaman – AB (Marinheiro de 1ª classe)
- Ordinary Seaman – OS (Marinheiro de 2ª classe)
- Carpenter (Carpinteiro)
- Fireman – Firefighting Team Leader (Bombeiro)

ENGENHARIA

O departamento de engenharia tem a responsabilidade global, pelo funcionamento e manutenção dos equipamentos de propulsão e produção de energia, assim como todos os sistemas elétricos, mecânicos e ambientais, do navio em geral e do hotel em particular.

Profissões no departamento de engenharia (engine department jobs)

- Chief Engineer (Chefe de máquinas)
- Staff Engineer (Engenheiro coordenador equipas)
- 1st Engineer (1º oficial de máquinas)
- 2nd Engineer (2º oficial de máquinas)
- 3rd Engineer (3º oficial de máquinas)
- Engine Cadet (Praticante)
- Hotel Services Engineer (Engenheiro de hotel)
- Chief Electrical Engineer (Engenheiro chefe eletrotécnico)
- ETO Electro-technical Officer (Engenheiro eletrotécnico)
- Chief Electrician (Chefe eletricista)
- Electrician (Eletricista)
- Electronic Engineer (Engenheiro de eletrónica)
- Radio-Electronic Officer (Oficial de comunicações e eletrónica)
- Chief Refrigeration / HVAC Engineer (Engenheiro chefe de climatização)
- Refrigeration / HVAC Engineer (Engenheiro de climatização)
- Motorman (Maquinista)
- Fitter (Soldador/Serralheiro)
- Oiler (Lubrificador)
- Wiper/ Engine Utility Man (Assistente de máquinas)
- Plumber (Canalizador)
- Upholsterer (Estofador)

HOTEL

O hotel é normalmente o maior departamento a bordo de um navio de cruzeiros, espelhando uma estrutura em terra, incluindo uma variedade de departamentos e de cargos profissionais. Inclui as atividades em cozinhas, restaurantes, limpeza e arrumação, bares, entretenimento de passageiros incluindo excursões em terra, saúde, beleza, desporto, etc.

Profissões no hotel e serviços a clientes (hotel operations/ guest services jobs)

- Hotel Manager (Diretor de hotel)
- Chief Purser/ Front Desk Manager/ Guest Services Manager (Comissário de bordo)
- First Purser Administration (Comissário de bordo)
- Second Purser Administration – Guest Accounts (Comissário de bordo)
- Assistant Purser (Assistente de Comissário de bordo)
- Junior Assistant Purser/ Guest Service Associate (Comissário de bordo)
- Crew Purser (Comissário de bordo – tripulação)
- Receptionist (Rececionista)
- Desktop Publisher (Editor gráfico/designer)
- Printer (Impressão e cópias)
- Shore Excursion Manager (Gestão de excursões em terra)
- Assistant Shore Excursion Manager (Assistente de gestão de excursões)
- Cruise Sales Consultant (Consultor de vendas)
- Cost Accountant (Controlo de custos)
- Revenue Accountant (Controlo de receitas)

Profissões em saúde e beleza (beauty/ spa/ hairdressing/ fitness jobs)

- Beauty Salon/ Spa Manager (Direção de spa)
- Assistant Beauty Salon/ Spa (Assistente de direção de spa)
- Beauty Therapist (Terapeuta de beleza)
- Nail Technician/ Stylist (Estilista de unhas)

- Hair Stylist/ Hairdresser (Cabeleireiro)
- Barber (Barbeiro)
- Massage Therapist (Terapeuta de massagens)
- Personal Trainer/ Fitness Instructor (Instrutor de treino físico)
- Acupuncturist (Acupunturista)
- Medi-Spa Physician (Medicina estética)
- Alternative Instructor

Profissões no casino (casino jobs)

- Casino Manager (Diretor de casino)
- Assistant Casino Manager (Assistente de diretor de casino)
- Casino Dealer/ Croupier
- Slot Technician (Técnico de máquinas de jogo)
- Casino Cashier (Banca de casino)

Profissões na equipa do cruzeiro (cruise staff/ youth staff jobs)

- Cruise Director (Diretor de cruzeiros)
- Assistant Cruise Director (Assistente de diretor de cruzeiro)
- Event Manager (Gestor de eventos)
- Social Hostess (Anfitrião)
- Cruise (Activities) Staff (Equipa de atividades no cruzeiro)
- Youth Activities Manager (Gestor de atividades de juventude)
- Youth Staff/ Youth Counselor (Equipa da juventude)

Profissões em cuidados médicos (medical jobs)

- Cruise Ship Chief/ Senior Doctor (Diretor clínico)
- Ship Doctor/ Physician (Médico)
- Lead/ Chief Nurse (Enfermeiro chefe)
- Ship Nurse (Enfermeiro)
- Nurse Practitioner (Enfermeiro estagiário)

- Paramedic (Paramédico)

Profissões no Departamento de imagem (image jobs)

- Photo Manager (Gestor de fotografia)
- Assistant Photo Manager (Assistente de gestor de fotografia)
- Photographer (Fotógrafo)
- Junior Photographer (Fotógrafo júnior)
- Videographer (Operador de câmara)

Profissões no departamento de entretenimento (entertainment department jobs)

- Stage/ Production Manager (Produtor de espetáculos)
- Assistant Stage/ Production Manager (Assistente de produtor)
- Vocalist (Vocalista)
- Dancer (Bailarino)
- Musician (Músico)
- Guest Entertainer (Artista)
- Sound and Light Technician/ Stage Staff (Técnico de som e luzes)
- Disc Jockey/ DJ

Profissões de intrutores (instructor jobs)

- Golf Instructor (Instrutor de golfe)
- Scuba Diving/ Water Sports Instructor (Instrutor de mergulho)
- Skydiving Instructor (Instrutor de queda livre)
- Bridge Instructor (Instrutor de bridge)
- Dance Instructors (Instrutor de dança)
- Arts & Crafts Instructor (Instrutor de artes)
- Caricature Artist (Caricaturista)

Profissões em comunicação (lecturers/ speakers jobs)

- Destination Speaker/ Lecturer

- Special Interest Speaker/ Lecturer
- Port/ Shopping Lecturer or Presenter

Profissões em lojas (gift shops/ retail sales jobs)

- Gift Shops/ Retail Sales Manager (Gerente de loja)
- Gift Shops/ Retail Sales Assistant (Assistente de gerente de loja)
- Fine Jewelry Sales Specialist (Especialista de vendas de joalharia)
- Fine Watch Sales Specialist (Especialista de vendas de relógios)
- Fragrance and Cosmetic Consultant/ Beauty Specialist (Consultora de perfumes e cosmética)
- Florist (Florista)
- Florist Assistant (Assistente de florista)

Profissões em leilões (cruise ship art auctioneer jobs)

- Principle Art Auctioneer (Leiloeiro de arte principal)
- Associate Art Auctioneer (Leiloeiro de arte associado)

Profissões em alimentos e bebidas – administração (food and beverage jobs – administration)

- Food and Beverage Manager/ Director (Gestor de alimentos e bebidas)
- Assistant Food and Beverage Manager (Assistente gestor alimentos e bebidas)
- Food Manager (Gestor de alimentos)
- Assistant Food Manager (Assistente de gestor de alimentos)
- Food and Beverage Manager Trainee (Estagiário gestão alimentos e bebidas)
- Food and Beverage Administrative Assistant (Assistente de alimentos e bebidas)

Profissões em alimentos e bebidas – espaços de restauração principais (food and beverage jobs – main dining room / restaurant jobs)

- Restaurant Manager/ Maitre d' (Gerente de restaurante)
- Assistant Maitre d' (Assistente de gerente de restaurante)
- Cellar Master
- Head Waiter/ Chef de Rang (Chefe de mesa)
- Head Sommelier/ Head Wine Waiter (Escanção chefe)
- Waiter/ Waitress (Empregado de mesa)
- Assistant (Junior) Waiter (Ajudante de empregado de mesa)
- Sommelier – Wine Waiter (Escanção)
- Assistant Sommelier (Assistente de escanção)
- Dining Room/ Specialty Restaurant Utility Cleaner (Limpeza de restaurante)

Profissões em alimentos e bebidas – bar e bebidas (food and beverage jobs – bar/ beverage jobs)

- Bar Manager/ Bar Supervisor/ Beverage Manager (Gerente de bar)
- Assistant Bar Manager (Assistente de gerente de bar)
- Head Bartender
- Bartender
- Flair Bartender
- Barista (Especialista em café)
- Bar Waiter/ Waitress (Bar Steward/ Stewardess) (Empregado de bar)
- Bar Utility/ Bar Back (Assistente de bar)

Profissões em alimentos e bebidas – espaços de restauração especializada (food and beverage jobs – specialty restaurant jobs)

- Maitre d' – Specialty Restaurant (Gerente de restaurante)
- Assistant Maitre d' – Specialty Restaurant (Assistente de gerente de restaurante)

- Chef de Rang – Specialty Restaurant (Chefe de mesa)
- Sommelier – Specialty Restaurant (Escanção)
- Commis de Rang – Specialty Restaurant (Empregado de mesa)

Profissões em alimentos e bebidas – espaços de restauração informais/ buffet (food and beverage jobs – buffet/ casual dining restaurant jobs)

- Buffet/ Casual Dining Restaurant Manager (Gerente de buffet)
- Buffet Steward/ Stewardess (Casual Dining Server) (Empregado de buffet)
- Buffet/ Snack Attendant (Assistente de buffet)

Profissões em alimentos e bebidas – serviço de quartos (food and beverage jobs – room services jobs)

- Room Service Manager / Supervisor (Gestor de serviço de quartos)
- Room Service Attendant (Assistente gestor serviço de quartos)
- Private Bar Attendant (Assistente de bares privados)
- Room Service Telephone Operator (Telefonista de serviço de quartos)

Profissões em alimentos e bebidas – espaços de refeitórios de tripulação (food and beverage jobs – officer/ staff/ crew mess jobs)

- Officer/ Staff/ Crew Mess Attendant (Assistente de messe)

Profissões em cozinhas e culinária (galley/ culinary jobs)

- Executive Chef
- Executive Sous Chef
- Sous Chef
- Culinary Administrator
- Culinary Administrative Assistant

- Chef De Partie
- Demi Chef De Partie
- Commis 1/ First Cook
- Commis 2/ Second Cook
- Commis 3/ Third Cook
- Cook Trainee
- Crew Cook/ Crew Cook Assistant/ Crew Cook Trainee
- Crew Cook Utility/ Crew Messman
- Chef de Partie – Sushi
- Sushi Cook
- Chef de Partie – Baker (Padaria)
- 1st Baker Cook
- Baker Cook
- Assistant Baker Cook
- Chef de Partie – Butchery (Talho)
- 1st Cook Butcher
- Cook Butcher
- Assistant Cook Butcher
- Chef de Partie – Pantry (Saladas e pratos frios)
- Sous Chef Pantry
- Pantry Cook
- Assistant Pantry Cook
- Chef de Partie – Pastry (Pastelaria)
- Sous Chef Pastry
- Pastry Cook
- Assistant Pastry Cook
- Provision Master/ Storekeeper (Gestor de provisões)
- Assistant Provision Master/ Storekeeper (Assistente do gestor de provisões)
- Galley Steward/ Galley Cleaner (Limpeza de cozinha)
- Dishwasher/ Pot Washer (Lavagem de louça)

Profissões em serviços de housekeeping (housekeeping jobs)

- Chief Housekeeper
- Assistant Chief Housekeeper
- Floor Supervisor (Supervisor de piso)

- Head Room Steward/ Stewardess (Chefe de empregados de andares)
- Housekeeping (Room) Steward/ Stewardess (Empregado de andares)
- Assistant Room Steward/ Stewardess (Assistente de empregado de andares)
- Head Butler (Mordomo chefe)
- Butler (Mordomo)
- Pool & Deck Supervisor (Head Pool Butler) (Supervisor de piscina e deck)
- Pool & Deck Attendant (Pool Butler or Deck Steward) (Assistente de piscina e deck)
- Bell Attendant
- Tailor (Alfaiate)
- Florist (Florista)
- Hotel Steward/ Utility cleaner (Limpeza de hotel)
- Laundry Supervisor (Supervisor de lavandaria)
- Assistant Laundry Supervisor (Assistente supervisor de lavandaria)
- Dry Cleaner (Limpeza a seco)
- Laundry Man / Linen Keeper (Empregado de lavandaria)

Profissões do departamento de recursos humanos (human resources department jobs)

- Human Resources Manager (Diretor de recursos humanos)
- Training and Development Manager (Diretor de formação)
- Crew/ Staff Administrative (Administrativo de recursos humanos)
- Crew/ Staff Administrative Assistant

Profissões em serviços financeiros (financial services jobs)

- Financial Controller (Controlo financeiro)

- Crew Payroll Manager (Contabilidade e salários)
- Second Purser Payroll/ Staff Accountant (Contabilidade e salários)

Profissões em sistemas de informação (information technology/ IT jobs)

- Shipboard Systems Manager (Diretor de sistemas)
- Computer Systems Hardware Technician (Técnico de computadores)
- Internet Manager (Gestor de internet)

Surpreendido? Face à informação apresentada, podemos concluir que existe um lugar disponível a bordo, para qualquer pessoa, dependendo das suas qualificações base e experiência profissional. Falta saber o que fazer para conquistar um lugar num navio.

> *"Nos últimos 33 anos, tenho olhado para o espelho todas as manhãs e perguntado a mim próprio: "Se hoje fosse o último dia da minha vida, desejaria o que estou prestes a fazer hoje?" E sempre que a resposta é "não" durante demasiados dias seguidos, sei que preciso de mudar alguma coisa...quase tudo – todas as expetativas externas, todo o orgulho, todo o medo do embaraço ou fracasso."*
> Steve Jobs, fundador da Apple

Importa desde já esclarecer que, se pretende trabalhar a bordo de um navio de passageiros, ferry ou de cruzeiros, como diretor de hotel, enfermeiro, rececionista, empregado de loja, músico, etc, não terá acesso a cédula marítima portuguesa. De facto, a cédula apenas é atribuída a inscritos marítimos de acordo com o RIM (Regulamento de Inscrição Marítima) e o mesmo não inclui as atividades profissionais indicadas. Embora esta situação não o limite, bastando para trabalhar que possua um contrato e alguns certificados específicos, o facto de não possuir cédula marítima pode diminuir alguns dos seus direitos e benefícios, nomeadamente:

– Impossibilidade de transportar mais carga aérea em certas companhias aéreas (benefício atribuído apenas a marítimos com cédula);

– Impossibilidade de sair para porto e visitar cidades em países que exigem visto além do passaporte, como é o caso da Rússia;

– Prioridade no acesso a alguns serviços de saúde.

Existem hoje companhias internacionais que ultrapassam esta limitação, oferecendo aos seus tripulantes uma cédula marítima com origem em outro país, normalmente o da bandeira que os seus navios arvoram.

Contratos, condições e remunerações

A duração dos contratos de trabalho a bordo de navios, pode variar de 1 a 9 meses, com intervalos para férias no final dos mesmos. São comuns contratos de 3/1 (3 meses de trabalho no mar; 1 mês de férias em terra), 6/2, 9/3, etc. Existem contratos de menor duração, em alguns tipos de navios de carga ou de serviços. Enquanto no navio, é comum trabalhar-se sete dias por semana, 11 horas por dia, muitas vezes em períodos repartidos de acordo com as necessidades do hotel e passageiros. Nas equipas de convés, e máquina do departamento de engenharia, é comum o serviço de quartos (4 horas de trabalho; 8 horas de intervalo; 4 horas de trabalho; 8 horas de intervalo). Nestes casos, os tripulantes realizam, adicionalmente às 8 horas de serviço de quarto, cerca de 3 horas de trabalho em outros serviços.

Na maior parte das vezes as férias não são remuneradas, existindo no entanto contratos regulares em algumas companhias, com caraterísticas diferentes. O alojamento, a alimentação nos refeitórios disponíveis e o serviço de lavandaria para fardas e roupa de trabalho, é parte integrante do contrato, não sendo necessário efetuar qualquer pagamento. No entanto, particularmente nos navios de cruzeiros, os serviços em bares, discotecas e restaurantes acessíveis à tripulação são pagos adicionalmente.

Assim como os serviços de lavandaria de roupa particular. Em contrapartida, os serviços médicos no hospital do navio são gratuitos. Quando os mesmos não podem ser prestados a bordo, os tripulantes são acompanhados a médicos especialistas quando em porto. As comunicações utilizando os recursos do navio, assim como o acesso à internet, são também serviços pagos por utilização. Nos navios mais recentes, de companhias de cruzeiros competitivas, é já oferecido internet gratuita a passageiros e tripulação, embora muitas vezes com limitações em certas aplicações e velocidades de acesso reduzidas.

Em termos de remunerações mensais, as mesmas variam em função do tipo de navios, da experiência profissional e, claro, das companhias. Um comandante de navio pode auferir, em média, de 6.000 a 8.000 euros mensais. Um empregado de mesa pode, com gratificações, auferir em média 2.000 a 2.500 euros mensais. Normalmente, as remunerações estão isentas de impostos sobre o rendimento e de contribuições para a segurança social. Os tripulantes podem optar por fazer um seguro social voluntário, previsto e gerido pela segurança social, de forma a beneficiarem de reforma futura. Tal situação não se verifica, se trabalhar num navio registado em Portugal, assumindo neste caso todos os direitos e deveres de quem trabalha no país.
Todos os tripulantes beneficiam de seguro de vida, acidentes de trabalho e de doença, devendo verificar-se o pagamento de indemnizações, em acidentes que resultem em morte ou invalidez. Os marítimos embarcados em navios têm direito a ser repatriados, sem custos, se o contrato de trabalho marítimo cessar quando os interessados se encontram no estrangeiro ou se o contrato de trabalho marítimo cessar, por iniciativa do armador ou, por iniciativa do marítimo, com justa causa. Adicionalmente, se o marítimo já não estiver em condições de exercer as funções previstas pelo contrato de trabalho marítimo ou se não for possível pedir-lhe para as exercer, em circunstâncias específicas.

O trabalho marítimo é regulado internacionalmente, o que confere um elevado grau de proteção a quem desenvolve carreira profissional na indústria do transporte marítimo. O instrumento regulador consiste na Convenção MLC 2006 (Maritime Labour Convention) da ILO (International Labour Organization) que, pela sua importância, será posteriormente analisado em detalhe. Para já importa sublinhar, que esta Convenção regula os requisitos da idade mínima, do certificado médico, da formação e qualificações para o trabalho a bordo de navios da marinha de comércio, as condições de trabalho, tais como a celebração do contrato de trabalho, remunerações, serviços de recrutamento e colocação de marítimos, duração do trabalho ou do repouso, férias anuais, repatriamento, lotações de segurança, alojamento, instalações de lazer, alimentação e serviço de mesa, proteção da saúde e cuidados médicos, a navegar e em terra, prevenção de acidentes, bem-estar e proteção em matéria de segurança social, procedimentos de queixas a bordo e pagamento de retribuições.

Não receies o erro nem lhe dês razão. Não deixes que se vista de ti e faça seus, os teus passos. Experimenta, ousa, acontece sem receio. Vive a vida como quem escreve um livro. Com sede e com fome, com ideias e com ideais. Impacta a vida que te rodeia com a tua marca exclusiva. Em cada final de dia, questiona-te se valeu a pena. Se sentes o coração vibrar, de mágoa, de saudade ou de paixão, seja do que for. Mas o que for, que seja teu e que te faça gritar, chorar ou sorrir.

3

O ESSENCIAL DAS PROFISSÕES E CARREIRAS

Para começar qualquer carreira a bordo de um navio, é fundamental conhecer os requisitos prévios para entrar na profissão e progredir na mesma, quais as funções, os deveres e as responsabilidades a assumir no dia-a-dia. Poderá assim identificar as competências que possui e as que lhe faltam, e preparar o seu plano de curto, médio ou longo prazo, para atingir o seu objetivo.

Quem quer ser comissário de bordo num navio de cruzeiros?

Conhecido no meio internacional como purser, o comissário de bordo em navios de cruzeiros pode desempenhar diferentes funções ao longo da sua carreira. Existem vários pursers a bordo de navios de cruzeiros, constituindo esta carreira uma excelente oportunidade profissional. Purser traduz-se para português, de uma forma genérica, por comissário, comissário de bordo, contabilista, funcionário de contabilidade, contador. As suas funções estão relacionadas com a supervisão das funções financeiras do navio, incluindo administração, contabilidade, salários, documentação oficial e, claro, o bem-estar dos passageiros.

Normalmente e dependendo da companhia e dimensão dos navios, a carreira começa na posição de junior assistant purser e desenvolve-se, podendo passar pelas funções de assistant purser, crew purser, crew payroll manager, staff accountant, cost accountant, revenue accountant, financial controller, second purser, first purser, front desk manager, guest services manager, até atingir o topo – chief purser, ou até hotel manager.

Para aceder a esta carreira, é valorizada a formação de base em gestão, gestão hoteleira, finanças ou contabilidade. Possuir conhecimentos na área de processos alfandegários em vários países, constitui fator preferencial, assim como o domínio de dois ou mais idiomas. Muitas vezes é requerida experiência profissional prévia em hotéis, agências de viagens ou cruzeiros, em atividades com responsabilidades administrativas ou financeiras. Exige-se conhecimento de ferramentas informáticas e à vontade no manuseio de quantidades consideráveis de dinheiro.

O purser gere todo o pessoal administrativo num cruzeiro, respondendo perante o chief purser ou hotel manager, dependendo da companhia. Ele e a sua equipa garantem operações financeiras rigorosas, incluindo auditorias, controlo de resultados e transações de dinheiro; processamento de documentos legais com as autoridades portuárias; orçamentação; coordenação do pagamento de salários a tripulantes e contabilidade geral, relacionada com a gestão de alimentos e bebidas do navio. O purser está também envolvido nos processos de entrevistas, contratação, promoção e gestão de pessoas. Passa grande parte do tempo, em atividades relacionadas com questões de imigração e alfândega, gerindo a documentação portuária necessária, para autorizar a entrada de pessoas no porto. Enquanto esta tarefa não for concretizada, nenhum dos passageiros ou tripulantes pode desembarcar do navio. Cada país, e por vezes cada porto dentro do mesmo país, pode ter diferentes requisitos de autorização de acesso. O purser deve manter um excelente relacionamento, com os diversos técnicos da autoridade portuária, para ajudar a acelerar a autorização em cada porto. Manter boas relações com os trabalhadores dos portos, é também fundamental, para facilitar a carga e descarga de centenas ou mesmo milhares de malas, quando o navio atinge um porto onde os passageiros embarcam ou desembarcam.

O crew purser lida com a administração da tripulação, incluindo a gestão e processamento de sign-on e sign-off (entrada ou saída do navio, de acordo com os contratos de trabalho estabelecidos), atribuição de cabinas e emissão de cartões de identificação. Dado que os membros da tripulação podem ter origem em muitos países diferentes e o navio pode visitar vários destinos, muitas vezes o pagamento de salários é realizado em dinheiro, podendo atingir quantias na ordem das dezenas de milhar de euros. Se um membro da tripulação desembarcar, devido a doença ou porque atingiu o final do seu contrato, o crew purser é responsável pela gestão de todo o processo e pela emissão de documentação específica.

Nos navios de cruzeiro de maior dimensão, o assistant purser pode apoiar o chief purser, podendo ser-lhe atribuídos trabalhos específicos, incluindo a operação direta da receção, nomeadamente na resolução de problemas de alojamento, gestão de reclamações, processamento de câmbios, acompanhamento de contas de crédito, venda de selos, envio de correspondência, gestão de cofres, e manutenção e controlo das contas de exploração dos passageiros (compras em lojas, consumo de bebidas alcoólicas, tratamentos de spa ou outros itens).

De piloto a comandante de navios

A pilotagem de navios, incluindo a função de comandante, faz parte das carreiras de oficiais da marinha mercante. Começa como praticante, passando por piloto, oficial de segurança, imediato e, finalmente, comandante. O estágio como praticante tem a duração de 1 ano em serviço de mar, em navios de arqueação bruta igual ou superior a 500. No final do mesmo, o praticante deve apresentar o seu projeto de estágio na DGRM e requerer avaliação, sendo submetido a exame oral. Com aprovação, obtém o certificado de competência STCW II/1 de oficial chefe de quarto de navegação (ONW officer in charge of a navigational watch). Desempenhando esta função durante pelo menos 12 meses, a bordo de navios com as caraterísticas referidas e, frequentando e concluindo o mestrado na ENIDH, pode novamente submeter-se a exame, alcançando o certificado de competência STCW II/2 de imediato (chief mate). Após 24 meses de serviço de mar, com pelo menos 12 como imediato, pode novamente submeter-se a exame e ascender à posição de comandante.

O processo de progressão de carreira segundo o RIM (Regulamento de Inscrição Marítima), atualmente em vigor em Portugal, é ligeiramente diferente, sendo a progressão escalonada a partir de praticante, passando por piloto de 2ª classe, piloto de 1ª classe e finalmente capitão da marinha mercante (comandante). Convém referir que, para trabalhar em qualquer companhia internacional, apenas é relevante a progressão de carreira definida pelo STCW, tal como apresentada previamente.

Em Portugal, a ENIDH Escola Superior Náutica Infante D. Henrique, é a única instituição de ensino vocacionada e reconhecida para formar oficiais da marinha mercante. O curso de oficial de pilotagem corresponde a licenciatura (3 anos), sendo necessário concluir o mestrado (pelo menos 1 ano), para progressão de carreira. A formação cumpre todos os requisitos da Convenção STCW, pelo que os alunos, no final do respetivo curso, possuem um certificado internacional que lhes permite trabalhar em qualquer companhia, em qualquer ponto do mundo. Os oficiais de pilotagem encontram também mercado de trabalho, no desempenho de atividades em terra relacionadas com o setor marítimo-portuário, nomeadamente gestão de navios, quadros superiores em companhias e portos, inspeção de navios, controlo de tráfego marítimo, construção de navios, entre outros.

O comandante é responsável por todas as operações a bordo do navio, incluindo a navegação, a segurança (safety) e a proteção (security), respeitando a regulamentação internacional. É também responsável pela proteção do ambiente, em conformidade com as políticas da companhia que representa, as autoridades locais e o Direito do Mar. Adicionalmente, é responsável por garantir que todas as cartas de navegação, documentos e certificações estão atualizados, em conformidade com os requisitos das autoridades e de acordo com a regulamentação internacional. Tem plena autoridade para tomar decisões executivas, a fim de preservar a vida e a segurança dos passageiros e tripulantes do navio, sendo-lhe exigido extremo cuidado e julgamento apropriado, de acordo com as diferentes situações. O comandante é totalmente responsável pela gestão de crises e pelo curso de ação em caso de emergência, sendo a única pessoa autorizada a emitir a ordem de "abandonar o navio", caso considere que esta é a única opção para salvar as vidas das pessoas. É também responsável pela assistência médica aos passageiros e tripulação. Se exercer funções num navio de cruzeiros, assume também responsabilidades sociais, participando em eventos de receção de passageiros, festas, etc.

Chefe de máquinas, o topo da engenharia em navios

A engenharia de máquinas em navios, incluindo a função de chefe de máquinas, faz parte das carreiras de oficiais da marinha mercante. Começa como praticante, passando por oficial chefe de quarto, segundo engenheiro e, finalmente, chefe de máquinas. O estágio como praticante tem a duração de 6 meses em serviço de mar, em navios de potência de propulsão igual ou superior a 750 kW. No final do mesmo, o praticante deve apresentar o seu projeto de estágio na DGRM e requerer avaliação, sendo submetido a exame oral. Com aprovação, obtém o certificado de competência STCW III/1 de oficial chefe de quarto de máquinas (OEW officer in charge of an engineering watch). Desempenhando esta função durante pelo menos 12 meses, a bordo de navios com as caraterísticas referidas e, frequentando e concluindo o mestrado na ENIDH, pode novamente submeter-se a exame, alcançando o certificado de competência STCW III/2, correspondente a segundo engenheiro (second engineer). Após 36 meses de serviço de mar, em navios com potência igual ou superior a 3000 kW (ou 24 meses em navios com potência entre 750 e 3000 kW), com pelo menos 12 como segundo engenheiro, pode novamente submeter-se a exame e ascender à posição de chefe de máquinas.

O processo de progressão de carreira segundo o RIM (Regulamento de Inscrição Marítima), atualmente em vigor em Portugal, é ligeiramente diferente, sendo a progressão escalonada a partir de praticante de maquinista, passando por maquinista de 2ª classe, maquinista de 1ª classe e finalmente maquinista chefe. Tal como referido previamente, para trabalhar em qualquer companhia internacional, apenas é relevante a progressão de carreira definida pelo STCW.

Tal como para os oficiais pilotos, em Portugal, a ENIDH Escola Superior Náutica Infante D. Henrique, é a única instituição de ensino vocacionada e reconhecida para formar oficiais de máquinas da marinha mercante. O curso de oficial de máquinas marítimas corresponde a licenciatura (3 anos), sendo necessário concluir o mestrado (pelo menos 1 ano), para progressão de carreira. A formação cumpre todos os requisitos da Convenção STCW, pelo que os alunos, no final do respetivo curso, possuem um certificado internacional que lhes permite trabalhar em qualquer companhia, em qualquer ponto do mundo. Os oficiais engenheiros de máquinas marítimas, encontram também mercado de trabalho no desempenho de atividades em terra, nomeadamente em estaleiros de construção e reparação naval, gestão técnica de navios, administrações marítimas e portuárias, sociedades classificadoras, inspeções e peritagens, produção e distribuição de energia, energias renováveis, refrigeração e climatização, eletromecânica, automação e controlo industrial, indústria química e petrolífera e indústria automóvel.

O chefe de máquinas é responsável pela operação e manutenção dos sistemas mecânicos e elétricos do navio, sendo responsável por todas as operações técnicas e equipamentos a bordo. Chefia o departamento de máquinas, sendo o oficial de maior patente no mesmo. É, em conjunto com o comandante, umas das figuras mais importantes na operação dos navios. O seu departamento é responsável pela correta operação e manutenção, dos sistemas de propulsão principal e equipamentos auxiliares, geradores, sistemas elétricos e eletrónicos, sistemas de comunicação, aquecimento, refrigeração, ventilação, canalização, gestão de resíduos, propulsão de embarcações salva-vidas, etc.

A sua equipa inclui um vasto leque de profissionais, de acordo com o tipo de navio, podendo incluir engenheiros de máquinas, engenheiros de refrigeração e ar condicionado, engenheiros de hotel, maquinistas, eletricistas, serralheiros, canalizadores, soldadores e auxiliares.

Um dia como praticante de máquinas num navio,

"Hoje foi assim. O dia amanheceu brilhante e poderoso, atraves-sando anteparas e conveses. Olhei pela vigia e choquei com a pas-sagem de um gigante e azul porta-contentores. Majestoso e, claro, Maersk. Deu-me vontade. Apesar de estar num navio, apeteceu-me estar naquele outro. Conhecer outra realidade, outras histórias, outros mares.

Madrugada. Estamos em período de manobras, à entrada da belís-sima cidade de Riga, na Letónia, a meio caminho da fantástica S. Petersburgo. A viagem promete e a energia chega apressada, para iniciar um novo e surpreendente dia. Pequeno-almoço frugal e apetitoso. Nada de peso em excesso. Muitas escadas pedem passos ligeiros. As pernas não têm trabalho facilitado. Para equilibrar os esforços, há que começar o dia com treino físico global, não exage-rado. Sinto-me bem!

Primeira missão – verificar a qualidade da água potável. Num navio de passageiros, este sistema assume fundamental relevância, exigindo particular responsabilidade e permanente otimização. O sistema é complexo e extenso, incluindo tanques de armazenamento, produção de água doce a partir de água do mar (osmose inversa e evaporação destilação) e distribuição de água quente e de água fria a todos os consumidores, incluindo passageiros e tripulação. Por fim e igualmente relevante, o sistema de desinfeção por doseamento de cloro, o sistema de esterilização por ultravioletas e a manutenção do rigoroso equilíbrio de pH. A estabilidade do sistema fica assegu-rada, através da adequada parametrização do sistema de automa-ção e controlo. Verificada a boa produção, é tempo de subir à ponte do navio, cumprimentar a eficaz e simpática equipa de navegação e verificar a água no ponto mais distante do circuito. Sistema de controlo a funcionar na perfeição. Missão cumprida. Começa bem o dia!

Tempo de estudo e investigação. Hora de conhecer mais um equi-pamento ou sistema, questionar e descobrir o navio, um pouco mais e melhor. Não faltam convites para bons desafios que, por cortesia, curiosidade e conhecimento, nunca se recusam. No final, a saborosa sensação de integração e de proximidade, de aprendizagem e de desenvolvimento. A equipa torna-se ainda mais equipa. Os dias tornam-se ainda mais gratificantes, com a cotação de confiança a prometer fechar o dia em alta.

Novo desafio. Início do serviço de quarto à máquina às 12h00, com final previsto às 16h00. A equipa é excelente, coesa e não faltam boas competências. A mesma equipa que se junta nas visitas às cidades por onde passamos e onde celebramos a amizade e a descoberta. Serviço é serviço. Os desafios são constantes e toda a atenção é requisitada. Criam-se laços com as pessoas mas também com os equipamentos. A cumplicidade espreita a cada momento, a tal ponto de nos sentirmos uma espécie de bio-máquina, o centro nervoso de todo o meio que nos rodeia. Uma sensação única e poderosa que se conquista um pouco todos os dias.
Hora de verificar sistemas e preparar as senhoras Wartsilas, duas encorpadas máquinas de propulsão, que gostam de viagem e de ação. Suficiente ar de arranque, combustível disponível e nos parâmetros, lubrificação garantida e circuitos de água a bem fluir. Tudo corre bem. Recompensa pelo cumprimento estrito das regras de segurança e de manutenção. E por se saber o que se faz. Perante equipamentos de tal dimensão e potência, a eventual falta de conhecimento pode tornar-se muito perigosa. Não é o caso neste navio e muito menos nesta equipa.

O dia segue. Termina o serviço de quarto e passa-se informação à nova equipa. Documenta-se cada detalhe e tempo. Nada pertence ao espontâneo. Os processos são claros e rigorosos. Disciplina representa boa comunicação e segurança eficaz.
Intervalo de lazer até à hora de jantar. Há que descansar o corpo e levar a mente a outras paisagens, subir ao convés e alongar os sentidos e os sentimentos. O Mar está, de novo, diferente. É sempre uma emoção renovada procurar o horizonte, celebrar o dia relembrando momentos e saudosas origens. Fundamental. Ou sair e descobrir a cidade ali mesmo ao lado. Há tempo para tudo.
Um pouco mais tarde, juntam-se emoções e internet e escreve-se amor e amizade. Carinhos para a família e para os amigos. Nunca estamos sós. Não existe partida e regresso. Estamos sempre ligados. De uma forma ou de outra. Não se desliga a vida apenas porque se está num navio. Pelo contrário, celebra-se intensa e profundamente. E a noite ainda nem começou! O Mar volta a surpreender. Assim queiramos nós escutar as suas histórias. Ou fazer parte delas."

Todo poderoso diretor de hotel num navio de cruzeiros

O diretor de hotel (hotel manager) num navio de cruzeiros, tem funções similares às realizadas em qualquer estabelecimento de hotelaria em terra, embora assuma algumas específicas. Tem uma grande influência a bordo, dado que, na realidade, a satisfação permanente dos clientes depende dele e da sua equipa. E um cliente satisfeito gasta dinheiro a bordo, objetivo prioritário da companhia. Em resumo, o diretor de hotel é o responsável pela organização e supervisão de todo o departamento de hotel a bordo, sendo o representante da companhia para todos os membros da sua equipa. Reporta todas as questões de segurança e de disciplina ao comandante, devendo existir uma comunicação estreita e cooperativa entre ambos. Relativamente às questões operacionais, o diretor de hotel reporta diretamente ao respetivo escritório central da companhia. Reúne regularmente com o comandante e com o chefe de máquinas, revendo as operações necessárias e as efetuadas. Coordena diariamente com o chef, as ementas diárias e as sugestões de vinhos, verificando todo o material impresso distribuído a passageiros.

Assume a responsabilidade pelo serviço de alimentação e de bebidas, controlando o desempenho das cozinhas, salas de refeições, bares e serviço a cabinas, inspecionando a preparação dos alimentos e o respetivo serviço. Assume também a responsabilidade em tudo o que diz respeito a limpeza do hotel, incluindo as salas de refeições de passageiros e da tripulação, bares, áreas de provisões, cabinas, corredores, lavandarias, armazéns, despensas e cozinhas. É igualmente responsável pelo serviço dos comissários de bordo, áreas públicas de vendas, pedidos de encomendas e armazenamento, gestão de receitas e controlo de custos a bordo, equipa médica, equipa de entretenimento, e todos os assuntos a bordo relacionados com passageiros.

Coordena o trabalho dos vários departamentos para conseguir uma operação regular e contínua, mantendo o padrão de qualidade estabelecido pela empresa, assegurando que as expectativas dos passageiros são satisfeitas e as normas estabelecidas pela companhia são cumpridas. O diretor de hotel deve ter um perfil orientado a vendas e estar constantemente ciente das normas de qualidade. Promove as vendas de bebidas em bares e salas de refeições, garantindo a disponibilidade de materiais de comunicação e de promoção. Garante também que são realizadas sessões de formação on-the-job-training para todo o pessoal de serviço, assegurando que as suas equipas comunicam de forma amigável e cortês com os passageiros.

Reúne regularmente com as chefias dos vários departamentos sob a sua responsabilidade, avaliando a atividade desenvolvida, planeando e coordenando todas as atividades diárias, incluindo horas de refeição, excursões em terra, programas de entretenimento, etc, procurando manter boas relações de trabalho e fomentando o espírito de trabalho em equipa. Em termos de gestão de equipas, acolhe novos membros da tripulação, realiza reuniões de orientação, efetua avaliação dos seus colaboradores e assegura a manutenção do plano de rotação dos membros da tripulação, para garantir uma lotação completa.

O que faz um diretor de cruzeiro?

O diretor de cruzeiro supervisiona todo o entretenimento a bordo, incluindo a criação, coordenação e implementação de todas as atividades diárias, e agindo como mestre-de-cerimónias em atividades sociais e espetáculos noturnos. Entre as atividades referidas, incluem-se jogos, bingo, festas, sessões de informação e excursões a bordo e em terra. O diretor de cruzeiro é uma "borboleta social", um contador de histórias, político, diplomata, conversador, trabalhando para assegurar que os passageiros desfrutam da viagem e se divertem a bordo.

A transmissão de informação aos passageiros, acerca das atividades disponíveis fora do navio e a coordenação dessas atividades, constitui uma das principais funções do diretor de cruzeiro. Não só porque os passageiros devem saber quais as atividades disponíveis, para poderem desfrutar das mesmas, mas também porque o navio retira dividendos financeiros, com a venda das excursões em terra. O diretor de cruzeiro deve ser um guia sobre os diferentes portos de escala e responder a quaisquer perguntas que os passageiros possam ter, sobre a moeda, horas de operação, exposições especiais, sugestões para refeições, ou opções de visitas e de compras, etc. Para o efeito, prepara uma lista de possíveis atividades para cada porto que o navio vai visitar, utilizando brochuras, fotografias, mapas e descrições, incluindo um passeio turístico, mergulho ou snorkeling, pesca em alto mar, um voo de helicóptero, ou algum tempo numa visita programada a uma praia. O diretor de cruzeiro informa também os passageiros, sobre horários de partida do navio e de lanchas, quando o navio fica ancorado ao largo dos pontos de visita.

Em termos de progressão de carreira, um diretor de cruzeiro geralmente começa a trabalhar num navio de cruzeiro como anfitrião, apresentando o comandante aos passageiros no evento de receção dos mesmos, e executando outras funções sociais. A partir daí pode ser promovido a assistente do diretor de cruzeiro, assumindo responsabilidades adicionais, incluindo o planeamento e criação dos programas diários. Nos navios mais pequenos, tem de estar visível e disponível para os passageiros, desde o pequeno-almoço até ao final do espetáculo noturno, no navio ou em terra. Um dos maiores benefícios de ser um diretor de cruzeiro, além da remuneração, claro, é o de conhecer pessoas e fazer amigos de todo o mundo. Para aceder à carreira não é necessária formação específica, embora seja valorizada a qualificação em hotelaria e entretenimento. O domínio de dois ou mais idiomas é também valorizado, ou melhor, fundamental.

4

REQUISITOS DE ACESSO

"Se pensar que consegue, vai conseguir.
E se pensar que não consegue, está certo."
Henry Ford

Como já vimos, existe uma infinidade de atividades profissionais a bordo de navios. Cada uma delas exigindo requisitos diferenciados, em termos de educação e de qualificação profissional. Sendo a indústria do transporte marítimo uma atividade global, as oportunidades estão disponíveis para todos. Mas, à semelhança de qualquer indústria, apenas os mais aptos, aqueles que apresentarem um perfil educacional e experiência profissional comprovada, poderão ambicionar uma entrada imediata para os melhores lugares. O mercado de trabalho a bordo de navios segue a lei da procura do mercado. Assim, para uma determinada atividade profissional:

– Quando há poucos profissionais qualificados em mercados em crescimento, estes têm valor elevado, muita procura e facilidade de entrada;

– Quando há muitos profissionais, qualificados ou não qualificados, estes valem menos e terão mais dificuldade em encontrar uma oportunidade.

Uma boa estratégia e um excelente investimento, consiste em estudar, desenvolver competências e acumular experiência profissional, destacando-se na atividade que escolher. Mais, ser realmente um bom profissional, visível no mercado e perfeitamente integrado na comunidade de especialização.

Certificação internacional

Reunindo os requisitos anteriores, terá alcançado um elevado potencial de entrada num navio. Mas, sendo o transporte marítimo uma indústria internacional, com características particulares e específicas, deverá ter em conta o desenvolvimento de competências adicionais. Independentes da sua qualificação base, estas serão documentadas na forma de certificados internacionais, normalmente associados à segurança e proteção de pessoas, ambiente, carga e navios. Efetivamente, considerando a importância do elemento humano na segurança e no funcionamento dos navios, a IMO (International Maritime Organization) adotou, em 7 de Julho de 1978, a Convenção STCW, a qual entrou em vigor a nível internacional em 28 de Abril de 1984.

A Convenção STCW (International Convention on Standards of Training, Certification and Watchkeeping for Seafarers) estabelece as Normas de Formação, Certificação e Serviço de Quarto para Marítimos. Ratificada atualmente por 160 países, incluindo Portugal, é um instrumento fundamental para a promoção da segurança marítima, para a preservação do meio ambiente e para a salvaguarda da vida humana, dos navios e da carga no transporte marítimo. Constitui um dos quatro pilares mais importantes, dos instrumentos internacionais que regulam as questões relacionadas com a segurança marítima e a prevenção da poluição, sendo os outros três a Convenção Internacional para a Salvaguarda da Vida Humana no Mar (Convenção SOLAS), a Convenção Internacional para a Prevenção da Poluição por Navios (Convenção MARPOL), ambas adotadas pela IMO, e a Convenção do Trabalho Marítimo (MLC), adotada pela Organização Internacional do Trabalho (ILO). Com a Convenção STCW 78, a IMO procurou afastar a possibilidade de existirem tripulações insuficientemente qualificadas e, por outro lado, estabelecer e garantir níveis mínimos e harmonizados de formação dos marítimos, em especial para efeitos de reconhecimento mútuo de diplomas e certificados.

Posteriormente, em 7 de Julho de 1995, a IMO adotou um conjunto de emendas à Convenção STCW 78, as quais representaram uma importante revisão e tiveram como objetivo atualizar as disposições e reduzir as diferentes interpretações que iam sendo feitas pelos Estados Parte à mesma Convenção STCW 1978. Estas emendas entraram em vigor a nível internacional em 1 de Fevereiro de 1997, registando-se como principais alterações a adoção do Código STCW e a exigência das Partes da referida Convenção, serem obrigadas a fornecer à IMO informações detalhadas sobre as medidas administrativas tomadas, para garantir o cumprimento da mesma Convenção. Com as emendas de 1995 à Convenção STCW, a IMO passou a ter, pela primeira vez, um papel de acompanhamento da implementação, pelos Estados Parte, de um instrumento internacional.

Em 25 de Junho de 2010, na Conferência dos Estados Parte, realizada em Manila, foram aprovadas alterações importantes à Convenção e ao Código STCW, alterações que foram designadas por "Emendas de Manila", e que consistem na introdução de medidas relativas à prevenção de práticas fraudulentas em matéria de certificados, às normas médicas, à formação em matéria de proteção, inclusive no que diz respeito a atos de pirataria e assaltos à mão armada, à formação em questões relacionadas com a tecnologia, e a requisitos para os marítimos qualificados, estabelecendo novos perfis profissionais, como o dos oficiais eletrotécnicos.

A Convenção e Código STCW

De acordo com o seu artigo III, a Convenção STCW aplica-se aos marítimos que exercem funções a bordo de navios de mar, autorizados a arvorar a bandeira de um Estado Parte (Estado para o qual a Convenção entrou em vigor), exceto àqueles que prestam serviço a bordo de navios de guerra, unidades auxiliares da marinha de guerra ou outros navios propriedade de um Estado ou por ele explorados e afetos exclusivamente a serviços governamentais de caráter não comercial, navios de pesca, embarcações de recreio que não sejam utilizadas com fins comerciais e navios de madeira de construção primitiva.

Navio de mar é qualquer navio, com exclusão dos que navegam exclusivamente em águas interiores ou em águas situadas no interior ou na proximidade de águas abrigadas ou em zonas nas quais se apliquem regulamentos portuários. Navio de passageiros é um navio que transporta mais de doze passageiros.

A Convenção STCW é constituída por um articulado e por um anexo. O articulado inclui 17 artigos os quais abrangem, nomeadamente, os aspetos relativos às obrigações gerais, o procedimento de adoção de emendas, a forma como um Estado pode tornar-se Parte à STCW, as condições de entrada em vigor, etc. Inclui ainda um anexo onde constam as regras, as quais se encontram distribuídas por 8 capítulos:

- Capitulo I: Disposições gerais
- Capítulo II: Comandante e secção de convés
- Capítulo III: Secção de máquinas
- Capítulo IV: Radiocomunicações e operadores de rádio
- Capítulo V: Requisitos especiais de formação para o pessoal de determinados tipos de navios
- Capítulo VI: Funções de emergência, prevenção de

acidentes, proteção (security), cuidados médicos e sobrevivência
- Capítulo VII: Certificação alternativa
- Capítulo VIII: Serviço de quartos

O Código STCW faz parte da Convenção e é incluído na mesma, através de dois anexos com várias secções. As regras contidas na Convenção são suportadas pelas secções do Código STCW. De um modo geral, a Convenção contém requisitos básicos que são desenvolvidos e explicados no Código, estando o mesmo dividido nas partes A (anexo 1) e B (anexo 2).

A Parte A do Código é obrigatória. Os requisitos mínimos de competência exigidos aos marítimos são apresentados em detalhe numa série de tabelas. O Capítulo II do Código, por exemplo, lida com as normas relativas ao comandante e ao departamento de convés.

A Parte B do Código contém recomendações, que se destinam a ajudar as Partes a implementar a Convenção. As medidas sugeridas não são obrigatórios e os exemplos apresentados destinam-se apenas, a ilustrar como os requisitos da Convenção podem ser cumpridos. No entanto e em geral, as recomendações representam uma abordagem que foi harmonizada, por debates no âmbito da IMO e em consultas a outras organizações internacionais.

Certificados STCW

Ao abrigo da Convenção STCW são emitidos dois tipos de certificados:

- Certificados de competência, são todos os certificados emitidos e autenticados exclusivamente a comandantes, oficiais e operadores de rádio no sistema mundial de socorro e segurança marítima (GMDSS), que completem um programa de ensino e formação aprovados, satisfazendo a respetiva norma de competência especificada na Convenção STCW, nos termos do disposto nos capítulos II, III, IV ou VII do anexo à Convenção STCW, que habilita o seu legítimo titular a ocupar o posto especificado e a exercer, a bordo de um navio, as funções correspondentes ao nível de responsabilidade nele especificado. Adicionalmente, os oficiais candidatos à emissão de um certificado de competência, devem comprovar ter cumprido um serviço de mar, de período variável consoante o grau de certificação.

- Certificados de qualificação, são todos os certificados que não sejam um certificado de competência emitido a um marítimo, e que atesta o cumprimento dos requisitos relativos à formação, às competências ou ao serviço de mar. Dada a sua especificidade, podem ser emitidos a qualquer marítimo, incluindo oficiais e restantes membros da tripulação.

Considera-se serviço de mar, o serviço prestado a bordo de um navio, relevante para a emissão ou revalidação de um certificado de competência, de um certificado de qualificação ou de outras qualificações. Pela sua importância, apresenta-se de seguida, a lista de cursos de qualificação reconhecidos internacionalmente, de acordo com a Convenção STCW, agrupados por classe ou categoria profissional. Após participar e concluir com aprovação um dos referidos cursos ou um programa de ensino e de formação nos quais o respetivo conteúdo esteja incluído, receberá uma certidão emitida pela instituição de ensino autorizada a realizar os mesmos. Para obter o respetivo certificado de qualificação internacional, deverá apresentar esta certidão nos serviços da DGRM (Direção Geral de Recursos Naturais, Segurança e Serviços Marítimos), entidade responsável pela sua emissão e autenticação.

Cursos de qualificação específicos para oficiais

- Controlo das operações de combate a incêndios

(advanced training in firefighting)
STCW regra VI/3; secção A-VI/3

- Cuidados de saúde para responsáveis pelos cuidados
  médicos a bordo
  (medical care)
  STCW regra VI/4 parágrafo 2; secção A-VI/4
  parágrafos 4 a 6

- Oficial de proteção do navio* / oficial de proteção da
  companhia**
  (SSO ship security officer/ CSO company security
  officer)
  STCW regra VI/5; secção A-VI/5
  *O curso de oficial de proteção do navio confere
  certificado de qualificação STCW
  **O curso de oficial de proteção da companhia não
  confere certificado de qualificação STCW

- Curso avançado para operações em navios tanque
  petroleiros
  (advanced training for oil tanker cargo operations)
  STCW regra V/1-1 parágrafos 3 e 5; secção A-V/1-1
  parágrafo 2

- Curso avançado para operações em navios tanque
  químicos
  (advanced training for chemical tanker cargo
  operations)
  STCW regra V/1-1 parágrafos 5 e 6; secção A-V/1-1
  parágrafo 3

- Curso avançado para operações em navios tanque de
  gás liquefeito
  (advanced training for liquefied gas tanker cargo
  operations)

STCW regra V/1-2 parágrafos 3 e 4; secção A-V/1-2
parágrafo 2

- Operador geral do sistema mundial de socorro e
  segurança marítima
  (GMDSS general operator)
  STCW regra IV/2 ; secção A-IV/2; secção B-IV/2

Cursos de qualificação específicos para marítimos de mestrança
e marinhagem

- Curso básico para operações em navios tanque
  petroleiros e químicos
  (basic training for oil and chemical tanker cargo
  operations)
  STCW Regra V/1-1 parágrafo 2; Secção A-V/1-1
  parágrafo 1

- Curso básico para operações em navios tanque de gás
  liquefeito
  (basic training for liquefied gas tanker cargo operations)
  STCW Regra V/1-2 parágrafo 2; Secção A-V/1-2
  parágrafo 1

- Certificação para serviço de quartos de navegação
  (certification of ratings forming part of a navigational
  watch)
  STCW regra II/4; secção A-II/4

- Certificação para o serviço de quartos de máquinas
  (certification of ratings forming part of na engineering
  watch)
  STCW regra III/4; secção A-III/4

Cursos de qualificação acessíveis a todos os marítimos (ou candidatos a marítimos)

- Sensibilização para a proteção

(PSA security awareness training for all seafarers)
STCW regra VI/6 parágrafo 1; secção A-VI/6 parágrafo 4

- Qualificação para o exercício de funções específicas de proteção
(PDSD security training for seafarers with designated security duties)
STCW regra VI/6 parágrafo 4; secção A-VI/6 parágrafo 6

- Primeiros socorros (medical first aid)
STCW regra VI/4 parágrafo 1; secção A-VI/4 parágrafos 1 a 3

- Segurança básica (BST basic safety training)
STCW regra VI/1; secção A-VI/1 parágrafos 2 a 4

- Controlo de multidões (crowd management)
STCW regra V/2 parágrafo 4; secção A-V/2 parágrafo 1

- Segurança para tripulantes que prestem assistência direta a passageiros
(safety training for personnel providing direct service to passengers in passenger spaces)
STCW regra V/2 parágrafo 5; secção A-V/2 parágrafo 2

- Gestão de crises e comportamento humano
(crisis management and human behavior)
STCW regra V/2 parágrafo 6; secção A-V/2 parágrafo 3

- Segurança de passageiros, carga e integridade do casco em navios ro-ro de passageiros
(passenger safety, cargo safety and hull integrity training)
STCW regra V/2 parágrafo 7; secção A-V/2 parágrafo 4

- Condução de embarcações de sobrevivência e de salvamento
(proficiency in survival craft and rescue boats other than fast rescue boats)
STCW regra VI/2 parágrafo 1; secção A-VI/2 parágrafos 1 a 6

- Condução de embarcações de salvamento rápidas
(proficiency in fast rescue boats)
STCW regra VI/2 parágrafo 2; secção A-VI/2 parágrafos 7 a 12

- Operador restrito do sistema mundial de socorro e segurança marítima*
(GMDSS restricted operator)
* Não confere certificado de qualificação STCW

Pela sua relevância, apresenta-se de seguida o resumo de requisitos e objetivos dos cursos de qualificação mais comuns, com impacto relevante na carreira de qualquer marítimo, particularmente para quem avalia a possibilidade de entrar neste mercado de trabalho. Não só deverá considerar o investimento que a participação nos referidos cursos acarreta, em termos de tempo e de dinheiro, mas também o grau de dificuldade e a exigência de robustez física e psíquica, que alguns cursos apresentam, nomeadamente o curso de Segurança Básica.

O certificado de qualificação "Sensibilização para a proteção" (Security awareness training for all seafarers), é obrigatório para todos os marítimos, desde 1 de janeiro de 2014. Excluem-se os marítimos que possuam o certificado "Qualificação para o exercício de funções específicas de proteção" ou o certificado "Oficial de proteção do navio". A participação no respetivo curso, tem por objetivo habilitar os formandos com competências que lhes permitam contribuir para o aumento da proteção do navio, através da sensibilização acrescida e do aumento da sua capacidade de reconhecer e responder a ameaças à proteção do navio, de acordo com os requisitos do Capítulo XI-2 da Convenção SOLAS, do Código ISPS, e da Secção A-VI/6-1 do Código STCW, nomeadamente no que diz respeito a política de proteção marítima, responsabilidades de proteção, identificação, reconhecimento e resposta a ameaças, ações para a proteção do navio e preparação para emergências, exercícios e simulacros.

O certificado de qualificação "Exercício de funções específicas de proteção" (Security training for seafarers with designated security duties), é muitas vezes exigido a oficiais e outros marítimos, que, de acordo com o plano de proteção do navio (ship security plan), tenham funções específicas de proteção (security) do mesmo. A participação no respetivo curso, tem por objetivo habilitar os formandos com as competências necessárias, para desempenhar as funções em atividades relacionadas com pirataria e roubo à mão armada, de acordo com os requisitos do Capítulo XI-2 da Convenção SOLAS, do Código ISPS, e da Secção A-VI/6 do Código STCW, nomeadamente no que diz respeito a política de proteção marítima, responsabilidades de proteção, avaliação da proteção do navio, equipamentos, identificação, reconhecimento e resposta a ameaças, ações para a proteção do navio, preparação para emergências, exercícios e simulacros e administração da proteção.

Os marítimos que possuem o certificado de qualificação "Oficial de proteção do navio", não necessitam ter o certificado "Qualificação para o exercício de funções específicas de proteção". Os marítimos que possuem o certificado "Qualificação para o exercício de funções específicas de proteção não necessitam ter o certificado "Sensibilização para a proteção".

O certificado de qualificação "Segurança básica" (Basic safety), também conhecido por certificado BST, é considerado obrigatório para todos os marítimos que desempenham uma função relacionada com segurança, ou seja, todos os que trabalham nos navios de carga e praticamente todos os que trabalham nos navios de cruzeiros. Muitas vezes é designado como certificado

STCW 95, o que é um gigante erro, dado que esta designação identifica uma Convenção. A participação no respetivo curso, tem por objetivo fornecer os conhecimentos e treino necessários, para desempenhar funções básicas relacionadas com a segurança a bordo de um navio. Após conclusão, os formandos terão desenvolvido competências em sobrevivência no mar, prevenção e combate a incêndios a bordo, prestação de primeiros socorros básicos, cumprimento com os procedimentos de emergência, prevenção da poluição do meio ambiente, desempenho de funções de acordo com práticas seguras, compreensão de ordens e capacidade de ser compreendido durante o desempenho das funções e contribuição para o bom relacionamento interpessoal a bordo. Inclui os seguintes módulos:

- Primeiros Socorros (teoria)
- Técnicas de Sobrevivência Pessoal (teoria e prática)
- Prevenção e combate a incêndios (teoria e prática)
- Segurança pessoal e responsabilidades sociais (teoria)

O certificado de qualificação "Controlo de multidões" (Crowd management), é muitas vezes exigido a marítimos que trabalham em navios de passageiros, em qualquer função designada no rol de chamada (muster list), para assistir os passageiros em situações de emergência. A participação no respetivo curso, tem por objetivo habilitar os formandos com as competências exigidas pela Regra V/2, parágrafo 4, da Convenção STCW, e pela Secção A-V/2, parágrafo 1, do Código STCW, nomeadamente no que diz respeito a dispositivos salva-vidas e planos de emergência, assistência aos passageiros em situações de emergência e a procedimentos de reunião dos mesmos. De sublinhar que a DGRM apenas emite este certificado a quem possuir o certificado de qualificação "Segurança básica" (Basic safety).

O certificado de qualificação "Segurança para tripulantes que prestem assistência direta a passageiros" (Safety training for personnel providing direct service to passengers in passenger spaces), é muitas vezes exigido a marítimos que trabalham em navios de passageiros, em qualquer função designada no rol de chamada (muster list). Este curso destina-se aos marítimos que prestem assistência direta a passageiros a bordo de navios de passageiros. Tem por objetivo habilitar os formandos com as competências exigidas pela Regra V/2, parágrafo 5, da Convenção STCW, e pela Secção A-V/2, parágrafo 2, do Código STCW, nomeadamente no que diz respeito a comunicação, dispositivos salva-vidas e procedimentos de embarque em situações de emergência.

O certificado de qualificação "Gestão de crises e comportamento humano" (Crisis management and human behavior), é normalmente exigido a oficiais que desempenham funções a bordo de navios de passageiros. Pode ser exigido, por determinadas companhias, para marítimos com outras categorias profissionais, designados no rol de chamada (muster list) e também com responsabilidade pela segurança dos passageiros em situações de emergência. A participação no respetivo curso, tem por objetivo habilitar os formandos com as competências exigidas pela Regra V/2, parágrafo 6, da Convenção, e pela Secção A-V/2, parágrafo 3, do Código STCW, nomeadamente no que diz respeito a organização dos procedimentos de emergência a bordo, otimização de recursos, controlo da resposta às emergências, controlo dos passageiros e outro pessoal durante as situações de emergência e estabelecimento e manutenção de uma comunicação eficaz.

Estão ainda disponíveis no mercado alguns cursos específicos, exclusivamente para oficiais que necessitam atualizar os seus certificados de competências, com as novas exigências das Emendas da STCW. Estes cursos não dão origem a certificados de qualificação STCW.

Cursos de atualização para oficiais (apenas para atualização de certificados de competências)

- Sistema de informação e visualização de carta eletrónica

(ECDIS Electronic chart display and information system)
- Sistema ARPA em simulador
  (ARPA simulator)
- Simulador de radar
  (Radar simulator)
- Gestão de recursos da ponte
  (BRM Bridge resource management)
- Gestão de recursos da casa da máquina
  (ERM Engine room resource management)

Certificados para todos os Marítimos?

Tornou-se senso comum que todos os marítimos, inclusive os que trabalham nas áreas de hotel, turismo, entretenimento, etc, em atividades não identificadas no RIM (Regulamento de Inscrição Marítima), necessitam frequentar determinados cursos de qualificação, de forma a obterem os respetivos certificados STCW, como requisito essencial para poderem apresentar as suas candidaturas a companhias que operam navios de cruzeiros. De facto, muitas companhias internacionais não exigem qualquer certificado nem sequer cédula marítima. São as mesmas que, estando interessadas nos candidatos, lhes fornecem formação gratuita e alguma da documentação necessária para poderem trabalhar nos seus navios. Uma dessas companhias é a Seabourn Cruise Line, do grupo Carnival, cujos cruzeiros se caracterizam por ultra-luxo, marcante requinte e cozinha soberba.

Com o mercado dos cruzeiros a crescer consistentemente e a necessidade de contratação de profissionais altamente qualificados, associados a atividades com marcas de renome internacional, a indústria dos cruzeiros reconheceu a necessidade de agilizar os processos de contratação e de controlar a qualidade da formação dos seus colaboradores. Exigir um curso de segurança básica, por exemplo, a um chefe de cozinha europeu de renome internacional ou a um artista de variedades de elevado gabarito, constitui, para quem conhece o elevado grau de exigência física e psíquica deste curso, uma enorme inconsistência. O mercado vai continuar a ser criativo e ágil, inovando e desenvolvendo soluções que se enquadram na regulamentação em vigor e que não comprometem, de forma alguma, a segurança dos passageiros e tripulação.

Um conselho? Pesquise previamente os requisitos de cada companhia em termos de certificação. Depois decida qual ou quais os cursos que necessita. Pode com esta análise poupar muito tempo e dinheiro. Mas se essa não for a questão e quiser ter conhecimento e experiência prática, não hesite – participe nos cursos que considerar necessários, para a valorização da sua candidatura e carreira profissional.

Instituições de ensino acreditadas

Está decidido a trabalhar num navio de carga ou de passageiros e a investir em ensino profissional ou até mesmo universitário. Tem já uma profissão e pretende participar em cursos de certificação STCW. Ou quer apenas saber um pouco mais. Comece por visitar as plataformas online, das instituições de ensino acreditadas pela DGRM em Portugal. Apenas estas lhe podem atribuir uma certidão válida, para poder requerer o certificado internacional. Depois, faça uma visita presencial e questione os serviços. Apaixone-se e decida-se. As oportunidades esperam por si mas o primeiro passo tem de ser o seu. Deixo-lhe uma lista de possibilidades em Portugal.

ENIDH Escola Superior Náutica Infante D. Henrique
A ENIDH é uma instituição de ensino superior e a única escola nacional vocacionada para a formação de oficiais da marinha mercante (pilotagem, engenharia de máquinas marítimas, engenharia eletrotécnica marítima) e quadros superiores do sector marítimo-portuário nas áreas da intermodalidade, gestão e logística (gestão portuária, gestão de transportes e logística). A ENIDH apresenta ainda diversas outras ofertas formativas como é o caso dos cursos técnicos superiores profissionais (CTeSP) nas áreas de manutenção mecânica naval, eletrónica e automação

naval, sistemas informáticos e redes, e refrigeração e climatização. Disponibiliza ainda formação STCW (certificação de competência e de qualificação). Compete-lhe proporcionar uma sólida formação cultural, científica e técnica, desenvolvendo a capacidade de inovação e análise crítica e ministrando conhecimentos científicos de índole teórica e práticos, dirigidos ao desempenho das atividades características do sector marítimo-portuário.

FOR-MAR Centro de Formação Profissional das Pescas e do Mar
O FOR-MAR tem por missão a valorização dos recursos humanos conducentes à qualificação, aperfeiçoamento técnico e certificação dos profissionais e candidatos às profissões que integram a fileira económica das pescas, da aquicultura e recursos marinhos vivos, dos transportes marítimos e fluviais, das atividades portuárias, marítimo-turísticas e de recreio náutico, da construção e reparação naval, dos recursos vivos e não vivos, novos usos e recursos do mar, ambiente e sustentabilidade e ainda o reforço da segurança marítima e da atividade piscatória. O FOR-MAR tem 12 polos distribuidos por todo o país, nomeadamente em Lisboa, Viana do Castelo, Póvoa de Varzim/Vila do Conde, Matosinhos, Ílhavo, Figueira da Foz, Peniche, Nazaré, Sesimbra, Setúbal, Portimão e Olhão. Oferece também um conjunto diversificado de cursos STCW, em condições extremamente competitivas e em vários pontos do país.

IPTL Instituto Profissional de Transportes e Logística da Madeira
O IPTL é uma instituição de natureza privada, constituída em 2007, cujas atribuições principais são promover, conjuntamente com outros agentes e instituições locais, a concretização de um projeto de formação de recursos humanos qualificados, de caráter profissional, que responda às necessidades do desenvolvimento integrado do país e particularmente no âmbito local. Além disso, é missão do IPTL facultar aos alunos uma sólida formação geral, científica e tecnológica, capaz de os preparar para a vida

ativa e para o prosseguimento de estudos, em complemento com as entidades governamentais e reguladoras do ensino da região. Disponibiliza ainda formação STCW (Certificação de Qualificação).

ITN Instituto de Tecnologias Náuticas

A AEMAR / ITN é uma entidade formadora acreditada pela Administração Marítima nacional, para a formação e treino de tripulantes para a marinha mercante, obedecendo os seus cursos aos requisitos estabelecidos pela Convenção STCW da Organização Marítima Internacional IMO. Para além dos cursos conducentes à atribuição de certificação marítima internacional, o ITN possui diversas outras ofertas formativas como é o caso dos cursos técnico-profissionais.

Formação STCW no estrangeiro

Porque não participar em cursos STCW no estrangeiro? Se os conteúdos da formação são normalizados, de acordo com a Convenção STCW, porque não concluir um curso num país onde tenha menos custos, ou onde exista calendário para realização dos mesmos? Estas questões são extremamente pertinentes. Pode realmente participar num curso, em qualquer país onde o mesmo esteja disponível, e receber a sua certidão de participação. Mas este documento não basta. Apenas serve para o seu histórico curricular e para apresentar na Administração marítima do seu país de residência, a DGRM no caso de Portugal. Será esta entidade que irá analisar a referida certidão de participação em formação, de acordo com regras específicas e emitir o certificado STCW autenticado. Este sim, é o documento válido internacionalmente, o qual necessita apresentar para trabalhar num navio.

Se participou num curso no Reino Unido e se o mesmo for reconhecido pela MCA (UK Maritime & Coast Guard), então a respetiva certidão será aceite na DGRM, que deverá emitir o respetivo certificado STCW. Porém, se realizar o curso num país não reconhecido e aceite pela DGRM, então terá um problema sério – ao apresentar a certidão do curso, a DGRM não lhe emitirá o certificado STCW. Informe-se bem antes de tomar decisões de formação no estrangeiro, para evitar dissabores e despesas.

Tendo a Convenção STCW sido ratificada até à data por 160 países, não deviam todos eles reconhecer-se mutuamente? Efetivamente assim devia ser mas, alguns países, apesar de terem ratificado a Convenção STCW, não a implementaram da melhor forma ou de forma completa, pelo que os outros países não lhes reconhecem as certidões de participação em cursos STCW ou até mesmo os certificados emitidos. Estes países encontram-se excluídos da chamada lista branca STCW (STCW white list) publicada pela IMO.

Esta situação estende-se aos marítimos destes países, que concluíram cursos e obtiveram certificados STCW emitidos nos mesmos. Ao pretenderem trabalhar em navios de outros países, listados na lista branca, irão necessitar que os seus certificados sejam reconhecidos pelas respetivas administrações (certificate endorsement), o que poderá não acontecer, limitando a sua possibilidade de trabalho. Em conclusão, o facto de um país Parte da Convenção STCW figurar na lista branca, significa que está em conformidade com a STCW e respetivas Emendas, o que obriga, em princípio, as outras Partes da Convenção STCW a reconhecer os certificados por si emitidos.

Esclarecido? Consulte uma vasta oferta internacional de cursos STCW em stcwdirect.

O meu nível de inglês é limitado. O que fazer?

Num mundo globalizado e numa indústria verdadeiramente internacional, não surpreende que as tripulações dos navios sejam cada vez mais multiculturais. É hoje comum, particularmente nos navios de cruzeiros, encontrar marítimos de mais de 30 nacionalidades em apenas um navio. O grupo Royal Caribbean, por exemplo, emprega profissionais com origem em 125 países. Perante tal cenário, torna-se evidente a necessidade de definir e utilizar um idioma comum, em todas as comunicações entre tripulantes e nos interfaces navio/navio e navio/porto, não só nas operações regulares mas também em treinos e simulacros de emergência.

Evidentemente, a comunicação com passageiros deve preferencialmente ser realizada no seu idioma (por exemplo alemão, no caso de companhias de cruzeiros que exploram esse mercado), pelo que, neste caso, os tripulantes que lidam diariamente com passageiros, deverão falar alemão com os mesmos, falar obrigatoriamente inglês entre tripulantes de várias nacionalidades e falar o seu idioma nativo apenas com os seus concidadãos. Complicado? Nada disso. Apenas desafiante.

O que fazer se não domina a língua inglesa?

Nem pense em desistir de uma carreira em navios! Vejamos as razões. Em primeiro lugar, existem atividades que exigem maior domínio do idioma. Porém, outras, em que praticamente não existe contato com passageiros no dia-a-dia, exigirão menos fluência no inglês. Por outro lado, pode sempre desenvolver as suas competências a bordo. O vocabulário é simples, reduzido e repetitivo, para conseguir comunicar em termos profissionais e sociais. Evidentemente, o nível exigido dependerá da sua profissão e responsabilidade a bordo.

Para quem não domina o inglês, o grande obstáculo não é trabalhar num navio. O maior desafio consiste em falar o suficiente e comunicar com facilidade, na entrevista de recrutamento e seleção que irá sempre ocorrer, por telefone, remota ou presencialmente. Se falar inglês é para si intimidante, não tem um problema, tem apenas uma competência a desenvolver. Como é normal ao longo da vida. E esta é uma competência que o vai valorizar em termos profissionais de forma global, ou seja para qualquer carreira que escolha. Será sempre um bom investimento pelo que recomendo que comece já.

E em termos de saúde?

Como já foi referido, a saúde é um importante requisito para

conseguir um contrato e trabalhar num navio. Dadas as caraterísticas específicas da vida e trabalho a bordo de um navio, é
naturalmente exigida robustez física e psíquica. Mas nada para
super-homens. Apenas o normal. E não basta dizer que pratica
desporto ou que se sente muito bem. Terá de o evidenciar através
da realização prévia de testes médicos e posterior apresentação
de certificado de aptidão física.

Algumas companhias são extremamente exigentes com o
número e complexidade dos testes. Outras nem tanto, exigindo
um certificado emitido por médicos com a especialidade de
medicina do trabalho reconhecida pela Ordem dos Médicos, ou,
na sua falta, por médicos em serviço nos centros de saúde do Serviço Nacional de Saúde (conforme artigo 17, parágrafo 2 do RIM
– decreto-lei 280/2001).

As próprias companhias definirão os seus requisitos, pelo que
deverá preparar a documentação de acordo com os mesmos. Os
custos deste processo serão suportados pelo marítimo, embora
algumas companhias efetuem o reembolso do valor ou parte do
mesmo, após contratação.

Comum a todas as companhias internacionais, embora dependendo das áreas onde operam, será a exigência do certificado
internacional de vacinação ou profilaxia, devidamente atualizado
com as vacinas do tétano, febre-amarela, febre tifoide e eventualmente hepatite A. O processo mais comum neste caso consiste em marcar uma Consulta do Viajante, num dos centros
disponíveis em todo o país e, de uma só vez, atualizar todas
as vacinas. Uma recomendação, pratique desporto regularmente.
Vai dar-lhe uma preparação e atitude que lhe fará falta a bordo.

Passaporte e cédula de inscrição marítima

Naturalmente, irá necessitar ter o seu passaporte devidamente
atualizado e com data de validade de pelo menos um ano. A posse
de cédula marítima será sempre vantajosa mas, como já vimos,
dependendo da sua área profissional, poderá não ter acesso à
mesma em Portugal. Não se assuste – não é imperativo possuir

este documento. Dada a importância do tema, é importante relembrar que, se desempenhar funções a bordo de um navio como diretor de hotel, enfermeiro, rececionista, empregado de loja, músico, etc, não terá acesso à cédula marítima portuguesa, dado que a mesma apenas é atribuída a inscritos marítimos de acordo com o RIM (Regulamento de Inscrição Marítima) e o mesmo não inclui as atividades profissionais indicadas.

Visto C-1/D (Crew member Visa)

Muitas companhias solicitam um visto do tipo C-1/D, conhecido por visto do tripulante (de navios ou aviões). De maneira geral, o cidadão de um país estrangeiro que queira entrar nos Estados Unidos deve primeiro obter um visto que, quando concedido, é colocado no respetivo passaporte. Os cidadãos de certos países podem viajar para os Estados Unidos sem necessitarem de visto, desde que cumpram as exigências do programa de isenção de vistos. Este programa permite que os viajantes entrem nos Estados Unidos sem necessidade de visto, por um período de 90 dias, desde que em negócios ou lazer. Qualquer pessoa que viaje para os Estados Unidos, por qualquer motivo que não seja negócios ou turismo, necessita um visto, como é o caso dos marítimos. Para informação adicional, visite o site da Embaixada dos EUA em Portugal.

- O Visto de Trânsito (C-1) é um visto de visitante não imigrante, membro de uma tripulação, que viaje para os Estados Unidos como passageiro para se juntar a um navio. Um viajante que embarque num porto estrangeiro, num navio de cruzeiro ou em outra embarcação, que se dirija a um destino estrangeiro que não os Estados Unidos, e durante o curso da viagem, o navio aporte nos Estados Unidos, necessita de um visto de trânsito ou outro visto de não imigrante.

- O Visto de Tripulante (D) é um visto de trabalho de não imigrante, para pessoas que trabalhem a bordo de navios (como navios de cruzeiro ou de pesca), sendo o seu trabalho necessário para o normal funcionamento dos serviços e operações, e com a intenção de sair dos Estados Unidos no mesmo navio ou qualquer outro navio, no prazo de 29 dias. Estão incluídos nesta classe quaisquer tipo de marítimos, como por exemplo cozinheiros, empregados de mesa, esteticistas ou outro tipo de serviço prestado a bordo de um navio de cruzeiro. Os referidos vistos podem ser entregues na combinação C-1/D.

Para solicitar o Visto C-1/D deverá preencher o formulário DS-160, que se encontra online. Este é um formulário online do Governo dos EUA e só pode ser preenchido no Consular Electronic Application Center. Terá de preencher este formulário antes de usar quaisquer outros serviços. Posteriormente, deve visitar o Official U.S. Department of State Visa Appointment Service, plataforma de apoio oficial para informação e pedido de visto de não imigrante, da Embaixada dos Estados Unidos em Portugal, onde deverá completar as seguintes etapas, antes de poder agendar uma entrevista na secção consular:

– Crie uma conta de utilizador;
– Insira o número de confirmação do DS-160 para o candidato que está a solicitar o visto;
– Complete o processo de devolução de documentos através de correio;
– Pague o emolumento do pedido de visto de não imigrante (MRV);
– Agende uma entrevista na secção consular;
– Compareça na data agendada na secção consular.

Após a entrevista na secção consular, use esta plataforma para verificar a situação do seu visto e como se encontra a entrega. Em média, o processo de emissão de visto demora uma semana.

5

QUEM RECRUTA MARÍTIMOS?

A primeira resposta é: muitas e diferentes entidades, em Portugal e em todo o mundo! Vai com certeza ficar surpreendido, com a quantidade e diversidade de empresas e instituições, que recrutam ou apoiam o processo de seleção de profissionais para a indústria do transporte marítimo. Mas não lhe basta conhecer o nome e email destas entidades e enviar o seu CV. Não, tem de conhecer quem são, o que fazem, o que as diferencia, o que procuram, o que as preocupa e muitas vezes não deixa dormir os seus responsáveis. Só assim vai conseguir desenvolver a sua apresentação e comunicação de sucesso.

> *Tem de conhecer a comunidade do transporte marítimo para poder ambicionar fazer parte dela!*

Antes de mais, importa relembrar a definição de marinha mercante: conjunto das organizações, pessoas, embarcações e outros recursos dedicados às atividades marítimas, fluviais e lacustres de âmbito civil, incluindo três ramos independentes:

- Marinha de comércio, dedicada, essencialmente, às atividades económicas de transporte de passageiros e de carga, através do mar, de rios, de lagos e de canais;

- Marinha de pesca, dedicada à atividade da pesca;

- Marinha de recreio, dedicada ao desporto náutico e a outras atividades recreativas.

Além destes três ramos, a marinha mercante também inclui as atividades transversais aos mesmos, como a autoridade marítima, a formação náutica, as operações portuárias e a investigação marinha. De acordo com o decreto-lei 414/86, a indústria de transporte marítimo tem por fim a exploração de navios de comércio em transportes por mar, de mercadorias e passageiros. O exercício desta indústria abrange, necessariamente, o armamento e consequente exploração direta de navios próprios e compreende também o fretamento e afretamento de navios e, bem assim, a compra e venda de navios. O exercício da indústria de transportes marítimos depende da inscrição como armador.

Vejamos agora, quem são as diferentes entidades que contratam marítimos e as definições que precisa conhecer, para entrar num navio e construir a sua carreira.

O armador

O armador (do italiano armatore) é uma entidade, pessoa singular ou coletiva que, por sua própria conta e risco, promove a equipagem (armamento) e a exploração de navio comercial, independentemente de ser ou não proprietário da embarcação (pode utilizar navios afretados de terceiros). O seu rendimento provém, normalmente, da cobrança de fretes para o transporte de cargas entre dois portos, da venda de passagens e da prestação de serviços no caso de navios de passageiros, ou da locação da embarcação. Entende-se por equipagem ou armamento de um navio, a realização do conjunto de atos jurídicos e materiais para que um navio fique em condições de empreender viagem. De acordo com o decreto-lei 196/98, o armador é aquele que, no exercício de uma atividade de transporte marítimo, explora navios de comércio próprios ou de terceiros, como afretador a tempo ou em casco nu, com ou sem opção de compra, ou como locatário. O armador assume hoje figuras perfeitamente individualizadas:

- Armador/proprietário de navios (shipowner), que arma e faz a gestão técnica de navios, ou seja, é o proprietário de embarcação que, aprestando-a, a explora no transporte ou a cede a emprego de terceiros;

- Armador/gestor de navios (ship manager);

- Armador/transportador (ship operator), que faz a gestão comercial do navio exercendo a atividade transportadora propriamente dita;

- Armador/locatário, é aquele que, através da formalização de um contrato de locação com o proprietário, apresta a embarcação para explorá-la no transporte ou, então, para cedê-la a outrem.

Os maiores armadores no mundo são atualmente a Maersk (Dinamarca), a MSC (Itália), a CMA-CGM (França), a Evergreen Line (Taiwan) e a Hapag-Lloyd (Alemanha).

O afretador (freighter/charterer)

Afretador é a entidade que procede ao frete de um navio, ou seja, que fica a dispor dos seus serviços, por meio de um pagamento. O afretamento é o ato de alugar, arrendar, tomar para si um navio para o operar, podendo ser realizado por um armador ou transportador marítimo (afretador) que necessita de um navio. O fretamento é o inverso do afretamento, isto é, significa o ato de alugar, entregar a alguém o navio, sendo esta operação realizada pelo armador ou proprietário da embarcação (fretador). De forma simplificada e de acordo com o decreto-lei 422/ 86, consideram-se os seguintes tipos de afretador:

- Afretador de navios em regime de casco nu, com ou sem opção de compra, o que toma de fretamento um navio de comércio por determinado período de tempo e que detém a respetiva gestão técnica, comercial e náutica;

- Afretador a tempo, o que toma de fretamento um navio de comércio por determinado período de tempo e que detém a gestão comercial do mesmo;

- Afretador de viagem, o que toma de fretamento a totalidade ou uma parte de um navio de comércio, tendo em vista a realização específica de uma ou mais viagens.

Contrato de afretamento a casco nu (bareboat ou demise charter party)

Os contratos de afretamento a casco nu caracterizam-se pela utilização (arrendamento) do navio, por um tempo determinado, no qual o proprietário dispõe o seu navio ao afretador a casco nu, o qual assume a posse e o controle do mesmo, mediante uma retribuição (hire), pagável em intervalos determinados durante o período do contrato. É um contrato de utilização do navio. O navio é tomado em afretamento desprovido do comandante, tripulação, e demais itens inerentes necessários à navegação. O proprietário do navio poderá indicar o comandante e alguns tripulantes (chefe de máquina, principalmente), porém estes são contratados e controlados, e por consequência empregados, do afretador a casco nu. Tem-se, pois, as seguintes partes na relação contratual:

- De um lado o proprietário do navio, pessoa física ou jurídica, em nome de quem a propriedade da embarcação é inscrita na autoridade marítima;

- Do outro, o afretador a casco nu, pessoa física ou jurídica que muito embora não seja o proprietário do navio, arma e detém o total controlo do navio (gestão náutica, de pessoal e comercial), assumindo a posição de armador disponente (ou armador beneficiário). Dessa forma, deverá tomar todas as providências como se fora o proprietário (contratar seguros de casco, máquina, P&I Club, etc.), além de poder direcionar o navio para qualquer parte, observadas as normas internacionais de segurança e salvaguarda da vida humana no mar.

Contrato de afretamento por tempo (time charter party)
O contrato de afretamento por tempo caracteriza-se pela utilização (arrendamento) do navio, por um tempo determinado, no qual o proprietário ou armador disponente coloca o navio completamente armado, equipado e em condição de navegabilidade, à disposição do afretador por tempo, o qual assume a posse a o controle do mesmo (gestão náutica e comercial) mediante uma retribuição (hire), pagável em intervalos determinados durante o período do contrato. É um contrato de utilização dos serviços do navio. Diferencia-se do contrato de afretamento a casco nu nos seguintes pontos principais:

- No contrato de afretamento a casco nu, o comandante e os tripulantes são empregados do afretador a casco nu, enquanto no contrato de afretamento por tempo estes são empregados do proprietário ou do armador disponente;

- No contrato de afretamento a casco nu, as despesas de combustível, lubrificantes, água, provisões e salários, são de responsabilidade do afretador a casco nu. Já no contrato de afretamento por tempo, apenas as despesas com combustível e em alguns casos lubrificantes, são de responsabilidade do afretador por tempo;

- No contrato de afretamento a casco nu, todas as

despesas portuárias relativas ao navio e aos seus tripulantes são de responsabilidade do afretador a casco nu. No contrato de afretamento por tempo, as despesas portuárias relativas ao navio são de responsabilidade do afretador por tempo, permanecendo as referentes aos tripulantes de responsabilidade do proprietário ou armador disponente.

O gestor de navios (ship manager)

De acordo com o decreto-lei 198/98, o gestor de navios é a entidade na qual o armador pode delegar parte ou totalidade dos atos de armamento do navio, ficando assim contratualmente encarregada pela prática do conjunto dos atos jurídicos e materiais, necessários para que o navio fique em condições de empreender viagem, designadamente:

- Selecionar, recrutar e promover a contratação de tripulações;

- Dar cumprimento a disposições legais ou contratuais, executando e promovendo os atos ou diligências relacionados com a gestão de armamento das embarcações que lhes estejam confiadas e a defesa dos respetivos interesses;

- Promover a celebração de contratos, com entidades relacionadas com o armamento do navio;

- Promover a contratação de seguros marítimos e bem assim a sua administração;

- Praticar os atos relacionados com o aprovisionamento dos navios;

- Praticar atos relacionados com a manutenção do navio.

Os gestores de navios têm a obrigação de defender os interesses dos representados, no exercício dos seus poderes de representação e de colaborar com as entidades marítimas, sanitárias e portuárias, no cumprimento de formalidades relacionadas com a gestão de navios.

De forma mais explícita, uma entidade gestora de navios pode, entre outros, prestar os serviços de colocação de oficiais e tripulação de ponte/convés e máquina, com experiência apropriada, qualificações e certificados; colocação de tripulantes de navios de cruzeiro dotados de larga experiência de hotelaria, alimentação e bebidas e de equipas multilingues de entretenimento e de ocupação de tempos livres; abastecimento de combustíveis e lubrificantes, de acordo com as necessidades; fornecimento de provisões e consumíveis de hotel; manutenção de navios, segundo um acordo pré-estabelecido, incluindo gestão de intervenções de reparação e manutenção (drydocking) e supervisão em estaleiro; garantir a permanente atualização da documentação de bordo, incluindo certificados e manuais necessários à navegação; disponibilização de seguros e gestão e resolução de sinistros; fornecimento de orçamentos finais para o navio, contas mensais de gestão, incluindo a comparação com o orçamento; gestão de contratos de fretamento, reivindicações de carga e nomeação de agentes.

A agência de navegação (shiping agency)

As agências de navegação são entidades que representam os proprietários, armadores, afretadores ou gestores de navios, num porto. Os agentes de navegação encarregam-se do despacho dos navios no porto, das suas operações comerciais e da assistência aos comandantes na prática dos atos jurídicos e materiais, necessários à conservação dos navios e à continuação das suas viagens. A origem da atividade do agente de navegação perde-se no tempo. Desde que o comércio marítimo se instituiu, nos primórdios da história, surgiu também a necessidade dos armadores em possuir, em cada porto, um agente marítimo com notório conhecimento em diversas áreas comerciais e jurídicas. As agências de navegação contribuem sobremaneira, para o sucesso comercial dos armadores. O agente de navegação representa um elo essencial na cadeia de comunicação entre o armador e diversos profissionais que interagem com o navio, quando este chega a um porto. É por meio de um agente de navegação, que o navio recebe as orientações legais para atracar e também para descarregar as mercadorias.

Os exportadores, os importadores, as empresas de transportes e armazenagem, os despachantes aduaneiros, os terminais de contentores e os operadores portuários entre outros importantes segmentos, encontram na figura do agente de navegação o apoio necessário para a concretização de seus objetivos comerciais. As diversas autoridades governamentais contam com o apoio irrestrito das agências de navegação para o bom cumprimento das leis, normas e regulamentações quanto aos diversos procedimentos e exigências que envolvem a chegada, entrada, atracação, operação e saída de um navio. Em resumo, sempre que existe a necessidade de se utilizar um navio, deve-se consultar uma agência de navegação. De acordo com o decreto-lei 264/2012, a atividade de agente de navegação abrange a prática dos seguintes atos e procedimentos:

- Dar cumprimento, em nome e por conta e ordem de armadores ou de transportadores marítimos, a disposições legais ou contratuais, executando e promovendo, junto das autoridades portuárias, marítimas ou de outras entidades, os atos ou as diligências relacionadas com a estadia dos navios que lhes estejam consignados e suas cargas, defendendo os respetivos interesses;

- Promover, em nome e por conta e ordem de armadores ou de transportadores marítimos, a celebração de contratos de transporte marítimo, nomeadamente dos que resultem da atividade de angariação de carga por eles desenvolvida;

- Atuar como mandatários dos armadores ou de transportadores marítimos, podendo, nessa qualidade, ser-lhes cometidos poderes, nomeadamente para emitir, assinar, alterar ou validar conhecimentos de carga, proceder ou mandar proceder aos trâmites exigidos à receção de mercadorias para embarque ou à entrega de mercadorias desembarcadas e desenvolver as ações complementares do transporte marítimo que a lei lhes faculte;

- Em geral, prestar proteção, apoio e assistência aos armadores ou transportadores marítimos de que sejam representantes, competindo-lhes a defesa dos interesses dos navios que lhes estejam consignados, cabendo-lhes facultar, em particular aos respetivos comandantes, todas as informações da sua especialidade, bem como, direta ou indiretamente, proporcionar-lhes os serviços que por eles sejam solicitados.

A atividade de agente de navegação pode ser exercida diretamente pelos armadores ou transportadores marítimos, em relação aos navios por si explorados, no porto onde está instalada a sua sede social. A referência a armadores e transportadores marítimos abrange também os afretadores, os fretadores, os gestores de navios e ainda os proprietários de navios que os não explorem diretamente. De forma específica, as agências de navegação têm a responsabilidade de, entre outras, garantir cais para a chegada dos navios, promover os arranjos com pilotos locais, contratar rebocadores, gerir documentos portuários e alfandegários, dar suporte ao embarque e desembarque de tripulação, incluindo viagens e alojamento, providenciar o fornecimento de água potável, provisões, combustíveis e a descarga de resíduos, organizar a assistência médica à tripulação, contratar serviços de reparação e de manutenção, transmitir instruções de e para o proprietário do navio, organizar o fornecimento, transporte e manuseio das mercadorias, efetuar os contatos necessários com estivadores, contatar carregadores e recetores de carga, receber fretes, etc. No caso de danos à carga ou ao navio, o agente de navegação também faz os arranjos necessários (a pedido do comandante ou do proprietário do navio) com a companhia de seguros, inspeções marítimas e os serviços de peritos.

A agência de recrutamento/gestão de tripulação (recruitment agency/crew management)

As pessoas são consideradas elementos fundamentais, para gerir e fortalecer as relações necessárias para a condução de qualquer negócio. Para serem bem-sucedidas, as organizações necessitam das pessoas certas, na quantidade certa, na hora certa. Para isso estabelecem sistemas eficazes de recrutamento, que definem claramente o perfil das pessoas passíveis de nelas alcançar o sucesso. É facto comprovado que as organizações que possuem práticas que visam o desenvolvimento humano, conseguem aumento da motivação da força de trabalho e, consequentemente, melhores resultados financeiros e operacionais.

> As pessoas não são o ativo mais importante de uma organização. O ativo mais importante de uma organização são as pessoas qualificadas, comprometidas, capacitadas e éticas!

Após esta introdução, não fique surpreendido pelo facto dos processos de recrutamento e seleção serem uma atividade levada muito a sério. O seu grau de exigência na definição do candidato ideal, equipara-se ao grau de exigência na seleção do futuro colaborador. Nenhuma empresa quer cometer a imprudência de contratar a pessoa errada, perdendo tempo e dinheiro. Particularmente em navios, onde contratar uma pessoa significa a maior parte das vezes, pagar a viagem do candidato para onde está o navio. E se o candidato não tiver sido corretamente selecionado e abandonar o seu cargo, significa pagar uma nova viagem ao seu substituto. Por estas razões, quando se candidatar a uma oportunidade de trabalho no setor do transporte marítimo, tenha plena consciência que estará a comunicar com um grupo de profissionais exigentes, informados e bem preparados. Veremos mais à frente, o que precisa fazer para se preparar devidamente, para comunicar eficazmente com esta equipa. Para já importa saber que tipos de organizações fazem recrutamento e seleção. Na indústria do transporte marítimo, normalmente, a atividade de recrutamento e seleção de recursos humanos é realizada pelo próprio armador ou por três tipos de empresas externas especializadas:

- Agências de recrutamento e seleção (recruitment and selection agencies), que prestam apenas este serviço ao mercado global ou apenas a armadores e empresas operadoras de navios, nomeadamente de cruzeiros;

- Empresas de gestão de tripulações (crew management) que oferecem, além do serviço de recrutamento e seleção, serviços de formação, gestão de viagens, alojamentos e outras necessidades operacionais;

- Empresas de gestão de navios (ship management) que, como já vimos, incluem o serviço de gestão de tripulações no seu amplo portfolio, oferecendo assim soluções completas aos seus clientes.

Recrutamento e seleção (recruitment and selection)
Existe uma infinidade de empresas, pequenas e grandes, a realizar o serviço especializado de recrutamento e seleção. Algumas são especializadas em determinadas áreas, nomeadamente a indústria de transporte marítimo, outras trabalham em quase todos os setores de atividade. Apesar de confundidas, recrutamento e seleção são atividades distintas:

- Recrutamento consiste na divulgação da vaga e na triagem de possíveis candidatos, com base nos pré-requisitos da função (qualificações, experiência profissional, etc). A vaga é divulgada ao público em geral ou a público restrito, utilizando vários meios de comunicação que podem incluir a internet, jornais, agências de emprego, instituições de ensino, etc. Após a divulgação e receção da informação dos interessados, são reunidos os currículos dos candidatos que preenchem os pré-requisitos do cargo. Aos profissionais assim selecionados, normalmente é realizado um contato prévio por telefone, no qual pode ser solicitada informação adicional ou ser agendada uma entrevista presencial ou remota. Existe também recrutamento interno, no qual a vaga é divulgada aos colaboradores da organização, oferecendo a possibilidade de promoção ou de transferência, gerando oportunidade de crescimento;

- A seleção é realizada após a triagem realizada no processo de recrutamento, normalmente na forma de uma ou mais entrevistas e eventuais testes de conhecimentos, de competências e eventualmente físicos e psíquicos, com o objetivo de conhecer detalhadamente cada candidato e escolher o perfil mais adequado para a vaga. Inclui ainda a verificação de referências, a inspeção das qualificações e entrevistas secundárias.

Gestão de tripulações/gestão de navios (crew management/ship management)

Existem empresas que apenas prestam o serviço de gestão de tripulações. Outras, as empresas de gestão de navios, prestam também este serviço além de muitos outros. Em linhas gerais e como já referido, o serviço de gestão de tripulações inclui o recrutamento e seleção, serviços de formação, gestão de viagens, alojamentos e outras necessidades operacionais. Em termos específicos, as entidades que prestam este serviço têm ainda as seguintes obrigações especiais:

- Organizar e manter atualizado um registo dos

marítimos tripulantes recrutados ou contratados por
seu intermédio;

- Verificar se os marítimos possuem as qualificações,
certificados e documentos válidos, exigíveis para o
exercício das funções para as quais venham a ser
selecionados ou contratados;

- Assegurar que os contratos a celebrar com os marítimos
estão de acordo com a legislação e as convenções
coletivas de trabalho aplicáveis;

- Informar os marítimos dos direitos e obrigações
resultantes do contrato de trabalho celebrado;

- Assegurar que o marítimo contratado, em especial
quando destinado ao estrangeiro, não é abandonado em
porto, garantindo-lhe o repatriamento;

- Proteger a confidencialidade dos elementos de carácter
pessoal e privados dos marítimos recrutados ou
contratados.

O gestor de tripulações/navios não pode, em caso algum, pedir
aos marítimos o pagamento, direta ou indiretamente, no todo
ou em parte, de despesas a título do processo de seleção, recrutamento ou contratação, sem prejuízo de custos resultantes da
obtenção de certificados, documentos profissionais ou de viagem.

A empresa concessionária (concessionary company)

Alguma vez pensou como são contratadas as pessoas que trabalham nas lojas dos navios de cruzeiros (autênticos centros comerciais)? Ou muitos dos profissionais de fotografia, vídeo, saúde e
beleza, entre outros?
Muitos são contratados diretamente pelos armadores/operado-
res de navios ou através de agências de recrutamento/gestão de

tripulações. Porém, existe uma outra classe de empresas, que concessionam determinados espaços (lojas, casinos, spas, etc) e atividades, nomeadamente em navios de cruzeiros (fotografia, vídeo, espetáculos, etc), que assumem esta responsabilidade.

Estas empresas são altamente especializadas e realizam o recrutamento, seleção e gestão de profissionais, para uma ou mais companhias que representam, constituindo assim entidades muito relevantes quando procurar uma oportunidade. Verifique as seguintes para ter uma visão global da sua importância:

- Steiner One Spa World, emprega mais de 3.000 profissionais anualmente, em navios de cruzeiros de treze companhias, nas áreas de saúde e beleza, incluindo terapeutas de massagem e de beleza, manicura, cabeleireiros, medi-spa, personal trainers, profissionais de acupuntura e rececionistas.

- The Image Group, emprega mais de 600 fotógrafos, profissionais de vídeo e de imagem, de 30 países diferentes, em 42 navios de 4 companhias de cruzeiros.

- Harding Brothers, trabalha em parceria com 20 companhias de cruzeiros, gerindo mais de 250 lojas em 62 navios de cruzeiro, representando uma vasta gama de marcas, incluindo joalharia, relógios, moda, beleza e bebidas, juntamente com uma seleção de muitos itens essenciais.

- Starboard Cruise Services, opera em mais de 90 navios, representando 10 companhias de cruzeiros, empregando mais de 1.500 funcionários a bordo, nas áreas de gestão de lojas e respetivos assistentes, representando também uma vasta gama de marcas, incluindo joalharia, relógios, moda, etc.

- Bramson Entertainment, emprega palestrantes e profissionais de entretenimento em navios de cruzeiros, incluindo comediantes, malabaristas, mágicos, bailarinos, instrumentistas, vocalistas, animadores, etc.

- Cruise Artists International, colabora com 12 companhias de cruzeiros, empregando cantores, comediantes, instrumentistas, bandas, duplos, pianistas, mágicos, malabaristas, ventriloquistas, hipnotistas, bailarinos, técnicos de som e luz, e palestrantes.

- Century Casinos, emprega diretores e empregados de casino, em 9 navios de 2 companhias de cruzeiros.

- PPI Group, emprega vendedores/ apresentadores de produtos, em várias companhias de cruzeiros.

- Kings Recruit, emprega profissionais de desporto, animação e atividades para jovens e crianças, em várias companhias de cruzeiros e não só.

Portais online de empresas

Muitas empresas promovem as suas oportunidades de emprego, diretamente nas suas páginas online. Algumas apresentam anúncios aos quais pode apresentar a sua candidatura. Outras permitem o envio de carta de apresentação e de CV de forma espontânea. Outras ainda, exigem a criação de um perfil completo e personalizado, tendo a capacidade de emitir alertas quando surgem oportunidades relevantes, de acordo com o perfil criado. Apresentam-se de seguida os portais de recrutamento e seleção de algumas das principais empresas ligadas ao setor. Naturalmente, existirão muitas outras não listadas.

Companhias de Cruzeiros

- Royal Caribbean Cruises
- MSC Cruises
- Azamara Cruises
- Carnival UK/ Cunard/ P&O Cruises

- Carnival USA
- Crystal Cruises
- Disney Cruise Line
- Costa Crociere
- Princess Cruises
- Norwegian Cruise Line
- Pullmantur Cruises
- Oceania Cruises
- Regent Seven Seas Cruises
- Silversea cruises
- Windstar Cruises
- Color Line
- Viking Cruises

Companhias de navios de carga

- ABC Maritime
- Bourbon Offshore
- Box Lines
- CMA CGM
- Farstad
- Island Offshore
- Hapag-Lloyd
- Maersk
- MSC
- Mutualista Açoreana
- MN
- Odfjell
- Portline
- Promar Shipping
- Seacor Marine
- Sea Tankers
- Suisse Atlantique
- Spliethoff
- Transinsular
- UECC
- Wallenius Wilhelmsen

Recrutamento e seleção – cruzeiros e iates

- The Seven Seas Group
- Barcelona Crew
- Mobica Crew
- Pro Sea Staff
- The Apollo Group
- International Services
- Merline
- PeopleConquest
- V. Hospitality
- Viking Recruitment
- CTI Group
- AWC Cruise Ship Recruitment
- The Crew Network
- Dohle Yacht Crew
- Elite Crew
- HR crew
- Wilson Halligan
- YPI Crew

Recrutamento e seleção/gestão de tripulação e navios – navios de carga e de passageiros

- CSM Columbia
- Mariner
- Ibernor
- Lowland
- OceanWide
- Redwise
- Tech United
- Azalea Maritime
- NCM
- Promarinha
- Prime Marine Ship
- S&C
- Bachmann Group

- Clyde Marine
- Faststream
- MNR
- SeaMariner
- Spinnaker Global
- Viking Recruitment
- V Ships

Portais de notícias e de emprego online

Existem centenas de portais de anúncios de emprego, de várias companhias, nos quais pode apresentar a sua candidatura. Existem também portais de notícias especializados que incluem seções de emprego bastante desenvolvidas e dinâmicas, pelo que constituem uma oportunidade a considerar. Visite as seguintes:

- Actualidad Marítima y Portuaria
- gCaptain Jobs
- Crewell
- Job2Sea
- Job on Yachts
- Marine Resources
- Maritime Connector
- Maritime Employment
- TOS

Entidades que ajudam

Além das entidades que recrutam e selecionam profissionais para a indústria de transporte marítimo, existem muitas outras, que podem promover e facilitar a sua entrada neste importante mercado. Muitas pessoas continuam ainda hoje "amarradas", ao processo secular de apresentação de CV, por email ou correio. Porém e particularmente nas últimas décadas, a sociedade evoluiu, transformou-se, vestiu a globalidade e abraçou as redes sociais e profissionais. Vivemos atualmente num mundo diferente, com regras diferentes, que nos exige maior agilidade, muita atitude e alguma criatividade. As empresas vendem (ou ambicionam vender) serviços e produtos de excelência, inovadores, com elevado valor acrescentado, inventando todos os dias novas formas de desenvolvimento e de comunicação com os seus mercados.

Sendo assim, se a entrega das empresas se carateriza pelos substantivos inovação, criatividade, excelência, qualidade, talento, agilidade, como entram os mesmos nas empresas? Exatamente pela integração de equipamentos de qualidade e pela contratação de pessoas com os mesmos substantivos: talento, agilidade, transparência, criatividade, excelência!

Sejamos francos, como se evidenciam estas características num CV? Tarefa difícil ou quase impossível. A solução passa pelo investimento prévio e sistemático, na construção de uma rede profissional (networking) e pela integração na comunidade na qual pretende fazer parte, através da transmissão de uma imagem positiva e da construção de boa reputação. Em palavras simples, tem de aparecer e destacar-se nos meios profissionais, porque "quem não aparece esquece". Simples não é? Apresentam-se de seguida algumas pessoas e entidades, às quais se deve aproximar e iniciar/desenvolver a construção de relações, com a maior brevidade.

Sindicatos

Os sindicatos desempenham, hoje em dia, tarefas muito diferentes daquelas que conhecemos e a que nos habituámos no século passado. A transformação do mundo tem e continuará a ter um forte impacto na sua atividade, obrigando estas entidades a um trabalho proactivo de angariação, desenvolvimento e retenção dos membros associados. Também elas têm de ser criativas e de acrescentar valor. Muitos sindicatos oferecem atualmente, apoio à integração profissional e gestão de carreira dos seus membros e desenvolvem projetos de comunicação e de ação valiosos e que não deverá descurar. A minha sugestão, encontre o seu sindicato (ou potencial sindicato) e agende uma visita. Diga o que procura e solicite ajuda. Aprenda. Será um grande passo na sua integração na comunidade profissional. Se ainda não está convencido, veja o exemplo do sindicato e organização profissional Nautilus International que representa mais de 22.000 profissionais marítimos do Reino Unido, Holanda e Suíça. Desenvolveram inclusive uma plataforma de promoção de emprego – Nautilus International Jobs, na qual pode participar, mesmo não sendo membro.

Também a nível internacional, mas com ação global, destaca-se a Federação Internacional de Trabalhadores em Transportes (ITF International Transport Worker's Federation), fundada em 1896. A ITF é uma federação internacional de sindicatos de transportes, integrando cerca de 700 sindicatos e representando mais de 4,5 milhões de trabalhadores de 150 países. A ITF atua em vários setores de atividade relacionados com transportes, tendo forte ação no transporte marítimo, pescas e navegação em águas interiores. Vários sindicatos nacionais do setor marítimo são afiliados desta importante federação, existindo mesmo um inspetorado ITF em Portugal.

De origem mais recente (1999), destaca-se também a Federação Europeia de Trabalhadores em Transportes (ETF European Transport Worker's Federation). A ETF é uma nova organização pan-europeia sindical, que engloba os sindicatos dos transportes da União Europeia, do Espaço Económico Europeu e Central e países do Leste Europeu. A ETF representa mais de 3,5 milhões de trabalhadores de transportes, integrando 230 sindicatos de transporte em 41 países da Europa, incluindo entre outros, os setores do transporte marítimo e fluvial, pesca, portos e docas. Em Portugal, poderá contatar a Federação de Sindicatos dos Trabalhadores do Mar (FESMAR), que engloba os seguintes sindicatos:

- SINCOMAR
  Sindicato de Capitães e Oficiais da Marinha Mercante (afiliado ITF)

- SEMM

Sindicato dos Engenheiros da Marinha Mercante
(afiliado ITF)

- SITEMAQ
  Sindicato dos Fogueiros de Terra e da Mestrança e
  Marinhagem de Máquinas da Marinha Mercante
  (afiliado ITF)

- SMMCMM
  Sindicato de Mestrança e Marinhagem de Câmaras da
  Marinha Mercante (afiliado ITF)

Adicionalmente, e não fazendo parte da referida Federação,
poderá contatar os seguintes sindicatos:

- SOEMMM
  Sindicato dos Oficiais e Engenheiros Maquinistas da
  Marinha Mercante

- OFICIAISMAR
  Sindicato dos Capitães, Oficiais Pilotos, Comissários e
  Engenheiros da Marinha Mercante (afiliado ITF)
  (afiliado ETF)

- SIMAMEVIP
  Sindicato dos Trabalhadores da Marinha Mercante,
  Agências de Viagens, Transitários e Pesca

- SMMP
  Sindicato dos Marinheiros Mercantes de Portugal

Como pode verificar, em Portugal regista-se uma elevada frag-
mentação de sindicatos associados à indústria do transporte
marítimo, muitas vezes com notória sobreposição de domínios
de atividade, caso dos sindicatos SEMM, SOEMMM, SINCO-
MAR e OFICIAISMAR. Esta situação não lhe limita os passos,
antes pelo contrário, aumenta o número de entidades que o
poderão eventualmente ajudar.

Escolas

As instituições de ensino, nomeadamente as que desenvolvem formação profissional e ensino superior, têm como missão prestar um serviço à comunidade que servem, que não se esgota no ensino e na organização e realização de cursos de formação. Sendo parte integrante da referida comunidade, podem e devem, ter voz na estratégia global de desenvolvimento da indústria do transporte marítimo, adequando a sua ação à realidade e necessidades do mercado de trabalho. Poderão assim desenvolver estratégias de sucesso na comunicação e captação de formandos. De igual forma, no apoio à integração profissional e ao desenvolvimento de carreira dos mesmos, apoio que não se esgota quando estes concluem os respetivos cursos.

> *Há quanto tempo não visita a sua instituição de ensino? Quebre o silêncio e questione-os sobre as formas como podem ajudar. Lembre-os que têm uma missão e de que faz parte dela.*

Muitas instituições de ensino criaram já gabinetes de apoio à inserção profissional, observatórios de mercado e sistemas de informação específicos, dotando-os de recursos humanos devidamente preparados e proactivos, com o objetivo de apoiarem os seus formandos ao longo das suas carreiras. De facto, a ligação dos alunos à escola não se quebra com a entrega do diploma ou certificado; passa apenas a outra fase. E num mundo em permanente mudança, é fundamental a aprendizagem contínua e o desenvolvimento de novas competências. De facto, o aluno é um grande cliente da instituição de ensino. "Compra" o seu serviço na primeira formação e está preparado para muito mais transações de negócio, assim esteja a instituição disponível e dinâmica, para oferecer novos serviços e/ou produtos.

Algumas instituições de ensino, incluíram já nos seus conteúdos programáticos a formação em soft-skills, preparando os alunos para a venda das suas competências. Outras sensibilizam os seus formandos para as oportunidades e desafios do empreendedorismo. Outras vão mais longe, entram pelas portas das empresas e identificam oportunidades, criando parcerias, projetos, programas de estágio, etc. Muitas vezes, trazem as empresas que "compram" os seus produtos (os alunos), para dentro da escola.

Associações

Muito está por fazer em Portugal, no que respeita a associações que promovam diretamente os interesses dos profissionais da indústria do transporte marítimo. Mas existem muitas entidades, em diversos setores, que podem colmatar esta lacuna. Por exemplo, se é cozinheiro e pretende trabalhar em navios, pode inquirir a ACPP Associação de Cozinheiros Profissionais de Portugal, sobre parcerias em desenvolvimento ou informação adicional relevante. Seja criativo!

Por outro lado, existem várias associações criadas para defender interesses empresariais, que podem, mesmo assim, ser um interlocutor para os profissionais do setor, disponibilizando informação valiosa. Por exemplo, a AAMC Associação de Armadores da Marinha do Comércio, como é natural, conhece praticamente todas as empresas que contratam em Portugal e as suas necessidades ou estratégias futuras, informação que lhe pode abrir portas.

Quem já trabalha no setor

Deixei quase para o final, uma das mais relevantes tarefas para quem entrar num navio. Na indústria do transporte marítimo e em muitas outras também, as portas abrem-se com maior facilidade por dentro. Muitas vezes as oportunidades de trabalho aparecem dentro de um navio e são as próprias tripulações a tomar conhecimento das mesmas, em primeira mão. Nestas situações, podem eles mesmo sugerir pessoas qualificadas para os cargos, passando os respetivos contatos internamente às chefias. Estas por sua vez, com a confiança de um testemunho válido, solicitam ao departamento de recursos humanos das companhias onde trabalham, o contacto direto com os profissionais recomendados. E assim se abrem portas todos os dias. A última vez que recomendei pessoalmente um colega para uma oportunidade inesperada, passado uma semana estava a trabalhar na minha companhia!

Agora a grande questão: quem conhece que trabalha em navios? Independentemente da resposta, é tempo de aceder à rede profissional Linkedin e começar a pesquisar e construir conexões. E depois procurar no Facebook, aquela rede social que muitos pensam que existe apenas para festas e amizades, mas que é talvez a maior rede de negócios e de networking que pode utilizar, gratuitamente. Comece por aderir aos seguintes grupos:

- Transporte Marítimo
- Trabalhar num Navio
- Indústria dos Cruzeiros
- Proud to be Seafarer

E acompanhe as seguintes páginas:

- Transporte Marítimo Global (web)
- Transporte Marítimo Global
- Proud to be Seafarer

Vou agora revelar-lhe um importante segredo: se aderir a estas comunidades e permanecer passivo, esperando apenas o que outros publicam, partilham ou oferecem, não vai longe. O objetivo é que ganhe visibilidade, que se destaque da multidão e que fique na memória de outros membros, como um elemento que contribui, participa e que se responsabiliza. Se passar estes valores, construirá uma imagem profissional de quem sabe e quer saber. Se ficar oculto, sinceramente, está a perder o seu tempo.

Participar em redes sociais é uma forma fácil de construir a sua rede e de se aproximar de quem trabalha em navios. Mas não precisa parar por aqui. Existem muitos outros eventos e entidades, onde se reúnem regularmente as pessoas que se interessam e trabalham na indústria do transporte marítimo. Esteja atento e esteja presente. Mas não esteja presente descaradamente para "arranjar emprego" ou para servir o seu umbigo e os seus bolsos. Antes disso tem de mostrar valor, oferecer de si aos outros, aprender, fazer parte. A recompensa chegará a devido tempo.

Encontrar ou ser encontrado?

E agora sim, para finalizar o capítulo, um grande tema de reflexão. O que vale mais? Procurar e encontrar uma oportunidade de trabalho, enviando cartas e CVs? Ou ser encontrado por alguém que procura um profissional com as suas qualificações e qualidades?

- Imagine que tem uma garrafa de água que quer vender. Sai à rua e começa a interpelar potenciais interessados. A maior parte das pessoas com quem se cruzar vão afastar-se de si; outras ouvem o que transmitir e esquecem; outras ainda ouvem e tentam negociar, para levar a garrafa de água por metade do seu valor no mercado;

- Agora imagine que tem uma garrafa de água que alguém quer comprar. Não está a promover a venda, não está em modo procura, vulnerável e desvalorizado. Está antes a negociar a venda, com alguém interessado em comprar.

Em que situação acha que a sua garrafa de água terá maior valor e probabilidade de ser vendida? Quando for encontrado, claro! A questão que se coloca agora é, o que vai fazer para que alguém o encontre e, de seguida, se interesse pelo seu produto/serviço? Traduzindo para ambientes de trabalho, o que pode fazer para ganhar visibilidade no mercado, conquistar reputação e despertar interesse a quem procura o seu tipo de valor acrescentado? Pense no tema. Voltaremos a ele um pouco mais à frente.

Cada dia é uma bênção, o início de uma nova história. Cada dia coloca-nos no palco e pede-nos ação. Com excelência. Sem representação. Sem viver a vida de outros. Cada dia exige compromisso, valor e respeito. Não existe outra forma.

6

APRESENTAR
CANDIDATURA

Conhece já um pouco da indústria do transporte marítimo. Sabe quem são e onde estão as entidades que recrutam. Está sensibilizado para a necessidade de se integrar na comunidade, construindo ligações. Mas não está ainda preparado para apresentar a sua candidatura. Tem antes, uma profunda reflexão e um trabalho meticuloso a realizar.

Na hora de procurar emprego, porque não pensar como um empregador?

Efetivamente, num processo de candidatura não é o que você quer que importa; é o que a empresa precisa! Claro que tem despesas e ambições e procura sustentação para as mesmas. Claro que quer aprender, desenvolver a sua carreira, crescer, construir currículo para outros voos. Mas na hora de conquistar uma oportunidade de trabalho, aquela que realmente procura, os seus interesses têm de assumir um papel secundário. O ator principal em palco é o empregador, é ele que cria a dinâmica no desenrolar da história. É ele que cria a oportunidade e tem, antes de mais, de o conhecer muito bem.

A empresa que contrata profissionais é uma entidade viva, que respira, que ambiciona e sonha, que acredita e inova, que constrói e faz acontecer. Uma empresa começa normalmente com uma ideia, uma ou mais pessoas e alguns recursos. Depois do nome, escrevem-se a missão, o propósito, as políticas e traçam-se os planos de negócios, de marketing, de financiamento, etc. Para que possa ganhar peso e altura, necessitará de mais pessoas, de mais recursos e de mais mercado. O crescimento trará alegrias mas também algumas dores: oportunidades perdidas, decisões difíceis, investimentos pesados, problemas a resolver. O que pensam e procuram os quadros dirigentes das empresas, quando suportam as tensões e assumem os riscos? Quais os seus trunfos e garantias?

– As suas equipas! Coesas, fortes, preparadas e motivadas.

Assim sendo e relativamente a pessoas, o seu ativo mais importante, o que procura o empregador?

– Talento, Atitude, Transparência, Franqueza, Valor, Resultados, sem qualquer dúvida.

Hoje mais que nunca, as empresas contratam e retêm talentos que lhes acrescentam valor e geram riqueza. Pessoas que se interessam, que aprendem continuamente e que se desafiam a si próprias. Que trazem atitude e energia positiva capaz de fazer acontecer. Pessoas que remam com mais força quando o vento sopra contra. Agora já sabe. Deixe de olhar para o seu umbigo. Estude profundamente a empresa e os seus mercados, as suas pessoas e equipas, a comunidade que servem. Conheça a sua missão e as evidências do seu percurso. Com esta energia em mente, consigo virado para os outros e para um propósito maior, comece a construir a sua comunicação de talento – o seu CV.

O CV é uma ferramenta que as pessoas usam para conseguir emprego. Certo?

Todos somos proviços (mix produto + serviço). O CV é uma ferramenta de comunicação que chama a atenção para a sua "embalagem" e a distingue de todas as outras. Um CV é uma ferramenta de marketing e venda, o bilhete para uma reunião/entrevista, onde pode demonstrar o seu valor, criar empatia, ser a solução. Um CV faz o seu trabalho com sucesso se não o excluir de consideração. O propósito do currículo é simplesmente conseguir "meter o pé na porta". Claramente a resposta à questão apresentada é: Errado! O CV apenas tem o propósito de alcançar uma entrevista; será nesta que terá a oportunidade de conquistar o emprego.

O emprego ou trabalho, tornou-se uma oportunidade escassa. A elasticidade dos mercados, como para qualquer produto ou serviço, associa o aumento da sua procura à especulação do seu valor. Conseguir uma oportunidade profissional tornou-se assim num agressivo processo de venda, onde se aplicam técnicas de comunicação, negociação e fecho, muito familiares aos profissionais de áreas comerciais. Na realidade, a entrega de um CV significa apenas o início de um complexo processo de promoção comercial, com fases determinadas. A apresentação do CV é apenas uma ação concreta de venda, muitas vezes nem sequer a primeira. O objetivo, como já vimos, deve ser claro e inequívoco – alcançar uma entrevista. A pergunta que se coloca e que o desafia é a seguinte:

– O seu CV atual apresenta e comunica bem o seu produto/serviço?

Vamos procurar algumas respostas!

30 segundos

Enviou o seu CV para uma empresa. Tem 30 segundos para impressionar o recrutador. De forma positiva! O primeiro segredo do mundo dos profissionais de recrutamento e seleção: apenas dedicam cerca de 30 segundos na análise de cada CV, decidindo neste espaço de tempo, se o aceitam ou rejeitam. O seu CV é uma ferramenta de venda e deve conter os elementos capazes de capturar a atenção do recrutador, exatamente no momento em que ele faz a primeira análise, em busca daqueles que pretende examinar mais a fundo. Os CVs que chamam a sua atenção são selecionados para uma análise detalhada. Os demais são descartados ou deixados de lado.

As empresas que recrutam profissionais recebem milhares de CVs. Não existindo muitas posições disponíveis, a maioria dos CVs são simplesmente colocados de lado. Para alcançar uma oportunidade é fundamental apresentar um CV profissional.

AIDA

Um bom CV constitui uma boa comunicação, seguindo uma regra muito simples conhecida por AIDA. O seu CV deve:

- **A** Captar imediatamente a Atenção, diferenciando-o de outras apresentações;

- **I** Suscitar o Interesse no recrutador, pela leitura atenta do seu CV;

- **D** Criar o Desejo de saber mais sobre si, de o conhecer melhor;

- **A** Promover a Ação do recrutador, o convite para uma entrevista.

Parece tarefa impossível construir um CV com a organização e energia mencionada. Nada disso. Se considera esta missão um problema, saiba que, só por o reconhecer, 50% do mesmo já está resolvido. Falta metade. Vamos tratar disso, passo a passo, para completarmos uma grande caminhada.

Lembre-se, existem dezenas de CVs sobre a mesa dos recrutadores. Este é o primeiro desafio que tem de vencer- criar uma excelente comunicação!

KISS – Keep it Short and Simple

Menos é mais. É fundamental resumir o CV ao essencial, retirando o acessório. Fuja à tentação de dizer tudo, tenha a capacidade de ser claro e transparente. Consiga diferenciação, originalidade e sedução. Evite que o seu CV seja extenso, descritivo, complicado, confuso. Numa palavra, aborrecido. Não se trata de criar coisas complicadas, com gráficos sofisticados e papéis coloridos, distraindo a atenção daquilo que realmente é importante. Apenas informação clara, legível e objetiva.

Um currículo eficaz deve apresentar um design equilibrado e uma mensagem clara, evidenciando foco e atitude. Como todo a comunicação de excelência, deve conter apenas o essencial, removendo ruído e excessos. Lembre-se que o seu CV não é um guia detalhado, informativo e cronológico. Um CV é um resumo, com um máximo de duas a três páginas, onde valoriza as suas competências, conquistas e experiência, e identifica as suas qualificações. Terá tempo para apresentar cópias dos seus certificados, portfolio e outras evidências durante a entrevista, onde realmente farão falta.

"A perfeição não é quando não há mais nada a acrescentar, mas sim mais nada a retirar."
Antoine de Saint-Exupéry

Resumo, sumário executivo, afirmação pessoal, perfil profissional (Personal statement/Professional profile)

O seu CV inclui um resumo/afirmação pessoal? Na primeira página? Se respondeu negativamente, tem trabalho de casa para fazer. O resumo, sumário executivo, afirmação pessoal ou perfil profissional, são designações diferentes de um mesmo significado, um componente absolutamente fundamental no início do seu CV. Uma das mais poderosas ferramentas de diferenciação e de captação de atenção (o A da AIDA). A sua oportunidade de se apresentar e de mostrar relevância. De sublinhar que é único, original e valioso.

Quer vender o seu produto/serviço? Conte uma boa história. Desde os primórdios da humanidade, contar uma boa história sempre foi a melhor e mais eficaz forma de transmitir mensagens muito importantes. Depois de uma boa história, o seu CV passa a ter uma razão de ser. O resumo, sumário executivo ou afirmação pessoal constitui a oportunidade de contar esta história no seu CV, criando expetativa sobre a sua personagem principal. Bastam 4 linhas de texto e nem uma mais. Analise o seguinte exemplo de sumário executivo:

> *Engenheiro de máquinas marítimas. Extensa experiência profissional, incluindo engenharia, gestão de projetos, recursos e liderança de equipas. Orientado a melhoria contínua, focado em resultados. Assinatura pessoal: Adquirir conhecimento, crescer pela experiência, surpreender pela excelência. Sempre.*

Não tem um resumo, sumário executivo, afirmação pessoal, perfil profissional no seu CV? – Tem trabalho de casa para fazer. Prioritário e urgente!

Fotografia

Existe quem defenda não ser necessário incluir uma fotografia no seu CV. Outros dizem que não o deve fazer, para evitar distrair o recrutador. Defendo que deve incluir a sua fotografia no seu CV, nas redes sociais e onde tiver presença. É um sinal de honestidade, confiança, franqueza. Mas defendo também que não pode ser qualquer fotografia. A fotografia tem a missão de causar uma boa primeira impressão, um impacto positivo. Logo, tem de ser uma boa fotografia! Sabia que:

- Em menos de um segundo, a pessoa que vê a sua fotografia faz um julgamento sobre a sua credibilidade, atitude, competência e qualidades de liderança;

- Esta primeira impressão é persistente e muito difícil de mudar;

- As primeiras impressões, resultantes de fotografias, serão julgadas de forma mais severa e até mesmo negativa, que uma primeira impressão num encontro face a face.

Mas por que é uma primeira impressão tão importante? A primeira impressão, mesmo a partir de uma fotografia, irá determinar o futuro de um relacionamento, ou mesmo de uma carreira. Causar uma boa primeira impressão, é uma coisa boa. Mas o oposto pode condenar um relacionamento, antes que ele comece. Não terá uma segunda oportunidade para causar uma boa primeira impressão, especialmente com a fotografia no CV. Se não causar uma boa impressão, provavelmente não vai ter a oportunidade de falar com o recrutador e assim, possivelmente, alterar a sua opinião. A foto deve estar atualizada, ter boa resolução e apresentar um cenário discreto que valorize a sua figura. A iluminação deve ser cuidada e a postura rigorosamente escolhida. Acima de tudo, a sua foto deve estabelecer uma conexão instantânea com quem a vê, uma ligação invisível mas presente e motivadora de ação. Caso contrário, a sua fotografia será uma mera imagem e a sua pessoa ficará escondida por detrás de um escudo de aparências.

Uma fotografia de retrato constitui uma expressão facial, comunicando linguagem corporal. As expressões faciais falam muito mais do que as palavras. Alguns estudos indicam que 92% da nossa comunicação é não-verbal. Os especialistas concordam que, como seres humanos, damos prioridade ao que vemos e sentimos, antes de acreditarmos em qualquer frase ou palavra. Porque é isto importante na fotografia de retrato? Porque este tipo de fotografia comunica importante linguagem corporal. Cabeça baixa, peito encolhido e ombros descaídos são sinais óbvios de submissão; braços cruzados identificam irritação ou uma postura de defesa e desconforto. Porém existem muitos outros indicadores que podem estragar a fotografia: um sorriso falso, os lábios ligeiramente franzidos, transmitem sentimentos negativos que podem arruinar a comunicação.

Recomendo seriamente que consulte um bom fotógrafo e que alcance um conjunto de fotografias excelentes. Se tal não for possível, ficam de seguida alguns conselhos a considerar, quando produzir as suas próprias fotografias:

- Angule o seu rosto. Evite tirar fotografias de frente, que impedem a criação de sombras e torna o rosto mais largo;

- Incline o rosto levemente para longe da câmara, de modo que as sombras sejam criadas nas bochechas e no nariz;

- Incline o queixo levemente para baixo. Erguer o queixo não é natural e faz com que a câmara tenha uma visão interna do nariz. Tente esticar o queixo. Isso evitará que fique com um papo aparente e criará uma linha abaixo do maxilar;

- Mova a cabeça confortavelmente para que a pose não pareça forçada;

- Foque-se no olhar. A composição do retrato deve atrair o espetador aos olhos, que devem estar focados na câmara;

- Mantenha os olhos abertos, mas sem parecer assustado. Mantê-los meio fechados pode passar uma aparência de sonolência;

- Evite olhar para longe da câmara, mesmo que não queira olhar para ela. Isso fará com que os olhos fiquem mais fechados e que a pupila não fique tão visível. Ao invés disso, olhe levemente para um dos lados e siga o olhar com o nariz;

- As sobrancelhas são tão importantes quanto os olhos na transmissão de emoções. Relaxe-as e combine-as com a sua expressão;

- Mantenha os olhos fechados por alguns segundos antes que a foto seja tirada para não piscar;

- Escolha o posicionamento da câmara. Como o foco do retrato é o rosto, a câmara deve ser posicionada de modo a destacá-lo. As posições mais altas valorizam o rosto, apesar do nível dos olhos funcionar bem na maioria das situações. Para uma foto mais natural, posicione a câmara na altura dos olhos;

- Para transmitir poder ou dominação, fotografe um pouco abaixo da altura dos olhos, com a câmara inclinada para cima;

- Posicione a câmara um pouco acima para criar um efeito emagrecedor e uma linha de maxilar mais marcada;

- Sorria naturalmente, pois um sorriso falso pode estragar uma foto. As emoções forçadas fazem com que as fotografias fiquem forçadas. Ignore possíveis inseguranças e sorria naturalmente;

- Sorria sempre com os dentes visíveis. As pessoas com dentes tortos, amarelos ou imperfeitos tendem a sorrir de boca fechada. Não faça isso – os sorrisos naturais mostram sempre os dentes. Para que o retrato fique real, mostre um pouco dos dentes, mesmo que entre lábios levemente fechados;

- Quando possível, peça a alguém para o fazer rir, evitando que pense no sorriso;

- Humedeça os lábios antes de sorrir, lambendo-os ou aplicando um protetor labial. Evitará assim rachaduras e destacará mais o rosto.

A iluminação é um elemento chave na fotografia de retrato. Caso não recorra a um fotógrafo profissional e não possua equipamento apropriado, opte por boa iluminação natural. Para retratos prefira sempre dias nublados. Nesses dias a luz é mais difusa, o que evita sombras duras nos contornos do rosto e corpo. Num dia de sol, aproveite os locais onde existem sombras para fotografar em contraluz. Os melhores momentos para se fotografar retratos, vão desde o amanhecer até ao princípio da manhã e do final da tarde até ao pôr-do-sol. As fotografias ficam com um "clima" maior, exalando sentimento.

O que deve e não deve fazer no CV

Antes de tudo e de todos, não permita erros ortográficos. São um péssimo sinal para o recrutador evidenciando falta de rigor, atenção e motivação. Se é assim a construir o seu CV, como será a desenvolver trabalho no dia-a-dia, caso seja contratado? Um único erro ortográfico basta, para fazer o seu CV passar do topo da pilha para o caixote do lixo.

Utilize uma única fonte de texto para todo o currículo, criando destaques através de textos em negrito, segunda cor ou de tamanho diferente. Não utilize tabelas ou sublinhados. Lembre-se que muitos currículos são vistos em telemóveis ou outros dispositivos com áreas de leitura reduzida. Deixe os textos com liberdade para se adaptarem ao espaço sem se deformarem. Deixe margens generosas e espaços em branco entre as várias seções do seu CV. Deixe as palavras e as frases respirarem. O leitor vai agradecer o conforto.

Vimos já que o seu currículo é uma ferramenta de comunicação e de venda, com um objetivo prioritário de se diferenciar dos outros 300, que estão a concorrer ao mesmo lugar que procura. Sendo assim, tendo em conta a indústria do transporte marítimo e algumas regras apresentadas antes, terá vantagens em usar o formato Europass? Nenhuma. A mesma opinião tem a maioria das companhias que recrutam profissionais. Utilize este formato apenas se o exigirem.

Um bom currículo está organizado por seções, perfeitamente distintas e visivelmente separadas entre si. Em todas elas, seja uniforme e estruturado e siga as recomendações e sugestões que apresento de seguida.

Secção 1 – Apresentação

Não escreva a palavra "Curriculum Vitae" no início do seu CV nem faça uma capa com este texto. Não faz falta nenhuma e ocupa o espaço disponível e útil para informação de maior valor. Comece com a sua foto e dados pessoais essenciais, incluindo informação para contato, domínio de idiomas em termos de leitura e de escrita, e nível de competências informáticas. Veja o seguinte exemplo:

Álvaro Máximo Sardinha
Lisboa – Portugal
+351 91 7020363
alvarompsardinha@gmail.com
Linkedin www.linkedin.com/in/alvarosardinha
Skype alvarompsardinha
Nascimento 8 Novembro 1964
Idiomas Português (Nativo), Inglês (Bom); Espanhol (Intermédio); Francês (Básico)
Competências informáticas Excelentes
Não fumador

Secção 2 – Resumo, sumário executivo, afirmação pessoal, perfil profissional

O seu resumo é o coração do seu currículo, o centro das atenções, o palco onde pode e deve impressionar. Lembre-se, não mais que 4 linhas. Deixe suficiente espaço no papel para que as palavras respirem e se destaquem das outras secções. Veja mais um exemplo:

Preciso. Perspicaz. Adaptável. Profissional de vendas versátil, com uma compreensão profunda dos mercados de transporte marítimo e de cruzeiros. Combina empatia natural, tenacidade e atitude, superando as expectativas dos clientes. Idealiza, cria e dirige estratégias de vendas poderosas, que geram resultados mensuráveis e sustentáveis.

Secção 3 – Atividade profissional

Chegou a vez de apresentar a sua experiência profissional, devidamente ordenada cronologicamente – em primeiro lugar a experiência mais recente. Seja sucinto e evite descrever as suas funções na empresa. Opte por identificar evidências das suas competências, resultados positivos da empresa incluindo números, prémios, certificações, etc, atingidos por si ou por equipas de que fez parte. Importante não é o que se diz, é o que se faz e o que resulta da sua ação! Veja o seguinte exemplo:

Engenharia, vendas, direção | COMPANHIA A
2006 a 2016
De engenheiro a diretor, coordenando uma equipa de 16 colaboradores, atingindo resultados de faturação de dois milhões de euros/ano. Responsável pela implementação de sistema de gestão da qualidade, gestão de competências e gestão empresarial. Empresa especializada em vendas, instalação, suporte e formação de sistemas de automação, para o mercado da indústria de transporte marítimo.

Secção 4 – Habilitações literárias

Tempo de falar da sua educação. Mencione os títulos alcançados sem esquecer de mencionar as entidades onde estudou. Também de forma sucinta e apenas em algumas linhas. Terá tempo para explicar detalhes durante a entrevista. Veja o exemplo:

Licenciatura em Engenharia de Máquinas Marítimas
Escola Superior Náutica Infante D. Henrique
2013 a 2014 – concluída com média de 16 valores

Secção 5 – Formação complementar

Finalmente, apresente a sua formação complementar, cursos, seminários, etc, de acordo com a sua relevância para as oportunidades profissionais a que se irá candidatar. Algumas formações não acrescentam valor e podem distrair o recrutador. Não esqueça, menos é mais.

Pode inserir outros temas ou secções no seu currículo, como por exemplo estágios, prémios, publicações, etc, caso sejam relevantes. Não mencione hobbies, mencione interesses. Naturalmente, se for ainda estudante ou finalista, terá de ser criativo e tirar partido de resultados e conquistas pessoais, em diversos domínios e interesses. Se já tem uma extensa experiência profissional, pode ser seletivo com a informação que mostra, omitindo factos menos relevantes ou já ultrapassados.

Muitas cabeças

Concluído? Muito bem. Tempo para reunir alguns amigos, mostrar o seu CV e pedir a sua opinião. Muitas cabeças a pensar pensam sempre melhor que uma. Poderá aqui colher sugestões valiosas e até identificar erros ou omissões. Depois, enviar o seu CV para si próprio, lendo o mesmo num tablet e telemóvel. Veja se gosta do que vê. Será assim que muitas vezes será lido.

Quando concluir o seu CV vai poder apresentá-lo a entidades que recrutam. Mas como já percebeu, a maior parte delas não está em Portugal nem fala o nosso idioma. As maiores oportunidades falam inglês e o seu CV tem também de o fazer. Tempo de fazer a sua tradução, profissional claro, sem erros e com os termos corretos. Pode e deve, mais uma vez, pedir ajuda a amigos ou até mesmo, contratar os serviços de tradução profissional. Afinal o seu CV é um documento de comunicação e venda, impecável na forma e no conteúdo.

Diga a verdade

Pode ser tentador aumentar o brilho do CV, fazendo com que a experiência profissional ou as qualificações académicas impressionem, com informação que não é real. Seja franco e conciso, não estique a sua história. A maioria das empresas realiza a verificação de referências e efetua cruzamento de dados. Se o seu currículo não corresponder ao seu efetivo histórico de trabalho ou educação, mais tarde ou mais cedo a verdade vai revelar-se. Resultado, não vai conseguir a oportunidade profissional ou será demitido se já tiver sido contratado. Depois fica com uma história negativa que o vai perseguir em outras oportunidades.

Tartaruga_ninja23@yahoo.com
Provavelmente vai enviar a sua candidatura por email. Conhece o endereço do destinatário. Melhor ainda, sabe até o nome de uma pessoa dentro da companhia a que se candidata. Mas e o seu endereço de email, aquele que vai ser apresentado ao destinatário na mensagem enviada? É um endereço que o identifica perfeitamente e que lhe dá uma imagem profissional? Tenha atenção a este tema. São os pequenos detalhes que fazem a diferença.

A força da sua candidatura será a força do elo mais fraco.

A carta de apresentação

Se o CV é importante, não menos é a carta de apresentação. Mas importante não significa complicar. O texto que desenvolver deverá ser mais uma vez sucinto, sem pretensão de contar detalhes, apenas estimular o remetente a ler o seu currículo com atenção. Note que a carta de apresentação ou email de apresentação são a mesma coisa, realizando uma apresentação sumária e informando a razão do envio do CV (em papel ou em anexo ao email). Neste texto deve sempre incluir três conteúdos:

- Saudação inicial e, se possível, nome do destinatário;

- Indicação da posição a que se candidata ou indicação da referência do anúncio ao qual responde;

- Apresentação sumária das suas competências e indicação das razões pela qual considera ser um excelente candidato. Pode aqui utilizar o texto do resumo ou sumário executivo apresentado no currículo.

- Frase de fecho;

- Assinatura e dados de contato.

Veja o seguinte exemplo:

> *Muito Boa Tarde, Sr. António Lourenço,*
> *Tenho o firme propósito, de desenvolver carreira profissional no sector de transporte marítimo, como engenheiro de máquinas, prosseguindo até à categoria de chefia.*
> *Sou Licenciado em Engenharia de Máquinas Marítimas, pela Escola Superior Náutica Infante D. Henrique, com certificados STCW válidos. Tenho experiência profissional de engenharia em navios de cruzeiros, incluindo controlo de operações e manutenção de sistemas, gestão de recursos e liderança de equipas. Assumo um compromisso permanente por aprendizagem contínua, desenvolvimento pessoal e atitude proactiva, com foco em resultados.*
> *Estou disponível para embarque imediato, em qualquer ponto do mundo.*
> *Sinceros Cumprimentos,*
> *Alvaro Máximo Sardinha*
> *+351 917 020 363*
> *www.linkedin.com/in/alvarosardinha*

Não menos importante, o que não deve escrever na sua carta de apresentação:

- Venho por este meio candidatar-me à vaga de…
- Venho por este meio anexar o meu currículo para vossa apreciação…
- Venho candidatar-me à vossa empresa…

Não esqueça que as empresas recebem centenas de candidaturas, dando mais valor às que se diferenciam, a começar pelas próprias palavras. Por outro lado, se está a enviar uma candidatura as suas intenções são óbvias. Não necessita mencionar o que já está explícito. Foque-se nas necessidades da empresa, nos fatores que a mesma valoriza. Encontra esta informação no site da empresa ou no corpo de anúncios. Faça alguma pesquisa e descubra quais os problemas que afetam a empresa, quais as qualidades que procuram num funcionário e quais os seus objetivos a médio prazo. Deste modo poderá utilizar a sua carta de apresentação para demonstrar que é uma solução. As cartas mais apelativas demonstram o que pode fazer pela empresa e não aquilo que a empresa pode fazer por si. Sublinhe por que motivo gostaria de trabalhar na empresa a que se está a candidatar e por que será o candidato indicado ao cargo.

Alguns exemplos de boas frases:

> *Nos últimos 5 anos liderei uma equipa de 10 consultores imobiliários, tendo atingido sistematicamente xxxx$ de vendas.*

> *Possuo experiência comprovada em engenharia de máquinas marítimas, adquirida recentemente em navios de transporte de contentores, pelo que considero ter as competências necessárias para contribuir para a adequada manutenção e segurança dos vossos navios.*

Tenha em atenção que, se passar a imagem de ser impertinente e demasiado confiante, a empresa terá receio de o contratar. Evite frases tais como "melhor candidato" e "perfil vencedor" quando descrever as suas capacidades. Evite também frases comuns, por exemplo indicando que sabe "trabalhar em equipa" ou que procura um emprego que lhe permita "demonstrar todo o seu potencial". Estas frases não o irão ajudar a avançar no processo de recrutamento. O seu objetivo é destacar-se dos restantes candidatos. Estas frases são genéricas e utilizadas constantemente por outros profissionais que procuram emprego. De igual forma, dizer que o seu objetivo é "encontrar um emprego estável, numa empresa de sucesso com oportunidade de progredir" não o irá fazer sobressair. Este objetivo é comum à maioria dos candidatos e apenas estará a desperdiçar linhas essenciais. O recrutador está mais interessado em saber como pode ajudar a solucionar os problemas da empresa.

Uma boa carta de apresentação deve deixar o recrutador com vontade de o conhecer. Deverá focar-se no futuro e como pode contribuir para o sucesso da empresa. Tal como o CV, o objetivo de escrever uma carta de apresentação consiste em conseguir um convite para uma entrevista.

Se não tiver uma boa comunicação, valerá a pena comunicar?

A habilidade de descrever a sua personalidade e competências profissionais, através de uma carta de apresentação e de um currículo, de forma direta e objetiva, é um fator muito valorizado pelos recrutadores. Um CV mal construído é uma forma de encerrar portas, por vezes definitivamente. Se não tiver um CV sólido e eficaz, considere nem sequer o apresentar. Invista algum tempo e dinheiro na construção de documentos de candidatura vencedores, sem erros, verificados por si e por mais pessoas, com uma fotografia profissional, design simples e uniforme, textos cuidados e muita atitude e diferenciação. Depois parta com confiança e garra, à conquista do ambicionado posto de trabalho.

Onde pode saber mais?

Não faltam centros de informação de como construir uma boa carta de apresentação e um CV perfeito, alguns dos quais disponibilizam modelos de currículos que pode utilizar. Algumas destas fontes de informação são disponibilizadas exatamente por empresas de recrutamento marítimo, pelo que, se pretende entrar neste mercado, não deve de forma alguma descurar os seus ensinamentos. Visite, entre outros, os seguintes sites:

- Careers at Sea & Beyond
- SuperYacht Academy
- Viking recruitment
- Warsash Maritime Academy
- Spinnaker Global

O primeiro contato

Nove horas da manhã, toca o seu telemóvel. Surpreendido, verifica que está a receber uma chamada de fora do país. Atende e fica surpreendido pela apresentação que escuta: alguém duma empresa a que se candidatou, gostou do que leu e selecionou o seu CV para uma primeira entrevista por telefone. Sem o perceber começou a sua avaliação. Primeiro escuta uma breve apresentação de quem o contacta, alguma informação sobre a oportunidade em causa e depois começam as questões. Sem que o perceba, o interlocutor está a escutar as suas respostas e, simultaneamente, a realizar a leitura da sua atitude, competência, tom de voz, confiança, disponibilidade, nível de inglês falado, etc. Muita informação num diálogo breve, mas fundamental para o processo de seleção.

As empresas e agências de recrutamento estão à procura de pessoas dinâmicas, motivadas e altamente organizadas, que trabalham bem como parte de uma equipa profissional. Assim, a entrevista é o momento em que tem a possibilidade de se introduzir no mercado, demonstrar o seu valor e explicar que é o candidato ideal para a oportunidade. Neste primeiro contato é fundamental mostrar disponibilidade e interesse na oportunidade, conhecimento da indústria e muita atitude na voz. Levante-se, corrija a sua postura, sorria e fale – a sua voz será interpretada com maior volume e determinação. Não fale demasiado, apenas o suficiente para responder às questões apresentadas. Não hesite nas respostas. Será questionado sobre a empresa onde trabalha atualmente ou sobre empresas onde trabalhou. Seja positivo e evite palavras negativas. Se está empregado, enviou a sua candidatura porque pretende mudar para melhor, quer crescer profissionalmente. Se está desempregado, saiu da empresa devido a final de contrato. Não foi despedido nem está aborrecido com ninguém. Entretanto informe que tem estado ativo a melhorar os seus conhecimentos, participando em cursos, seminários, etc. Evidencie uma postura de aprendizagem contínua.

Como já percebeu, quanto mais conhecimento tiver da indústria, mais confiança terá nesta primeira entrevista. E esta pode ser decisiva. Por isso deve estar preparado, procurando fazer parte da comunidade, respirando os seus desafios e conquistas. Passar pelo processo de entrevista de emprego com sucesso, requer preparação e planeamento. Descubra o máximo que puder através do anúncio a que se candidatou, sobre o empregador e a indústria. Nunca esqueça:

- Não preparar uma entrevista é preparar para falhar!
- Não é o que eu quero, é o que a empresa precisa!
- Atitude, atitude, atitude!

Normalmente esta primeira entrevista é breve, mas podem surgir questões como as seguintes:

- Fale um pouco sobre si.. diga-nos quem é..
- Fale sobre o seu último emprego..
- O que sabe sobre a nossa empresa?
- Porque pretende trabalhar na nossa empresa/indústria?
- Fale sobre a sua experiência em …

Se tudo correr bem o processo pode avançar para outra fase, por exemplo uma entrevista remota ou presencial, realização de testes, apresentação de documentos adicionais, etc.

A entrevista presencial

Chegou o grande momento. Não tem de estar nervoso. Está preparado. Não sabe tudo mas tem vontade de aprender. Não quer caminhar sozinho, quer construir e celebrar em equipa. É positivo e resiliente. Está devidamente informado, sabe o que quer e está focado no percurso que deve seguir. Conhece pessoas e entidades no sector. Reconhece que há muito por fazer, mas não fala mal de ninguém. Tem uma atitude positiva e afasta-se de quem gosta de caminhar pelo muro das lamentações. Acredita que em cada problema existe uma oportunidade e busca-a ativamente. Não hesita e arregala os olhos de paixão, sempre que fala do que faz e quer fazer. A entrevista é a sua oportunidade de subir ao palco e brilhar, de mostrar tudo o que aprendeu e a vontade de seguir caminho. Sem medos!

Mas com preparação. Não precisa ser arrogante porque não é o melhor do mundo. Existem muitas outras pessoas cheias de talento, provavelmente a concorrer à mesma oportunidade. Seja sábio reconhecendo as fragilidades, os pontos onde necessita evoluir. Comece pela linguagem corporal. Não esqueça que as primeiras impressões contam. Seja pontual. Escolha um vestuário cuidado com o qual se sinta confortável. Não precisa ser extravagante ou aparentar quem não é. Precisa sim de mostrar um aspeto cuidado, atavio, atenção nos pormenores, incluindo cabelo, barba, unhas, mãos. Se fuma, cuidado com o cheiro que as suas roupas possam propagar.

Ouça as notícias e compre o jornal do dia – esteja informado sobre acontecimentos recentes. Desligue o telemóvel. Escolha bem as primeiras palavras, o tom de voz, a postura. Seja simpático com todas as pessoas. Muito provavelmente será recebido na receção. Poderá esperar neste local pelo entrevistador ou ser encaminhado para uma sala de reuniões. Em qualquer dos casos e enquanto aguarda, evite conversas desnecessárias sobre o tempo, política, futebol e religião. Faça uma leitura 360° de tudo o que o rodeia, incluindo cores, estilos de mobiliário, quadros, fotografias, certificados, prémios, etc. Mostre interesse, questione e ouça respostas ou aguarde em silêncio. Escute mais e fale menos. Leia revistas ou brochuras que a empresa possa ter disponíveis. Tranquilo.

Olhe nos olhos, sorria, não cruze os braços nem coloque as mãos nos bolsos. Opte por as colocar ao lado do corpo, mostrando o peito erguido e evidenciando confiança. Evite gestos desnecessários e excessivos e mantenha uma boa postura. Coloque ambas as mãos em cima da mesa evitando apoiar os cotovelos. Coloque na mesa o seu bloco de apontamentos e uma caneta. Mostre que valoriza a empresa e a oportunidade e que respeita o entrevistador, registando a informação relevante que lhe derem. Coloque também em cima da mesa, as folhas que imprimiu a cores, com informação que retirou no site da empresa, nas notícias, etc.

Mostra assim sinais de preparação da entrevista e de sensibili-
dade e orientação ao que a empresa planeia, faz e procura. Leve
os seus certificados, portfolio, projetos, publicações numa pasta.
À medida que a conversa se for desenvolvendo e se oportuno,
coloque os documentos relevantes na mesa. Este é o verdadeiro
momento da sua venda de produto/serviço. Tudo o que antes
falei, são técnicas comuns de venda. Nada acontece por acaso.

"Para ser grande, sê inteiro: nada teu exagera ou exclui.
Sê todo em cada coisa. Põe quanto és no mínimo que fazes."
Ricardo Reis, in "Odes"
Heterónimo de Fernando Pessoa

E não foi por acaso que deixei a melhor técnica de vendas de
soluções complexas (como é a contratação de um profissional)
para o final. Mostre o que a empresa pode ganhar contratando-
-o a si; apresente resultados do seu trabalho em outras empresas
– números, factos, prémios, crescimento, etc. Não é o que você
diz que faz; o que verdadeiramente importa são os resultados que
atinge com o que faz:

- Não diga que é contabilista, diga que faz as pessoas
  pouparem dinheiro;

- Não diga que é um bom engenheiro, diga que
  implementou um programa que poupa toneladas de
  combustível e milhares de euros em cada mês;

- Não diga que é responsável e atento, diga que o seu
  novo sistema reduziu o número de incidentes de
  segurança em 50%.

Segundo um estudo realizado em 2015 (Social Recruiting Sur-
vey), no qual foram entrevistados mais de 1.400 empresas e profissionais de recrutamento, 87% dos mesmos informaram que
o entusiasmo é a característica que mais valorizam num candidato; 85% dos mesmos classificaram o conhecimento da indústria como fundamental; 79% valorizaram as competências de

conversação e de comunicação; 66% a pontualidade; 63%, o aspeto físico. A forma como são apresentadas as saudações e cumprimentos foi valorizada por 38% dos inquiridos.

Agora já sabe! Como dizem os japoneses,

"Lágrimas no treino, alegria no combate"

Prepare-se.

Boas perguntas – boas respostas

Se pretender trabalhar numa companhia estrangeira, a entrevista será conduzida muito provavelmente em inglês. Prepare-se previamente para as questões que potencialmente lhe vão colocar. Em todas as respostas, apresente segurança e confiança no que fala; não minta; fale com um tom agradável e com linguagem adequada; mostre seriedade e profissionalismo; demonstre entusiasmo, equilíbrio emocional e garra; apresente um perfil sociável com facilidade de relacionamento; exiba uma personalidade alegre evidenciando prazer em servir; tenha segurança quanto ao seu nível de inglês; mostre que pretende construir uma carreira a bordo; evidencie que sabe das dificuldades da vida a bordo, mas que isso não será um problema; e finalmente, não demonstre muito apego a família e amigos.

Perguntas pessoais:
– Tell me about yourself...
– What are you doing at the present time?
– Talk about your previous experience.
– What do you know about life on board?
– Why do you want to work in our company?
– Why would you like to work on a cruise ship?
– Why should we hire you?
– Are you able to do hard work?
– What are your plans about the salary?
– How about your family and friends, will you miss them? Are you prepared to be far away from them?

– What do your parents think about you working on a cruise ship?

Perguntas sobre um local de trabalho prévio:
– Talk about this hotel/restaurant….
– How many stars?
– Which kind of guests?
– Did they receive foreign people?

Perguntas específicas da função:
– How do you serve red wine?
– How do you clean a pool?
– How to serve a colonial coffee?
– How do you deal with angry people?

Sobre a linguagem corporal

Ao entrar na empresa ou na sala, o primeiro recado que você passa está no seu rosto. Cumprimente todas as pessoas a quem se dirigir com um leve sorriso. Sorrir suavemente denota segurança e simpatia e constitui uma arma poderosíssima, para criar um vínculo interpessoal imediato. O sorriso demonstra confiança, abertura, calor e energia, estimulando o ouvinte a sorrir também. Além disso, transmite uma atitude positiva, e uma personalidade otimista e entusiasta. Sem o sorriso, pode muitas vezes ser visto como carrancudo ou indiferente.

A iniciativa de cumprimentar deve sempre partir do entrevistador. Um aperto de mão firme e acompanhado de um sorriso é o cumprimento adequado. O aperto de mão deve ser natural mas determinado. Não deve apertar demasiado a mão do entrevistador mas não pode ser frouxo, deixando passar uma imagem de desleixo, desinteresse e falta de vitalidade. Evite que as palmas das suas mãos estejam húmidas ou suadas.
Mantenha a cabeça erguida. A melhor forma de transmitir confiança consiste em manter uma boa postura, de cabeça levantada e com os ombros discretamente chegados para trás. Ficar em pé

ou sentado de forma direita envia uma mensagem de autoconfiança, credibilidade força e vitalidade. Esteja de pé ou sentado, com as pernas um pouco afastadas transmitindo segurança. Evite uma postura fechada, dado que representa um sinal negativo. Não coloque as mãos nos bolsos, atrás das costas e não cruze os braços sobre o peito, transmitindo um sinal de que está fechado, agressivo ou totalmente passivo. Deve sempre parecer aberto e amigável, o que significa que as mãos devem estar visíveis e prontas a gesticular naturalmente.

Quando se sentar evite reclinar as costas para trás. Mantenha uma postura neutra durante a entrevista. Reclinar as costas para trás sugere aborrecimento ou falta de interesse. Não recline muito o corpo para a frente, não se aproxime muito do entrevistador ao inclinar-se sobre ele ou sobre a sua secretária ou posição, parecendo assim solícito ou ameaçador. A postura neutra é a ideal, bastando sentar-se direito. Evite recostar-se para trás ao ouvir uma pergunta. Aparenta uma postura defensiva, como se não gostasse do que ouve. Agarrar os braços da cadeira é outra postura a evitar, porque pode transmitir ansiedade, tensão e insegurança. Não esqueça que a entrevista de emprego começa na sala de espera. Portanto, não se sente desleixado na cadeira na área de receção.

Evite mexer-se muito na cadeira ou cruzar e descruzar as pernas, o que pode ser interpretado como um sinal de tédio. Aliás, não deve sequer cruzar as pernas, evitando assim uma postura considerada defensiva ou associada a um excesso de "à vontade". Procure manter os dois pés bem assentes "no chão". Evite gestos bruscos que podem ser considerados agressivos. Apontar é muitas vezes visto como um gesto agressivo e, em algumas culturas, é considerado como extremamente rude. O ideal é evitar gestos com as mãos que sejam muito rápidos, repetidos ou agressivos. Porém, evite estar muito rígido e parado, o que pode significar falta de competência e de controlo. Movimente-se para enfatizar pontos importantes, demonstrar dinamismo e evitar o tédio.

Evite bater ritmicamente com o pé no chão e abanar os joelhos, demonstrando nervosismo. Gesticule com as palmas das mãos para cima, o que indica uma postura aberta e amigável.

Mexer no cabelo, roer as unhas, brincar com a caneta ou objetos, mexer em pulseiras, colares, anéis etc, são sinónimos de insegurança e nervosismo. Idealmente deverá manter as mãos abertas, repousadas sobre os joelhos ou sobre a mesa, em sinal de sinceridade e transparência. Evite também determinados gestos faciais, desde virar os olhos a olhar fixamente e a pestanejar muito. Mantenha uma expressão serena, confiável e neutra.

Olhe o entrevistador nos olhos, mas não por longos períodos de tempo, evitando ser interpretado como agressivo. Porém não evite o contacto visual. Um olhar esguio e assustadiço demonstra que o candidato é uma pessoa em quem não se pode confiar. Os peritos são unânimes em considerar que responder a uma questão a olhar para um quadro na parede ou para o chão, é o primeiro passo para não ser escolhido. Foque-se, evitando andar a percorrer a sala com o olhar, o que pode dar a impressão ao recrutador que está a ser desonesto ou que está desconfortável. Se for entrevistado por mais do que uma pessoa tenha o cuidado de distribuir o olhar por todos, dedicando-lhes a mesma atenção e medindo as suas reações e interesse. Mesmo que um dos entrevistadores seja mais interventivo e coloque mais questões, não esqueça que está a ser avaliado por todos.

Mantenha uma escuta ativa e o contacto visual durante a entrevista. Faça perguntas inteligentes demonstrando interesse, conhecimento e preparação prévia. Não se coloque numa posição superior ou inferior. Imite a postura corporal do entrevistador – espelhar subtilmente alguns detalhes, como expressões faciais, gestos e tom de voz é uma forma rápida de demonstrar afinidade. Tenha consciência que o seu tom de voz pode transmitir entusiasmo ou desânimo. Não seja monótono mas também não tenha variações excessivas, para não transmitir a ideia de nervosismo. Respire fundo antes de falar. Tenha cuidado com a forma como apresenta o seu discurso e preocupe-se em falar devagar para ser bem entendido. Não olhe para o relógio. Este é um "crime" flagrante e intolerável! Esqueça o tempo. Não denuncie eventuais pressas, impaciência ou desinteresse.

A conversa terminou? Arrume os seus documentos e pertences com calma. Se for precipitado, pode dar a impressão de que quer "fugir" da situação. Em seguida, basta apenas dar um aperto de mão no entrevistador, virar-se e sair. Se a porta estava fechada quando entrou, é importante fechá-la ao abandonar o espaço. De preferência, olhando para o entrevistador e fechando o encontro com um último sorriso.

Seguimento da Entrevista

Todas as propostas de vendas devem ser acompanhadas. Se o envio do CV constituiu a sua comunicação para conquistar uma entrevista/reunião, a entrevista foi o espaço e a oportunidade que teve para iniciar o seu processo de venda. O ciclo de compra/decisão do entrevistador/empresa pode ser mais ou menos longo. Poderão surgir dúvidas ou determinadas objeções após a entrevista, das quais quererá ter conhecimento.

Se não o fizer, poderá demonstrar desinteresse e ser eventualmente ultrapassado por outro candidato mais dinâmico. No final da entrevista, deve questionar quais os passos seguintes do processo de seleção e respetivo cronograma previsto. De acordo com o mesmo, não hesite em realizar um contacto telefónico e falar com o entrevistador ou responsável pelo processo de seleção. Não está a ser chato. Está a ser persistente, interessado, motivado, com a mesma atitude que vai ter no dia-a-dia, quando for contratado.

Questione como está o processo de seleção. Se já decidiram ou se existe alguma informação adicional que possa apresentar. Denote o seu interesse de forma humilde mas não subserviente. Se existirem algumas objeções, negoceie, não desista, insista em nova entrevista ou teste para comprovar as suas capacidades. Se for informado que foi preterido em favor de outro candidato e que o processo está fechado, tente saber quais as razões pelas quais a sua candidatura não foi a vencedora, para que possa melhorar as suas competências no futuro.

Não esqueça, na entrevista apresentou a sua proposta de produto/serviço. A decisão de compra virá após um período de negociação. Não se afaste demasiado!

Atitude, Atitude, Atitude!

"Acredito que um sorriso é o símbolo de uma atitude positiva, tanto para si como para a perceção dos outros."

Jeffrey Gitomer

7

SOU PERCEBIDO, LOGO EXISTO

Ter competências VS Comunicar Competências

Sabe e sente que tem qualificações, competências, qualidades e muita atitude. Não lhe falta vontade e energia para fazer parte de uma equipa e fazer crescer um projeto. Tem capacidade para assumir os maiores desafios. Não tem dúvida que tem talento, que é uma pessoa criativa, com uma atitude proactiva. Adiciona valor. Tudo isto está escrito no seu currículo. Palavras ambiciosas bem arrumadas sobre papel. Mas, embora a comunicação escrita seja poderosa, o seu CV será sempre um reflexo pobre de toda a sua grandeza. Por isso, a sua missão consiste apenas em abrir portas para uma entrevista, onde pode realmente demonstrar o seu valor.

Mas não pode contar apenas com o seu CV para ser percebido e valorizado no mundo profissional. Por mais que o envie para empresas, a oportunidade pode tardar em surgir. Além disso, milhares de pessoas estão a enviar currículos espontaneamente, fazendo deste meio um veículo de comunicação muitas vezes desprezado e considerado spam (mensagem publicitária não soli-citada).

Não chega ter competências; é fundamental saber comunicar com-petências!

Tem de amplificar o seu talento, comunicando através de múltiplos meios e formatos, ganhando visibilidade. Existe, se for percebido, se o seu nome se destacar na multidão, se for lembrado quando surgirem oportunidades. Existe, se fizer parte de uma comunidade, se contribuir positivamente para o seu equilíbrio e desenvolvimento. Existe, no mercado de trabalho, se tiver visibilidade profissional.

Eu mix

Comece cedo. Não precisa esperar pela conclusão do seu curso, para iniciar a sua construção de visibilidade. Mesmo sem ter ainda um caminho bem definido, uma empresa ou mercado preferido, pode e deve começar a construir uma imagem profissional. Empenhe-se em ter bons resultados, em adquirir conhecimentos indispensáveis que lhe facilitarão o amanhã. Construa reputação em todos os momentos. Com amigos, professores e até, aparentemente, quando ninguém o observa. Posicione-se na primeira fila para os melhores estágios e oportunidades. A fórmula para atingir estes resultados não é complexa, antes bastante simples:

- Em tudo o que fizer, construa evidências, provas físicas das suas competências e atitude. Não permita que o seu valor se possa apenas expressar pela sua voz ou por opiniões de outros. Embora válidas, ocuparão sempre um universo restrito. O que procura é viralidade na propagação da sua imagem de profissionalismo e excelência. O que procura é visibilidade e diferenciação, em todos os momentos. Mesmo quando está a dormir. Construídas as evidências, garanta que são vistas e valorizadas, partilhando e comunicando em múltiplos meios, um autêntico mix de promoção e venda do seu produto/serviço.

De que evidências falo?

- A primeira e a mais simples, partilhe informação profissional relevante nas redes sociais. Uma novidade tecnológica, um novo processo ou empresa, a localização de manuais e documentação gratuita, etc. Associe-se a grupos de interesse ou crie novos. Partilhe informação de outros, de inegável valor para a sua comunidade;

- Escreva. Para o mundo inteiro. Quando o faz, exige mais a si próprio, obriga-se a conhecer os detalhes, a ser preciso e conciso, aprende. Escreva pequenos ou grandes textos, acontecimentos, opiniões, relatórios, manuais, projetos, etc;

- Publique. Nas redes sociais, em blogues ou páginas internet. Em folhetos, revistas ou livros. Publique regularmente, repetição é reputação;

- Crie e construa. Um objeto, um protótipo, um desenho/design, um portfolio, etc

Diferenciação

Coloque um propósito na sua mente: trabalhe para ser encontrado e reconhecido pelo seu valor. Mais tarde ou mais cedo, será identificado e recomendado. O CV vai depois, quando solicitado. Esteja presente, seja criativo, mostre-se disponível, chame a atenção, mostre o seu valor. O CV vai depois. Diferencie-se de forma enérgica e positiva. Visite as empresas, mesmo sem aviso prévio. Mostre o seu empenho e confiança. O máximo que pode acontecer é pedirem para voltar outro dia ou para enviar o seu CV. Argumente saudavelmente que o seu currículo não expressa metade do seu valor e que pretende uma reunião de apresentação. Seja respeitosamente atrevido!

Visite feiras profissionais no exterior do país, onde estão as empresas em que gostaria de trabalhar. Apresente-se nos respetivos espaços, mostre interesse pela atividade e diga o que pretende. Se não o puderem ajudar no local, podem pelo menos dar-lhe o nome de uma pessoa chave na companhia. Depois já pode efetuar um contato referenciando uma pessoa conhecida. Existem mesmo algumas feiras organizadas apenas por recrutadores, onde o aguardam e pode apresentar-se com todo o entusiasmo. O CV vai depois.

Importa amplificar a visibilidade, ser percebido, existir mostrando atitude construtiva e colaborativa, identificar a oportunidade e, na hora de fazer toda a diferença, morder com unhas e dentes esse milagre que apenas ocasionalmente nos espreita.

Mundos paralelos

As redes sociais têm adquirido importância crescente na sociedade moderna. São caracterizadas primariamente pela sua autonomia e liberdade de conteúdos, horizontalidade e descentralização. Um ponto em comum nos diversos tipos de redes sociais consiste na partilha de informação, conhecimentos, interesses e esforços em busca de objetivos comuns.

Vivemos num mundo globalizado em que a informação flui como água digital, infiltrando-se e propagando-se de forma ilimitada e surpreendente. O padrão é agora reticulado e tudo e todos nos cruzamos, em algum ponto ou momento. Cada ação tem reação e consequências, a transparência sobrevém à opacidade e ao segredo. Esconder não é caminho. Se não queremos que se saiba, melhor é não fazer. Consistência é fundamental.

Não estar presente nas redes online é hoje quase condenável. Desenquadrado de modernidade e atualidade. Não estar presente soma pontos negativos. Estar presente de forma incorreta é um grande erro. As chamadas redes sociais (Facebook, Twitter, Instagram, Google+, Youtube, etc) confundem-se hoje com as chama-

das redes profissionais (Linkedin, Viadeo e Xing) e em ambas se realizam importantes transações de imagem, reputação e mesmo de serviços. Os negócios fazem-se onde estão pessoas. Porque não aproveitar estas oportunidades, para mais gratuitas?
E porque não ter uma página web com o seu nome? Ou um blogue? Nunca foi tão fácil criar os mesmos e de forma também gratuita. Experimente as plataformas WordPress ou Wix. Com um pequeno investimento de tempo, construa o seu CV e portfolio online. Dê-lhes vida com atualização permanente, notícias e conteúdos relevantes. Crie a sua própria comunidade, dentro da gigante comunidade da indústria do transporte marítimo.

O apelo que lhe faço é, mais uma vez, uma aposta no seu Eu Mix, a amplificação do seu talento e visibilidade, através da utilização de múltiplas plataformas. Uma grande oportunidade e, simultaneamente, um grande desafio. Se pretender apostar neste mix, tem de reconhecer a importância da palavra consistência. Se o seu CV é azul, todas as suas presenças terão de ser em tons de azul. Caso contrário, corre o risco de propagar uma mensagem pouco sólida, que pode inclusive ameaçar a sua credibilidade. Não tenha dúvida que, após enviar o seu CV para uma empresa ou agência de recrutamento, se o mesmo for pré-selecionado, a sua presença nos mundos paralelos vai ser profundamente investigada. Porquê? Porque é fácil, gratuito e revelador. Se a sua comunicação for inconsistente ou contiver pontos negativos, corre o risco de perder grandes oportunidades. Não acontece o mesmo com empresas e produtos pelos quais se interessa? O Você, SA que as empresas procuram, é avaliado quase com as mesmas ferramentas, racionais e emotivas. A intuição também conta.

Networking

Networking é uma expressão inglesa que se pode traduzir, de forma simples, na construção de uma rede de contatos. Mas é muito mais que isso – é um fator chave para construir uma carreira de sucesso. Networking diz respeito às pessoas que um indivíduo conhece e aos relacionamentos pessoais, comerciais e profissionais que com elas mantém. Indica também, a capacidade de estabelecer uma rede de contatos ou uma conexão com alguém. Esta rede de contatos constitui um sistema vivo, onde existe partilha de serviços e de informação entre indivíduos ou grupos, que têm um interesse em comum, por exemplo a indústria do transporte marítimo ou o trabalho em navios de cruzeiros.

A palavra networking resulta da união dos termos em inglês "net", que significa "rede" e "working", que significa "trabalhar". O termo, na sua forma resumida, significa que quanto maior for a rede de (bons) contatos de uma pessoa, maior será a possibilidade de essa pessoa conseguir uma boa colocação profissional, realizar bons negócios, obter informações, etc. Networking não é uma atividade egoísta, antes uma relação win-win, em que todos ganham (ou devem ganhar). Deve existir um sentido de reciprocidade, o benefício deve ser mútuo, para que a relação se mantenha e cresça saudavelmente.

Quando uma empresa precisa contratar alguém, frequentemente aborda os seus funcionários e questiona se conhecem alguém na sua rede de contatos, que possa desempenhar uma determinada função. Quanto melhor for a capacidade de networking de uma pessoa, maior é a sua probabilidade de ser indicada para um cargo, quando surge a oportunidade. Não se trata de usar uma "cunha", dado que a competência da pessoa em questão não está em causa. Networking significa amplificar a visibilidade do seu talento, diferenciando-se perante pessoas que podem influenciar, positivamente, a sua carreira ou o seu negócio. Networking é uma arte de diferenciação e valorização, que requer foco, estratégia e o cumprimento de algumas regras que apresentamos de seguida.

Esteja presente
Mantenha-se ativo nas redes sociais e profissionais online, partilhe informação que seja útil à comunidade onde se insere. Cons-

trua uma boa imagem, uma reputação de competência, disponibilidade e de contribuição. Crie um bom perfil na rede profissional Linkedin. Os seus contatos vão querer saber mais sobre si. As probabilidades dos seus contactos o pesquisarem online são consideráveis. Otimize o seu perfil e ligue-se a eles. Pode até ser encontrado por "caçadores de cabeças" (head hunters), que todos os dias procuram profissionais nesta rede.

As redes sociais não substituem o contato cara-a-cara, mas são sem dúvida um elemento fundamental na construção de relações, sobretudo quando usadas da maneira correta. Mas não basta. Mesmo na era digital, o contacto pessoal é fundamental para criar uma boa rede de contactos. Participe em congressos, conferências, feiras, workshops, formações, reuniões, etc. Visite escolas, sindicatos, clubes, associações. Esteja presente onde estão as pessoas que lhe podem abrir portas. Esteja atento, pode encontrar um excelente contato até na fila do café. Tenha sempre cartões-de-visita para impressionar e deixar uma imagem proactiva e profissional. Mas não se esqueça que networking não é um evento, um encontro pontual que acontece numa tarde. Na verdade é um processo, algo que exige um esforço continuado de longo prazo, para garantir o fortalecimento da relação.

> *E porque não fazer um cruzeiro em modo turista/networker, na companhia onde gostaria de trabalhar? Pode viajar, mas também falar com os empregados, conhecer as condições de trabalho, apresentar o seu CV a quem decide dentro do navio, diferenciar-se pela originalidade e atitude. Pode fazer contactos informais, com os empregados com que lida ou até mesmo visitar as chefias e apresentar-se. Estão todos lá – não foram a lado nenhum e estarão disponíveis para si!*

Não se preocupe com a quantidade, antes com a qualidade dos seus contatos – menos é mais. Antes de "atirar" para todos os lados, lembre-se que é mais produtivo relacionar-se, com quem de facto possa contribuir para o crescimento da carreira escolhida.

Saiba ouvir

Tome a iniciativa. Num evento, não fique num canto à espera que outras pessoas falem consigo. Mostre-se seguro e confiante e, se não sabe o que dizer, comece o diálogo com uma breve apresentação e perguntas simples sobre o seu interlocutor, por exemplo sobre o que faz, o que é que o traz a esse evento em particular, etc. Saber ouvir é muito mais importante que falar.

Saiba falar

A capacidade de saber falar não se avalia pela quantidade de palavras, mas sim pela qualidade das mesmas. E as palavras serão válidas se, quando juntas em frases, exprimirem sabedoria, atualidade, interesse, valor, atitude e, muito importante, diferenciação positiva. A competência de saber falar poderá significar o sucesso numa entrevista, na captação de atenção, na construção de uma relação profissional. Para desenvolver esta competência tem de mergulhar no conhecimento, saber quem é quem – instituições, empresas e pessoas, qual a terminologia específica, quais as leis e os limites, os desafios e as metas, as políticas e as estratégias. O essencial está neste livro. Não salte páginas.

Como te posso ajudar?

Esta é a frase mais importante em networking. Esqueça o seu umbigo e entre no mundo dos outros. Conheça as pessoas, o que fazem, o que procuram, identifique os seus problemas, as suas necessidades e tente ajudar através dos seus contatos. Estabeleça e construa relações de confiança, que o valorizam e que lhe trarão bons resultados, a seu tempo. "Givers Gain" – foque-se nos outros em primeiro lugar, ajude e sairá beneficiado. Ser um bom networker não é conhecer muita gente. É conhecer uma pessoa com um problema, uma pessoa com a solução, e fazer a ponte entre elas, um processo de facilitação que constrói relações sólidas. Muita gente esquece que o ingrediente para o sucesso dos relacionamentos profissionais, é ser útil para os demais.

"Parece que sou o Google. Só me procuram quando precisam de qualquer coisa."

Não esqueça que as pessoas estão cansadas de serem alvo de conversas interesseiras. Se o benefício existe apenas para uma das partes, então não estamos a falar de networking. Não oferecer nada em troca ou procurar alguém apenas quando precisa de algo, é um grande erro. Imagine que ficou desempregado. De repente lembrou-se que precisa dos seus contactos profissionais. Errado! Alimente constantemente a sua rede de contactos, de forma contínua e permanente, contribuindo mais e pedindo menos.

Discurso de apresentação
"Elevator Pitch", ou apenas "Pitch", é uma expressão inglesa que se refere a uma curta apresentação, profissional ou de vendas. Tão curta e objetiva que pode ser feita durante uma viagem de elevador. Quando bem concebido, o pitch desperta o interesse imediato do seu interlocutor. De uma forma sucinta, deverá dizer quem é, o que faz, o que o distingue e como pode oferecer valor. Na transmissão de um bom pitch a comunicação não-verbal conta muito, sendo fundamental revelar uma boa atitude, otimismo e vontade de trabalhar.
Nunca sabe quando pode surgir o momento de falar com um contacto interessante. Pode ser durante um voo, após uma conferência ou até na casa de banho. Por isso deve garantir que está preparado para fazer o seu "elevator pitch" a qualquer momento. Num mundo onde cada segundo vale ouro, deve ser capaz de apresentar o seu valor e as suas ideias, da melhor forma possível, no menor tempo possível.

8

QUEM É QUEM?

"O conhecimento é poder."
Francis Bacon

Já falámos de networking e da sua importância para a sua integração na comunidade do transporte marítimo. Compreendeu a importância de saber falar e de saber ouvir – de que adianta estar frente à pessoa certa se não sabe o que dizer ou não sabe interpretar e relacionar o que ouve?
Há muito conhecimento para absorver. Mas não se assuste nem tenha pressa. Afinal, se pretende entrar e permanecer nesta comunidade profissional, aprender será um desafio diário. Um passo de cada vez, todos os dias. Comecemos por conhecer quem é quem na indústria do transporte marítimo.

Organização Marítima Internacional
(IMO Internacional Maritime Organization)

A vida no mar sempre foi uma das mais perigosas atividades em todo o mundo. A imprevisibilidade do tempo e o grande poder do próprio mar, parecia de tal forma imenso e inquestionável que, durante séculos, foi assumido que pouco poderia ser feito para tornar mais segura a navegação. Em resposta a grandes desastres, os estados caminharam em direção à internacionalização das leis, primeiro pela harmonização das regulamentações locais, através de tratados bilaterais, acordos ou entendimentos entre as principais nações marítimas. Algumas organizações operaram por um tempo e depois desapareceram ou foram absorvidas, outras foram transitórias para atender às exigências da Segunda Guerra Mundial.

No final desta e num mundo devastado, as antigas potências coloniais ainda tinham influência, em termos de prosperidade e no plano das trocas a nível mundial. Eram elas que, enquanto grandes potências marítimas, estabeleciam as suas próprias normas em matéria de construção de navios, de segurança, de efetivos, etc. De uma forma geral, começava-se gradualmente a aceitar, que uma situação na qual cada nação marítima possuía a sua própria legislação não era desejável, uma vez que ia contra o objetivo pretendido de assegurar a fluidez do tráfego e de promover a segurança das atividades marítimas, à escala mundial. Não só as normas eram diferentes, mas também algumas delas evidenciavam padrões mais exigentes que outras. No plano económico, os armadores com preocupações de segurança estavam em desvantagem, comparativamente aos seus concorrentes que despendiam relativamente pouco dinheiro em segurança, o que ameaçava comprometer qualquer tentativa séria que visasse melhorar a segurança no mar e o comércio marítimo internacional no seu todo.

A necessidade de dispor de um organismo internacional, incumbido de regular o transporte marítimo, decorre do facto de, provavelmente, ser este setor o mais internacional à escala mundial. A cadeia que envolve a propriedade e gestão de um qualquer navio, pode abarcar um grande número de diferentes países. Não é raro constatar que os proprietários, armadores, carregadores, afretadores, seguradoras e sociedades classificadoras, para não falar nos oficiais e tripulações, são todos de nacionalidades diferentes e que nenhuma destas corresponde à bandeira arvorada pelo navio. E os próprios navios, o principal ativo da indústria do transporte marítimo, deslocam-se permanentemente entre países distintos e diferentes jurisdições. É pois absolutamente lógico, que se estabeleça um quadro de normas internacionais para regular o transporte marítimo – normas que sejam adotadas, reconhecidas e aceites por todos. Vários países propuseram a criação de um corpo internacional permanente, para promover a segurança marítima de forma mais eficaz, mas foi preciso esperar pelo estabelecimento da Organização das Nações Unidas (ONU), em 1945, após o término da Segunda Guerra Mundial, para concretizar esse objetivo.

Em 6 de Março de 1948, uma conferência internacional realizada em Genebra, sob os auspícios da ONU (United Nations Maritime Conference), aprovou uma convenção estabelecendo formalmente a IMO. O nome original foi Organização Marítima Consultiva Intergovernamental, ou IMCO (Inter-Governmental Maritime Consultative Organization), tendo sido alterado para IMO em Maio de 1982. A Convenção IMO entrou em vigor a 17 de Março de 1958 e a nova Organização reuniu-se pela primeira vez, em Londres, em Janeiro de 1959. A organização está atualmente sediada em Londres e conta com 171 países membros e 3 associativos.

Declaração de missão da IMO:

"A missão da Organização Marítima Internacional (IMO), como uma agência especializada das Nações Unidas, consiste em promover o transporte marítimo seguro, ambientalmente saudável, eficiente e sustentável, através da cooperação. Estes objetivos serão alcançados através da adoção dos mais elevados padrões de segurança e de proteção marítima possíveis, da eficiência da navegação e da prevenção e controlo da poluição por navios, bem como através da consideração das questões legais relacionadas e da implementação efetiva dos instrumentos da IMO, com vista à sua aplicação universal e uniforme."

IMO Slogan: Safe, secure and efficient shipping on clean oceans.

As normas da IMO encontram-se, hoje em dia, firmemente implementadas nas práticas do mundo marítimo à escala mundial. Com efeito, o conjunto das suas convenções e acordos internacionais (mais de 50), suportadas literalmente por centenas de códigos, diretivas e recomendações, regem a quase totalidade dos aspetos desde sector – desde o projeto à construção, ao equipamento, à exploração do navio até à formação dos marítimos, ou seja, desde a conceção e exploração, até ao respetivo desmantelamento.

Agência de Segurança Marítima Europeia
(EMSA European Maritime Safety Agency)

A EMSA foi criada em 2003, na sequência dos desastres dos navios petroleiros Erika (1999) e Prestige (2002) e nos derramamentos de petróleo resultantes. Estes incidentes provocaram enormes danos ambientais e económicos nas zonas costeiras de Espanha e França, alertando os decisores de que a Europa precisava investir na preparação para incidentes deste tipo e em grande escala, isto é, acima e além dos recursos disponíveis de cada Estado-Membro. Com sede em Lisboa, a EMSA fornece assistência técnica e apoio à Comissão Europeia e aos Estados-Membros, no desenvolvimento e na aplicação da legislação comunitária sobre segurança marítima, poluição por navios e proteção marítima. É também responsável por atividades operacionais no domínio do combate à poluição por hidrocarbonetos, monitorização de navios e localização e identificação de longo alcance de navios. A EMSA realiza uma série de tarefas, principalmente preventivas mas também reativas, em certas áreas-chave, a fim de cumprir os seus objetivos.

Em primeiro lugar, assiste a Comissão no acompanhamento da aplicação da legislação da EU, relacionada com a construção de navios e a sua manutenção, a inspeção dos navios e a receção dos seus resíduos nos portos da UE, a certificação de equipamentos marítimos, a proteção do navio, a formação de marítimos na Europa e em países não pertencentes à UE, partilhada na plataforma STCW-IS, e o Port State Control.

Em segundo lugar, a EMSA opera, mantém e desenvolve capacidades de informação marítima ao nível da UE. Exemplos significativos são o sistema de localização de navios SafeSeaNet, que permite o acompanhamento de navios e das suas cargas a nível da EU, e do centro colaborativo de dados LRIT de identificação e seguimento de navios a longa distância (long-range identification and tracking of ships), para assegurar a identificação e acompanhamento de navios de bandeiras comunitárias, em todo o mundo.

Em paralelo, a preparação para a poluição marítima, com o estabelecimento da capacidade de deteção e de resposta, incluindo uma rede europeia de prontidão de navios de combate a derrames de petróleo, bem como um serviço europeu de monitorização de derramamento de hidrocarbonetos e deteção de navios por satélite (CleanSeaNet), ambos com o objetivo de contribuir para um sistema eficaz de proteção das costas e águas da EU, contra a poluição por navios.

Finalmente, a EMSA proporciona apoio técnico e científico à Comissão, no domínio da segurança marítima e da prevenção da poluição por navios, na avaliação da eficácia das medidas adotadas, bem como na atualização e elaboração de nova legislação. Disponibiliza também suporte e facilita a cooperação entre os Estados-Membros, disseminando as melhores práticas. A EMSA tem assim um papel ativo no reforço do regime de inspeções no âmbito do Port State Control, no acompanhamento das sociedades classificadoras reconhecidas a nível comunitário, e no controlo e informação para o tráfego marítimo.

A nível do Port State Control, a EMSA deve garantir que os funcionários que efetuam o controlo do Estado do porto nos Estados costeiros da UE agem de forma harmonizada, isto é, utilizam critérios uniformes de inspeção, procedimentos de informação, princípios de formação, etc. A EMSA desempenha várias tarefas na área do controlo pelo Estado do porto e os funcionários desta agência efetuam visitas aos Estados-Membros, para avaliar se os seus sistemas e procedimentos de controlo como Estado do porto, respeitam a legislação da UE; publicam e atualizam a lista comunitária de navios banidos na plataforma THETIS; prestam assistência técnica à Comissão Europeia, ajudando a melhorar as normas europeias e internacionais neste domínio; organizam ações de formação, em colaboração com os Estados-Membros; realizam avaliação de risco e estudos estatísticos, a fim de obterem resultados que possam ser utilizados no desenvolvimento de objetivos e procedimentos, que melhorem continuamente o desempenho do controlo dos Estados do porto comunitários.

DGRM Direção-Geral de Recursos Naturais, Segurança e Serviços Marítimos

A DGRM é um serviço central da administração direta do Estado, dotado de autonomia administrativa, que tem por missão a execução das políticas de preservação e conhecimento dos recursos naturais marinhos, a execução das políticas de pesca, da aquicultura, da indústria transformadora e atividades conexas, do desenvolvimento da segurança e dos serviços marítimos, incluindo o setor marítimo-portuário, bem como garantir a regulamentação, a inspeção, a fiscalização, a coordenação e o controlo das atividades desenvolvidas no âmbito daquelas políticas. Conforme definido no decreto-lei 49-A/2012, entre as suas atribuições legais relacionadas com a indústria do transporte marítimo, destacam-se as seguintes:

- Assegurar a certificação da formação profissional no setor das pescas e do transporte marítimo;

- Promover a segurança marítima e portuária, regulamentando, supervisionando, vistoriando e inspecionando as organizações, as atividades, os navios, os equipamentos e as instalações portuárias, em conformidade com o disposto nos instrumentos legais relevantes da Organização Marítima Internacional (IMO), da Organização Internacional do Trabalho (OIT) e da União Europeia (UE) vigentes na ordem jurídica interna;

- Assegurar a certificação dos navios e dos marítimos nacionais;

- Exercer as funções que lhe estão cometidas no âmbito da segurança marítima e portuária e da prevenção da poluição dos navios;

- Cooperar com a entidade responsável pela investigação de acidentes e incidentes marítimos;

- Operar e coordenar os serviços e sistemas de monitorização e controlo do tráfego marítimo, coordenando o desenvolvimento dos respetivos sistemas de apoio;

- Promover a aplicação e fiscalizar o cumprimento das leis, dos regulamentos, das normas e dos requisitos técnicos aplicáveis no âmbito das suas atribuições, designadamente das normas nacionais e internacionais relativas ao setor marítimo-portuário, sem prejuízo das competências de outras entidades;

- Exercer funções de Autoridade Nacional da Pesca, de Autoridade Nacional de Imersão de Resíduos, de Autoridade Nacional de Controlo de Tráfego Marítimo e de Autoridade Competente para a Proteção do Transporte Marítimo e dos Portos, nos termos da lei.

Como verificou, a DGRM é a entidade responsável por assegurar a certificação dos marítimos nacionais, ou seja, é a entidade que verifica a formação e emite e autentica os certificados de qualificação e de competência STCW reconhecidos internacionalmente. Assim, se concluiu com sucesso um curso de formação de qualificação STCW, deve solicitar à entidade formadora uma certidão de participação, a qual deverá entregar na DGRM para que lhe seja emitido um certificado internacional.

Sociedades Classificadoras (Classification societies)

A classificação de navios tem tudo a ver com qualidade. De forma resumida e simplificada, a classificação consiste na avaliação do navio, existente ou em construção, tendo em conta normas previamente definidas. As sociedades classificadoras são autênticos anjos da guarda dos marítimos e do ambiente, contribuindo para a segurança dos navios e da vida no mar. Efetivamente, acompanham os navios ao longo de todo o seu ciclo de vida, desde o projeto, construção, operação e manutenção, controlando a qualidade e o respeito pelas normas, garantindo que são seguidas as regras estabelecidas e que são implementados os requisitos de segurança mais recentes. Após aprovação da boa condição dos navios e da emissão dos respetivos certificados, o seu trabalho continua na forma de inspeções regulares, assegurando a correta manutenção dos sistemas e da sua operação. Não tema, quando um inspetor de uma sociedade classificadora entrar no seu navio – estará a verificar e a cuidar da segurança do mesmo, o que inclui a proteção da sua vida.

Origem

A história da primeira sociedade classificadora de navios, remonta ao final do século VXII, tendo começado pelas mãos e virtude comercial de um senhor chamado Edward Lloyd, na sua coffee house de nome Lloyd's, em Tower Street, Londres. Nesta altura os negócios eram feitos no Royal Exchange, mas as notícias e informações eram trocadas na atmosfera sociável das coffee house. Registos indicam que, em 1663, existiam mais de 80 estabelecimentos deste tipo dentro das antigas muralhas romanas da cidade de Londres. No interior, empresários, escritores e poetas bebiam, pensavam e falavam pela noite dentro. A coffee house de Edward Lloyd, como muitas outras, tinha clientela específica, tendo-se tornado o local de encontro de comerciantes ligados ao seguro (underwriters) de embarcações e das suas cargas.

Gradualmente, o Lloyd's tornou-se o lugar onde os armadores de navios procuravam os underwriters. Estes, para referência do mercado e para sua própria conveniência e segurança, mantinham registos dos navios que seguravam, incluindo as características dos mesmos assim como detalhes das condições em que se encontravam, proporcionais aos riscos que assumiam. Com o objetivo de manter os registos atualizados, as embarcações eram vistoriadas periodicamente por inspetores/peritos/classificadores (surveyours).

O Lloyd's continuava a atrair todos os interessados em transporte marítimo, promovendo a realização de leilões marítimos e a recolha de informação. Edward Lloyd faleceu em 1713 mas os sucessivos proprietários da coffee house continuaram a especialização, fornecendo aos clientes informações precisas e atualizadas sobre o transporte e o mercado de seguros marítimos. Um deles, de nome Thomas Jameson, fundou a Lloyd's List em 1734, dedicada inteiramente à informação do transporte marítimo (shipping intelligence).

A Society for the Registry of Shipping, que mais tarde se tornaria na Lloyd's Register, foi criada em 1760 pelos clientes da coffee house de Edward Lloyd, com o objetivo de fornecer informação registada sobre a qualidade dos navios. O Register Book entretanto lançado, listava navios avaliados e classificados, de acordo com a vistoria prévia ao casco e equipamentos. O valor recebido pelas assinaturas do Register Book financiava o pagamento dos serviços dos inspetores/peritos (surveyours), que efetuavam as vistorias. Este foi o verdadeiro início da atividade de classificação de navios, tendo a Lloyd's Register sido a primeira sociedade de classificação do mundo.

Hoje

As sociedades de classificação controlam a aplicação de boas regras e práticas de engenharia, construção e manutenção, através da análise e aprovação de desenhos e cálculos de projeto, do estabelecimento de especificações e respetiva aprovação de equipamentos dos navios, do controlo dos processos construtivos através de inspeções e realização de ensaios e, inclusive, pela aprovação da própria qualidade da mão-de-obra envolvida na produção. A classificação de um navio é atribuída após a sua construção e confirmação dos requisitos de navegação. Para o navio se manter classificado efetuam-se inspeções periódicas, regra geral anuais, com o objetivo de assegurar que o navio mantém o mesmo padrão de classificação.

As sociedades de classificação são organismos privados multinacionais, que estabelecem e aplicam normas técnicas relativas à conceção, construção e inspeção de navios e estruturas off-shore. Estas normas são desenvolvidas pela própria sociedade classificadora. O navio que é projetado e construído de acordo com as regras de determinada sociedade classificadora, pode solicitar um certificado de classificação daquela sociedade (certificado de classe). Este certificado garante que o navio se encontra em conformidade com as regras da sociedade classificadora, não implicando e não devendo ser interpretado como garantia irrestrita de segurança.

As sociedades classificadoras emitem também certificados estatutários, que confirmam o cumprimento das normas internacionais de segurança, desenvolvidas e estabelecidas pela Organização Marítima Internacional (IMO). As sociedades classificadoras (algumas) gozam de um know-how técnico inegável e são mundialmente reconhecidas como entidades autorizadas, para emitirem certificados estatutários em nome das bandeiras, daí se designarem também de Organizações Reconhecidas (OR). Efetivamente, para garantir que os navios sejam construídos e mantidos de acordo com os requisitos de segurança mais recentes, os países que registam navios (Estados de pavilhão) assumem esta responsabilidade em relação aos navios que estão sob a sua jurisdição, mas podem autorizar sociedades de classificação a desempenharem algumas dessas tarefas em seu nome. Por serem entidades independentes, as sociedades classificadoras não possuem (ou não devem possuir) interesses comerciais relacionados com a conceção, financiamento, construção, operação, gestão, manutenção e reparação, seguro ou fretamento de navios.

Mais de 50 organizações mundiais têm as suas atividades voltadas à classificação marítima. Doze dessas organizações formam a Associação Internacional das Sociedades de Classificação (IACS International Association of Classification Societies). Estima-se que juntas, estas doze sociedades classificadoras são responsáveis pela certificação de mais de 90% da frota marítima mundial:

- ABS American Bureau of Shipping (EUA)
- BV Bureau Veritas (França)
- CCS China Classification Society (China)
- CRS Croatian Register of Ships (Croácia)
- DNV GL Det Norske Veritas – Germanischer Lloyd (Noruega + Alemanha)
- IRS Indian Register of Shipping (Irclass) (India)
- KR Korean Register of Shipping (Coreia do Sul)
- LR Lloyd's Register (Reino Unido)
- NK Nippon Kaiji Kyokai (ClassNK) (Japão)
- PRS Polish Register of Shipping (Polónia)
- RINA Registro Italiano Navale (Itália)
- RS Russian Maritime Register of Shipping (Rússia)

Apesar de existirem todas estas organizações, a União Europeia reconhece apenas 11 sociedades de classificação atualmente. Neste número incluem-se todas as sociedades de grande dimensão, que fiscalizam e certificam navios cuja capacidade de carga total corresponde a 90% da frota mundial de transporte de mercadorias. Os Estados-Membros da UE só estão autorizados a delegar as suas tarefas de classificação dos navios, nas sociedades que integram a IACS, exceto a IRS Indian Register of Shipping.

Os clubes P&I – Proteção e Indemnização
(P&I Clubs – Protection and Indemnity Clubs)

História e origem

A origem dos seguros marítimos está relacionada com o desenvolvimento do comércio, que obrigou a pensar na melhor maneira de proteger pessoas e mercadorias e a inventar processos de entreajuda. A história remonta à época da civilização fenícia, que se destacou por uma cultura comercial marítima empreendedora, durante o período de 1.500 a.C. a 300 a.C. Os fenícios, povo de navegadores e comerciantes, estabelecidos em colónias em várias zonas do mar Mediterrâneo, trocavam os produtos que eles próprios fabricavam, por exemplo objetos de vidro e cerâmica, por produtos que compravam e vendiam a outros povos. As viagens marítimas enfrentavam vários riscos, sobretudo naufrágios, ataques de piratas e de povos concorrentes que também se dedicavam ao comércio. Por volta do ano 1.600 a.C. os fenícios decidiram passar a guardar uma parte dos lucros de cada viagem, para compensar perdas de viagens que corressem mal. Ou seja, organizaram-se para terem um fundo comum, destinado a ajudar quem precisasse. Foi uma forma de mutualismo.

Na Grécia Antiga, de 1.100 a.C. até à dominação romana em 146 a.C., os gregos, também eles um povo de navegadores e comerciantes, adotaram sistemas semelhantes criando várias associações de caráter mutualista. O império romano caracterizou-se também pelo associativismo entre pessoas que partilhavam a mesma profissão, tendo algumas iniciativas origem no próprio Estado.
Todos os sistemas e associações descritos constituíram aquilo que se chama a Pré-História do Seguro, e que alguns autores designam como o Pré-Seguro. O mutualismo viria a experimentar novas formas de seguro na Europa, a partir dos séculos XIII e XIV. Efetivamente, no início da Idade Média no século V, o império romano desagregou-se, dando lugar ao aparecimento de vários reinos que lutavam constantemente entre si para alargar o território. Foi o tempo dos castelos, em que o cristianismo se

espalhou por toda a Europa, tendo-se multiplicado as irmanda-
des e as fraternidades. Surgiram também as confrarias, inspira-
das na moral cristã mas aproveitando modelos criados por povos
da Antiguidade, como os gregos e os romanos. No século XI
surgiu uma confraria num porto francês, destinada a proteger
os mercadores que ficassem sem as suas mercadorias. Curiosamente, só o faziam caso o mercador tivesse cumprido as suas
regras, que impunham que viajassem sempre em grupo e que
levassem armas.

Na Flandres, pela mesma época, surgiu uma confraria destinada
essencialmente a cobrir prejuízos em caso de incêndio ou a pagar
resgates para libertar pessoas que fossem raptadas em viagem.
Foi também na Flandres que se organizaram confrarias destinadas a cobrir os prejuízos de pessoas que se dedicavam à criação
de gado.

Em Portugal, em 1293, o rei D. Diniz confirmou a Bolsa dos
Mercadores, que tinha sido fundada por um grupo de proprietários de navios, que se dedicavam ao comércio com o norte
da Europa, sobretudo com a Flandres. Estes depositavam uma
determinada quantia por viagem num fundo comum, ficando
parte desse fundo em Portugal e outra parte na Flandres. Em caso
de naufrágio, ataque de piratas, rapto de pessoas ou outros prejuízos, o fundo compensava as perdas de navios e mercadorias.
Os donos dos navios de maior porte depositavam uma quantia
mais elevada do que os donos dos navios menores. Não existia
neste sistema a transferência para outrem de uma responsabilidade ou risco, mediante um prémio, por isso poderá ser apeli-
dado de embrião do seguro.

No ano 1380, o rei D. Fernando de Portugal criou a Companhia
das Naus, proporcionando aos proprietários de navios uma certa
segurança em caso de sinistro, fomentando assim o desenvolvimento da marinha portuguesa. Todos os navios que tivessem
capacidade para transportar mais de 50 tonéis tinham que ser
registados, pagando uma percentagem dos lucros de cada carga

fretada, para uma caixa comum. Estes fundos serviam não só para cobrir os prejuízos das embarcações que se afundassem ou sofressem qualquer tipo de avarias, mas também para financiar a construção de novas embarcações.

Os seguros marítimos constituem efetivamente a primeira modalidade de seguro, não se sabendo ao certo quem terá tido a ideia de fazer contratos de seguro escritos, a que hoje chamamos apólices. A mais antiga apólice que chegou aos nossos dias é a de um seguro marítimo feito em Pisa no ano 1343, relativa ao transporte de dez fardos de lã, que iam para a Sicília a bordo da galera Santa Catalina. No século XIV e XV fizeram-se muitos outros seguros em Pisa, Génova, Veneza e Florença, cidades italianas que se dedicavam ao comércio marítimo. Os primeiros contratos de seguro escritos – as apólices de seguros – foram pois feitos em Itália e destinavam-se a cobrir prejuízos do comércio marítimo. Constatados os seus benefícios, foram sendo gradualmente adotados em outros países.

A mais antiga apólice de seguro marítimo da Península Ibérica foi assinada em 1378, na cidade de Barcelona. Em 1399 foi registada a primeira apólice respeitante ao transporte de mercadorias portuguesas, peles de animais, couros, que viajaram de Lisboa para Florença. Mas este contrato foi iniciativa de um mercador italiano. A partir de então fizeram-se muitos outros, sempre registados em Itália, mas envolvendo portugueses e mercadorias portuguesas.

Os descobrimentos portugueses caracterizaram-se pelo conjunto de conquistas, realizadas em viagens e explorações marítimas entre 1415 e 1543. No início desta época ainda não se podia falar de seguros marítimos feitos em Portugal. Despesa e receita, sucesso ou fracasso, tudo era da responsabilidade de uma só organização, a Ordem de Cristo. No reinado de D. Manuel I (1495 a 1521), o tráfico marítimo intensificou-se muito com a descoberta do caminho marítimo para a Índia e com a descoberta do Brasil. A partir de então, as armadas organizadas pela coroa passaram a aceitar a participação de navios e cargas de particulares. Tornou-se indispensável fazer registos sobre o que pertencia à coroa e aos privados.

Em 1529, é criado o cargo de escrivão de seguros por Carta Régia. O escrivão detinha o monopólio dos registos de todos os contratos de seguro e respetivas apólices. Cabia-lhe também, a escrituração de todas as dúvidas e diferenças (possíveis litígios); constituía a primeira ação fiscalizadora sendo também na altura, a primeira instituição com funções de arbitragem.
Finalmente, em 1549 foi feito um compêndio, o livro Consolato Del Mare, edição veneziana onde foram inscritas todas as normas do seguro marítimo da época.

No ano 1552, foi escrito o primeiro tratado sobre seguros marítimos que se conhece, obra do português Pedro de Santarém. Homem culto e especialista em leis, desempenhou cargos importantes ao serviço do rei D. João III e foi encarregado de tratar de negócios entre Portugal e várias cidades italianas. Escreveu o referido tratado em latim e deu-lhe o título Tractatus de Assecurationibus et Sponsionibus Mercatorum, que significa Tratado dos Seguros e das Responsabilidades dos Mercadores. A obra foi traduzida para várias línguas e serviu de base aos seguros feitos em Portugal e em diversos países.

> *"O seguro é uma convenção pela qual alguém, convencionado o preço do risco, toma sobre si o infortúnio do outro."*
> Pedro de Santarém (1552)

Em 1578, era criado em Portugal o cargo de Corretor de Seguros, com o objetivo de regulamentar e fiscalizar todas as operações e assim acabar com os abusos que tinham originado prémios exageradamente altos e dificuldades extremas nos casos de regularização dos sinistros. O seu papel é de intermediário exclusivo entre segurados e seguradoras. Nenhum seguro era válido enquanto não tivesse interveniência do corretor.
Até 1569, Lisboa era o centro do mundo e controlava o comércio

marítimo internacional, no entanto pouco a pouco, outros países, como a Bélgica e Holanda entram para o rol das grandes potências marítimas. O porto de Lisboa foi perdendo a sua importância e Antuérpia, na Bélgica, chegou a concentrar 40% de todo o comércio mundial. Em 1602 surge na Holanda a Companhia das Índias Orientais, primeira grande companhia moderna a segurar o transporte marítimo das caravelas, mercadorias e armazéns, contra as tempestades, a pirataria, e os incêndios, infortúnios das grandes travessias. Assumiam os enormes prejuízos em caso de sinistro, compensados no entanto pelos grandes prémios que recebiam em caso de boa fortuna. Esse tipo de instituição multiplicou-se por todo o Continente Europeu. Começou assim a organizar-se o seguro com bases técnicas que chegaram aos nossos dias, de acordo com os progressos científicos que se operaram no campo das matemáticas, em particular no cálculo de probabilidades estatísticas. O desenvolvimento do comércio por mar foi preponderante e logo originou o aumento de pedidos de coberturas, para os navios e respetivas mercadorias transportadas. Mas os seguros eram feitos para cada viagem e só cobriam os riscos que pudessem surgir nessa mesma viagem. Não se tratava pois ainda, daquilo que vieram a ser os seguros modernos.

O seguro moderno surgiu nos séculos XVII e XVIII, impulsionado por três acontecimentos independentes, embora todos ocorridos em Londres: o grande incêndio de Londres em 1666, as reuniões de mercadores na Lloyd's Coffee House e a elaboração da Tábua de Halley. Com a Revolução Industrial no século XIX, o seguro acabou por se tornar praticamente obrigatório em todas as áreas da atividade humana. Os avanços tecnológicos, as atividades de alto risco e os novos meios de transportes podiam causar perdas de vida e de riqueza, com prejuízos de proporções incalculáveis, contribuindo assim para a multiplicação das companhias de seguros com diferentes tipos de seguros.

Os Seguros Marítimos hoje
Como tudo o que envolve a área marítima, o mercado de seguros

de navios é extremamente complexo. Há uma pluralidade de seguros. Para o casco, para as máquinas, para a carga, para as pessoas a bordo, para os riscos de danos ambientais e muitos outros. As fontes de coberturas securitárias também são diversas. Atualmente o seguro marítimo pode ser dividido em duas áreas principais:

- Os seguros normalmente comercializados por seguradoras comerciais, que cobrem os riscos de danos no casco e máquinas, protegendo o transportador ou armador e os riscos de perda ou danos na carga, protegendo o respetivo proprietário ou remetente;

- O seguro de proteção e indemnização (P&I), que cobre os danos contratuais e de terceiros, mais amplos e indeterminados e que as seguradoras comerciais normalmente não cobrem, sendo tradicionalmente assumido pelas associações mútuas de armadores, os clubes P&I.

O âmbito e cobertura de serviços prestados pelos clubes P&I, contempla a proteção dos armadores em diversas situações, designadamente em casos de responsabilidade civil perante terceiros, tais como perdas, faltas e danos na carga; acidentes pessoais com custos incorridos decorrentes de naufrágio, perda da embarcação, morte, doença ou acidente com passageiros, tripulantes e terceiros; avarias resultantes de colisões, aguagem ou abalroamento; remoção de destroços, cargas ou navios; danos a objetos fixos e flutuantes incluindo danos a docas, instalações portuárias, bóias, etc; riscos de guerra; encargos com salvação e apoio a náufragos; perda de haveres; indemnizações resultantes de poluição, que englobam não apenas os custos de limpeza da área afetada mas também multas e ações civis por danos ao meio ambiente; honorários de peritos e advogados especializados, entre outros.

Os Protection & Indemnity Clubs (a seguir designados por clubes

P&I) são associações mútuas sem fins lucrativos, que oferecem seguro de proteção e indemnização aos seus membros, os armadores. Isto significa que os membros são, ao mesmo tempo, seguradores e segurados. Estes clubes P&I são dirigidos por um conselho de administração que representa os seus membros, mas a gestão quotidiana é efetuada por gestores profissionais, nomeados pelo conselho de administração. Cada um dos sócios contribui mensalmente para um fundo comum, que servirá para cobrir os acidentes que venham a ocorrer com quaisquer dos sócios.

Os Clubes de Proteção e Indemnização surgiram em meados do século XIX, com o objetivo de complementar a apólice comercial do casco do navio. Isto porque as seguradoras ofereciam enorme resistência, chegando mesmo a recusar-se a cobrir riscos mais significantes às embarcações. Acreditavam que a cobertura total seria propícia à negligência por parte dos segurados. Os seguros dos Clubes P&I, sendo diferentes, surgiram para complementar e não para substituir as apólices comerciais. Curiosamente, a carga marítima é geralmente coberta duas vezes em termos de seguros. O remetente ou proprietário da carga, é coberto por uma seguradora comercial. O transportador ou armador é coberto pelo clube P&I. Se a carga se perder ou sofrer danos, o proprietário ou remetente da mesma tem de primeiro fazer uma reclamação contra o armador. No entanto o armador pode evitar a responsabilidade, se não tiver causado a perda ou dano, ou se as designadas Regras de Haia-Visby (Hague-Visby Rules) lhe concederem isenção de responsabilidade. Neste caso, o proprietário da carga irá reclamar contra a sua própria companhia de seguros. Se o proprietário da carga não reclamar em primeiro lugar contra o armador, mas contra a sua própria companhia de seguros, a seguradora, depois de ter reembolsado seu cliente, vai, através de sub-rogação, intentar uma nova ação por direito próprio contra o armador.

O prémio de seguro dos Clubes P&I é designado call. No começo do ano, cada membro do clube coopera por meio do chamado advance call, com uma quantia (definida pela tonelagem do navio ou navios inscritos pelo armador-membro, o histórico de sinistros do armador, as necessidades financeiras do clube e a rentabilidade corrente no mercado de seguros), criando um fundo de indemnização para os seus associados. Durante o ano os passivos do clube vão sendo pagos a partir desse fundo. Quando o clube precisa pagar mais do que o montante arrecadado, os armadores recebem um supplementary call, ou seja, uma chamada para cobrir o excesso (lembrando que o valor de contribuição varia para cada armador, como no advance call). Por outro lado, se sobrar dinheiro no fim do ano, a quantia permanece no Clube para o próximo ano gerando um desconto no advance call seguinte.

O sistema de pagamento por meio dos calls é análogo ao de uma apólice flutuante de seguro. E não há limite para o número de calls. Muitas vezes os armadores já fecharam o seu ano e recebem um supplementary call a que estão obrigados a responder. Entre os armadores de menores dimensões, esta questão gera grande insegurança, pois o impacto dos calls pode ser muito significativo para a sua estrutura. Em contraste, no seguro de prémio fixo das seguradoras comerciais, o armador sabe que não será surpreendido no decorrer do ano. Por outro lado, vale salientar que a relação contratual entre os Clubes P&I e os seus membros, além de mútua, costuma ter longa duração, divergindo da prática comum do seguro comercial, cuja renovação geralmente está condicionada à melhor cotação disponível.

Um dos princípios básicos dos Clubes P&I e também um dos mais polémicos, consiste no sistema Pay to be Paid. Segundo este processo, sobrevindo o sinistro, o membro deve primeiro pagar as suas obrigações perante terceiros e só depois reivindicar o reembolso do clube. Na prática, o seu direito de ser indemnizado só nasce com o pagamento. Em regra, se o membro não paga, o clube não tem obrigação de o indemnizar. A cobertura também pode ser negada quando o armador enviar ao mar um navio sem as condições de navegabilidade necessárias, quando se verificar a má conduta intencional do armador e quando o armador não notificar o clube, até 6 meses após ter obtido conhecimento de um sinistro. Alguns clubes também se recusam a indemnizar o membro que não toma as medidas adequadas, para mitigar perdas relevantes. A cobertura pode terminar quando o membro declarar falência, quando deixar de pagar os calls, quando o navio sofrer perda total ou ainda, quando for vendido, hipotecado ou colocado sob nova gestão.

Os Clubes P&I apresentam uma diferença fundamental em relação às seguradoras comerciais: os seus termos de cobertura não são subscritos num instrumento de apólice. Esta é substituída por um conjunto de regras que constam no livro de cada clube (Club's Rulebook). Quando um armador se torna membro de um clube, recebe um Certificado de Entrada (Certicate of Entry) que contém as informações sobre as embarcações seguradas e o início das suas coberturas, que faz o papel da apólice nesse contexto.

Atualmente existem cerca de 30 Clubes P&I no mundo. A maioria é constituída em Inglaterra e na Escandinávia e apenas um nos Estados Unidos. Destes, 13 fazem parte dum grupo conhecido por IGP&I International Group of Protection & Indemnity Clubs, fornecendo cobertura a 90% da frota mercante mundial. Embora independentes e concorrentes, estes grupos uniram-se com o objetivo de expandir as suas capacidades securitárias. A cooperação é assegurada pelo International Group Agreement, existindo um acordo de pooling e ainda a contratação comercial de resseguro, que os assegura em biliões de dólares. O teto pode mudar de ano para ano. Regra geral, sobrevindo o acidente, o clube ao qual pertence o navio paga a primeira camada até cerca de 10 milhões de dólares. Acima desse valor, até cerca de 80 milhões, o valor é distribuído entre os clubes-membros por meio do sistema de pooling. Depois disso existe uma apólice de resseguro firmada com grandes resseguradoras, que cobre perdas catastróficas de até 3 bilhões de dólares. Alguns Clubes P&I:

- UK P&I Club (Reino Unido)
- Steamship Mutual (Reino Unido)

- North P&I Club (Reino Unido)
- West of England (Reino Unido)
- The London P&I Club (Reino Unido)
- The Standard Club (Reino Unido)
- Britannia P&I (Reino Unido)
- Shipowners Club (Reino Unido)
- Michael Else & Co (Reino Unido)
- The Strike Club (Reino Unido)
- British Marine (Reino Unido)
- UKDC UK Defence Club (Reino Unido)
- The Swedish Club (Suécia)
- Gard (Noruega)
- Norwegian Hull Club (Noruega)
- Skuld P&I (Noruega)
- Schutzverein Deutscher Rheder (Alemanha)
- NNPC Northern Netherlands' P&I Club (Holanda)
- RaetsMarine Insurance (Holanda)
- AMT Insurance (Rússia)
- The American Club (EUA)
- Islamic P&I Club (Dubai)
- JPI Japan P&I Club (Japão)
- P&I Associates (África do Sul)
- Korea P&I (Coreia do Sul)
- China Shipowners Mutual Assurance Association (China)

Seguro marítimo obrigatório

O Parlamento Europeu e o Conselho aprovaram a diretiva 2009/20/CE, relativa ao seguro dos proprietários de navios em matéria de créditos marítimos, a qual foi transposta para a ordem jurídica interna pelo decreto-lei 50/2012. Com a aprovação da referida diretiva, foi colmatada uma importante lacuna existente no quadro de seguro de responsabilidade civil marítima, uma vez que até à sua aprovação não existia uma obrigação legal dos armadores subscreverem um seguro ou outra garantia financeira, para cobrir os riscos causados a terceiros, salvo algumas exceções apresentadas de seguida:

– Convenção Internacional sobre a Responsabilidade Civil pelos Prejuízos devidos à Poluição por Hidrocarbonetos, 1969 (Convenção CLC 1969) – a Convenção obriga os navios de mar, que transportem mais de 2000 toneladas de hidrocarbonetos, a subscreverem um seguro para cobertura dos prejuízos causados pela poluição. A Convenção entrou em vigor a nível internacional em 19 de junho de 1975, tendo Portugal aprovado para ratificação a Convenção CLC 1969 através do decreto 694/76;

– Convenção Internacional sobre a Responsabilidade Civil por Danos resultantes da Poluição causada por Combustível de Bancas, 2001 (Convenção BANCAS 2001) – a Convenção obriga os navios de arqueação bruta superior a 1000, a subscreverem um seguro ou a obterem outra garantia financeira, para cobrirem a sua responsabilidade por danos por poluição. A Convenção entrou em vigor a nível internacional em 21 de novembro de 2008, tendo Portugal aprovado e ratificado a Convenção BANCAS 2001, respetivamente, através da Resolução da Assembleia da República 62/2015, e do Decreto do Presidente da República 35/2015;

– O Protocolo de 2002 à Convenção de Atenas sobre o Transporte Marítimo de Passageiros e suas Bagagens por Mar (Protocolo PAL 2002) – o Protocolo obriga as transportadoras, que efetuam de facto a totalidade ou parte do transporte, a subscreverem um seguro ou a obterem outra garantia financeira, para cobertura da responsabilidade por morte e lesão corporal dos passageiros. O Protocolo entrou em vigor a nível internacional em 23 de abril de 2014 tendo Portugal aprovado, para adesão, o Protocolo PAL 2002 através do decreto 13/2015;

– Convenção Internacional de Nairobi para a Remoção de Destroços – A Convenção obriga os navios de arqueação bruta igual ou superior a 300, a subscreverem um seguro ou a obterem outra garantia financeira, para cobertura da responsabilidade pela remoção dos destroços, 2007 (NAIROBI WRC 2007). A Convenção entrou em vigor a nível internacional em 14 de abril de 2015, não sendo Portugal ainda Estado Parte;

– Protocolo de 2010 à Convenção Internacional de 1996 sobre a Responsabilidade e a Indemnização por Danos Ligados ao Transporte por Mar de Substâncias Nocivas e Potencialmente Perigosas (HNS PROT 2010) – O Protocolo obriga os navios que transportem substâncias nocivas e potencialmente perigosas, a subscreverem um seguro ou a obterem outra garantia financeira, para cobertura da responsabilidade por perdas e danos causados pela poluição, mas também os riscos de incêndio e explosão, incluindo a perda de vida ou de lesões corporais, bem como a perda ou dano à propriedade. O Protocolo ainda não entrou em vigor.

A subscrição obrigatória de um seguro em matéria de créditos marítimos, por parte dos proprietários dos navios, garante uma melhor proteção das vítimas de acidentes e contribui para a exclusão das águas sob jurisdição dos Estados membros da União Europeia, dos navios que não estejam em conformidade com as normas e regras aplicáveis.

A diretiva 2009/20/CE foi implementada em todos os 27 Estados-Membros em 1 de Janeiro de 2012 e exige cobertura P&I obrigatória, para os navios de arqueação bruta igual ou superior a 300, que arvorem a bandeira nacional e/ou outra bandeira e se dirijam a um porto, fundeadouro ou mar territorial nacionais. Os navios estrangeiros que não cumpram com a Diretiva são expulsos, sendo recusada a sua entrada em qualquer porto da EU. Os navios podem ter um intervalo de tempo para cumprirem a diretiva, antes da sua expulsão. O decreto-lei 50/2012, constitui a mais recente novidade legislativa em matéria de seguros marítimos em Portugal. A definição dos créditos em causa, assim como do montante do seguro, é remetida para a Convenção de 1976 sobre a Limitação da Responsabilidade em Matéria de Créditos

Marítimos aprovada pela Organização Marítima (LLMC Convention on Limitation of Liability for Maritime Claims) – não ratificada, todavia, pelo Estado Português.

9

DIREITO DO MAR E REGULAMENTAÇÃO MARÍTIMA

"Cumpre ressaltar que os oceanos cobrem 72% da superfície terrestre e a vida humana surgiu dos mares e deste depende. Esta imensidão de espaço físico sempre foi historicamente palco de disputas, pois era e continua sendo, a principal fonte de subsistência na extração de alimento de inúmeros Estados. Os negócios, comércios, descobertas ocorridas por meio dos mares, incitava a sociedade internacional à confeção de regulamentos que tornassem a sua utilização o mais racional possível." Mateus da Fonseca Sória

Para suportar o desenvolvimento do tema e clarificar a terminologia, interessa antes de mais diferenciar os termos Direito Internacional Público e Direito Internacional Privado. Estaremos assim aptos a entender o chamado Direito Internacional Público do Mar, de forma abreviada, Direito do Mar.

O Direito Internacional Público é o conjunto de normas jurídicas que regulam as relações mútuas dos Estados e, subsidiariamente, as das demais organizações internacionais e também os indivíduos, ainda que a atuação desses últimos seja mais limitada no cenário internacional. O domínio internacional público costuma ser definido como o conjunto dos espaços cujo uso interessa a mais de um Estado e, por vezes, à sociedade internacional como um todo, mesmo que em certos casos tais espaços estejam sujeitos à soberania de um Estado. São pois domínio internacional público, disciplinados pelo Direito Internacional Público, entre outros, o mar (e suas subdivisões legais), os rios internacionais, o espaço aéreo, o espaço sideral e o continente antártico. Recentemente surgiram argumentos a favor e contra considerar-se a internet como domínio público internacional. É comum que os grandes temas de domínio internacional público sejam regulados por convenções multilaterais, como o Tratado da Antártida e a Convenção das Nações Unidas sobre o Direito do Mar.

O Direito Internacional Privado é o conjunto de normas jurídicas criado por uma autoridade política autónoma (um Estado nacional ou uma sua região que disponha de uma ordem jurídica autónoma), com o propósito de resolver os conflitos de leis no espaço. Em termos simples, o Direito Internacional Privado é um conjunto de regras de direito interno que indica ao juiz local que lei – se a do foro ou a estrangeira; ou entre duas estrangeiras – qual deverá ser aplicada a um caso (geralmente privado) que tenha relação com mais de um país. O chamado Direito Internacional Privado ou Direito de Conflitos não passa de Direito Interno. Só é "internacional" pela simples razão de regular atos ou factos do comércio jurídico internacional. De resto, é construído por um conjunto de regras ditadas por cada Estado para que, quando surja uma relação conectada com duas ou mais ordens jurídicas, se possa escolher a lei material de uma delas que indique a solução mais apropriada ao problema suscitado.

Direito Internacional Público	Direito Internacional Privado
Relação jurídica: Trata das relações jurídicas (direitos e deveres) entre Estados (sociedade internacional), compondo tensões.	Relação jurídica: Trata da aplicação de leis de um Estado, sobre particulares (pessoas físicas ou jurídicas) de outro Estado.
Fonte: Tratados e fontes internacionais.	Fonte: Legislação interna dos Estados.
Regras: 1) Vinculam as relações internacionais ou internas de incidência internacional; 2) São estabelecidas pelas fontes internacionais; 3) São normas de aplicação direta, vinculando diretamente os sujeitos.	Regras: Normas indicativas de qual o Direito aplicável nas relações entre os sujeitos.

A Convenção das Nações Unidas sobre o Direito do Mar (UNCLOS United Nations Convention on the Law of the Sea)

O Direito do Mar é parte importante do Direito Internacional Público. Durante muito tempo as suas normas e regras não estiveram definidas. A codificação das mesmas ganhou alento sob o patrocínio das Nações Unidas, tendo-se concluído quatro tratados em Genebra, em 1958, fruto da 1ª Conferência sobre o Direito do Mar, iniciada em 1956:

- Convenção sobre o mar territorial e a zona contígua;
- Convenção sobre a plataforma continental;
- Convenção sobre o alto-mar;
- Convenção sobre a pesca e a conservação dos recursos vivos do alto-mar.

Em 1960 realizou-se a 2ª Conferência das Nações Unidas sobre o Direito do Mar, da qual não resultaram novos acordos. A Convenção das Nações Unidas sobre o Direito do Mar, foi adotada em Montego Bay, Jamaica, em 30 de abril de 1982, fruto da 3ª Conferência das Nações Unidas sobre o Direito do Mar.

Registaram-se na votação 130 votos a favor, 4 contra (Estados Unidos, Israel, Turquia e Venezuela) e 17 abstenções, entre os quais figuraram as do Reino Unido, República Federal da Alemanha, Itália, União Soviética e outros países socialistas da Europa.

A Convenção das Nações Unidas sobre o Direito do Mar, considerada a "Constituição mundial dos oceanos", define os direitos e responsabilidades dos Estados no que diz respeito à utilização e exploração dos mares e oceanos, estabelecendo diretrizes para as empresas, o ambiente e a gestão dos recursos naturais marinhos, que pretendem facilitar as comunicações internacionais e promover o uso pacífico dos mares e oceanos, a utilização equitativa e eficiente dos seus recursos, a conservação dos recursos vivos, e o estudo, a proteção e a preservação do meio marinho. Substitui os quatro tratados celebrados em Genebra, em 1958. A Convenção entrou em vigor em 1994 e, em Janeiro de 2015, tinha já sido ratificada por 166 países e pela União Europeia. Foram necessárias nove árduas sessões, ocorridas entre 1974 e 1982, até se conseguir a efetiva assinatura da Convenção de Montego Bay, procurando-se um consenso entre os Estados em relação a um sistema para a solução de controvérsias no mar. Com a aprovação da Convenção em 1982 foram criados 3 órgãos para vigiar o seu cumprimento, encontrando-se em pleno funcionamento:

- Autoridade Internacional para os Fundos Marinhos (ISA International Seabed Authority) sediada em Kingston, Jamaica;

- Tribunal Internacional sobre Direito do Mar (International Tribunal for the Law of the Sea) sediado em Hamburgo, Alemanha;

- Comissão dos Limites da Plataforma Continental (CLCS Commission on the Limits of the Continental Shelf) instalada na Sede das Nações Unidas em Nova Iorque.

A Convenção aborda detalhadamente os principais aspectos con-
cernentes à utilização do mar, procurando responder de uma
forma sistematizada e abrangente, a todas as questões relativas
ao Direito do Mar. Tal como referido no respectivo preâmbulo,
os Estados Parte reconhecem *"a conveniência de estabelecer por meio
desta Convenção, com a devida consideração pela soberania de todos
os Estados, uma ordem jurídica para os mares e oceanos que facilite as
comunicações internacionais e promova os usos pacíficos dos mares e
oceanos, a utilização equitativa e eficiente dos seus recursos, a conservação dos recursos vivos e o estudo, a protecção e a preservação do meio
marinho".*
A Convenção foi aprovada para ratificação por Portugal em
1997, através da resolução da assembleia da república 60-B/97.
Pode consultar a lista atualizada de países que ratificaram a Convenção.

Os espaços marítimos

A Convenção das Nações Unidas sobre o Direito do Mar definiu
os diferentes espaços marítimos de forma precisa. Atualmente,
mesmo os países não signatários da Convenção adotam e respeitam os seus conceitos e definições que, dada a sua importância,
se apresentam de seguida.

1. As Águas Interiores incluem as águas dos rios, lagos, lagoas e
canais do território nacional, interiores às linhas de origem da
medição do mar territorial, sendo a soberania do Estado Costeiro
plenamente exercida nestas águas.

2. O Mar Territorial é definido como uma zona de mar adjacente
ao território e além das águas interiores e, no caso dos Estados
Arquipélago (como por exemplo as Filipinas), das águas arquipelágicas, sobre as quais se estende a soberania do Estado Costeiro.
O seu limite é fixado em 12 milhas náuticas, a partir da linha de
baixa-mar ao longo da costa. Os Estados têm o direito de fixar
a largura do seu mar territorial até este limite, embora a regra
não signifique que todos os Estados adotem necessariamente as

doze milhas. O que a Convenção estabelece é que esse limite não pode ser ultrapassado. No entanto e como seria de esperar, a esmagadora maioria dos Estados adotou o limite máximo para definir o seu mar territorial.

A soberania do Estado é exercida não só sobre o mar territorial, mas também sobre o espaço aéreo, o leito e vida marinha e o subsolo desse mar. Entretanto, os navios de qualquer bandeira terão o direito de passagem inocente (a passagem é considerada inofensiva desde que não seja prejudicial à paz, à boa ordem ou à segurança do Estado costeiro), podendo atravessar as águas do mar territorial desde que o façam de maneira rápida e ininterrupta.

3. A Zona Contígua estende-se a até 12 milhas náuticas além do limite exterior do mar territorial, tendo o Estado Costeiro o direito de adotar medidas de fiscalização, de forma a evitar e reprimir as infrações às leis e regulamentos aduaneiros, fiscais, de imigração ou sanitários no seu território ou no seu mar territorial.

4. A Zona Económica Exclusiva (ZEE) constitui uma zona situada além do mar territorial e a ele adjacente, que se estende até 200 milhas náuticas da linha da costa, a partir da qual se mede a largura do mar territorial. De realçar que, nos Estados que dispõem de uma zona económica exclusiva, esta abrange normalmente a zona contígua. Na zona económica exclusiva, o Estado costeiro tem direitos de soberania para fins de exploração e aproveitamento, conservação e gestão dos recursos biológicos e minerais, das águas sobrejacentes ao leito do mar, do leito do mar e no seu subsolo. Tem também direitos de soberania no que se refere a outras atividades, relacionadas com a exploração e aproveitamento da zona para fins económicos, como a produção de energia a partir da água, das correntes e dos ventos. Não obstante a terminologia usada na Convenção, tais direitos não são verdadeiramente "soberanos" mas antes "preferenciais", visto que o Estado costeiro deverá compartilhar com outros Estados

a exploração dos excedentes. Assim, o Estado costeiro beneficia de uma zona de pesca de duzentas milhas, fixa a sua própria capacidade de capturas e disponibiliza os possíveis excedentes aos outros Estados, por via de acordos. Tem ainda jurisdição, no que se refere à colocação e utilização de ilhas artificiais, instalações e estruturas; investigação científica marinha; proteção e preservação do meio marinho; e outros direitos e deveres previstos na Convenção.

A pesca deve ser praticada dentro dos limites de captura exigidos para a preservação das espécies, cuja reprodução esteja gravemente ameaçada, cabendo-lhe a autorização mediante licença, para que outros países completem o nível de captura recomendado pelos organismos internacionais, estabelecendo as cotas, o período de tempo em que a pesca ocorrerá e as espécies que poderão ser capturadas. De sublinhar que nesta área, qualquer outro Estado goza do direito de navegação e sobrevoo, cabendo-lhe ainda a liberdade de instalação de cabos e dutos submarinos. Sobre o direito de liberdade de navegação na ZEE, a Convenção deixou uma lacuna interpretativa, pois não esclareceu se essa liberdade, perfeitamente definida pelo artigo 58, permite ou não a realização de manobras e exercícios militares por outros Estados que não o Costeiro.

Vale a pena acrescentar que Portugal possui uma ZEE com cerca de 1,7 milhões de quilómetros quadrados, aproximadamente dezoito vezes a área do território nacional terrestre, sendo a 5ª maior dos países europeus e a 20ª a nível mundial.

5. A Plataforma Continental de um Estado costeiro, conforme previsto no número 1 do artigo 76 da Convenção, *"(...) compreende o leito e o subsolo das áreas submarinas que se estendem além do seu mar territorial, em toda a extensão do prolongamento natural do seu território terrestre, até ao bordo exterior da margem continental ou até uma distância de 200 milhas marítimas das linhas de base a partir das quais se mede a largura do mar territorial, nos casos em que o bordo exterior da margem continental não atinja essa distância"*. A extensão da plataforma continentar não deve, em qualquer situação, exce-

der as trezentas e cinquenta milhas das linhas de base ou as cem milhas a partir da isóbata dos dois mil e quinhentos metros (linha que une profundidades de 2500 metros).

No domínio das ciências da terra, a plataforma continental corresponde, no essencial, à parte submersa dos continentes. De uma forma geral, diz respeito à porção dos fundos marinhos com início na linha de costa, a qual desce com um declive suave até uma profundidade média entre os 200 e os 300 metros, na transição com o talude continental. O Estado costeiro exerce direitos de soberania sobre a plataforma continental, para efeitos de exploração e aproveitamento dos seus recursos naturais, incluindo os minerais e outros recursos não vivos do leito do mar e subsolo, bem como os organismos vivos pertencentes a espécies sedentárias, isto é, aquelas que no período de captura estão imóveis no leito do mar ou no seu subsolo, ou só podem mover-se em constante contacto físico com esse leito ou subsolo. Estes direitos são exclusivos no sentido de que, se o Estado costeiro não explorar a plataforma continental ou não aproveitar os recursos naturais da mesma, ninguém pode empreender estas atividades sem o expresso consentimento desse Estado. Os direitos do Estado costeiro sobre a plataforma continental não afetam o regime jurídico das águas sobrejacentes ou do espaço aéreo acima dessas águas.

O exercício dos direitos do Estado costeiro sobre a plataforma continental, não deve afetar a navegação ou outros direitos e liberdades dos demais Estados previstos na Convenção, nem ter como resultado uma ingerência injustificada neles. Todos os Estados têm o direito de colocar cabos e ductos submarinos na plataforma continental. Sob reserva do seu direito de tomar medidas razoáveis para a exploração da plataforma continental, o aproveitamento dos seus recursos naturais e a prevenção, redução e controlo da poluição causada por ductos, o Estado costeiro não pode impedir a colocação ou a manutenção dos referidos cabos ou ductos. O traçado da linha para a colocação de tais ductos na plataforma continental, fica sujeito ao consentimento do Estado costeiro. Tem ainda jurisdição no que se refere à colocação e utilização de ilhas artificiais, instalações e estruturas sobre a plataforma continental. Adicionalmente, o Estado costeiro tem o direito exclusivo de autorizar e regulamentar as perfurações na plataforma continental, quaisquer que sejam os fins.

Face ao exposto, percebe-se porque apresentou Portugal, um Projeto de Extensão da Plataforma Continental, visando aumentar o território marítimo sob sua jurisdição, perspetivando-se que a plataforma continental venha a ser aumentada para mais do dobro, passando a ocupar 3,8 milhões de quilómetros quadrados, o que representará 41 vezes a área terrestre do país e fará com que o território marítimo português passe a corresponder a 88% do território da União Europeia, podendo tornar-se um dos dez maiores do mundo. Note-se que, no caso português, o limite exterior da plataforma continental estende-se além das 200 milhas marítimas. Efetivamente, a Convenção prevê nos números 7 e 8 do mesmo artigo 76, que o Estado costeiro deve traçar o limite exterior da sua plataforma continental. Estabelece ainda que as informações sobre os limites além das 200 milhas marítimas das linhas de base, a partir das quais se mede a largura do mar territorial, devem ser submetidas pelo Estado costeiro às Nações Unidas e, mais concretamente, à Comissão de Limites da Plataforma Continental. O referido projeto de extensão foi apresentado em 2009 e espera-se o início da sua apreciação pela Comissão em 2016 ou 2017.

6. O Alto-Mar é um conceito de Direito do Mar e compreende todas as partes do mar não incluídas na zona económica exclusiva, no mar territorial ou nas águas interiores de um Estado, nem nas águas arquipelágicas de um Estado Arquipélago. Por outras palavras, alto-mar é o conjunto das zonas marítimas que não se encontram sob jurisdição de nenhum Estado. Foi reafirmado o princípio da liberdade de navegação para os navios de todos os Estados, tenham ou não litoral, sendo inaceitável, nos termos da Convenção, que este ou aquele Estado pretenda submeter qualquer parte do alto-mar à sua soberania. O alto-mar

está assim aberto a todos os Estados, quer costeiros quer sem litoral e nos termos da Convenção, incluindo liberdade de navegação; liberdade de sobrevoo; liberdade de pesca; liberdade de colocar cabos e ductos submarinos; liberdade de construir ilhas artificiais e outras instalações permitidas pelo direito internacional; liberdade de pesca; e liberdade de investigação científica. O limite interior do alto-mar corresponde ao limite exterior da zona económica exclusiva, que é fixado a no máximo 200 milhas náuticas da costa. Como referido previamente, existe na Convenção uma possibilidade de alargamento até mais 150 milhas náuticas, sobre a extensão da Plataforma Continental. Portugal e o Brasil apresentaram pedidos para esse efeito, que estão sob análise da ONU.

Verdadeiramente inovadora foi porém, a criação de uma zona internacional do fundo do mar, situada para além das plataformas continentais dos Estados, a ser explorada exclusivamente com fins pacíficos em proveito de todos os Estados, sobretudo dos menos desenvolvidos, dando assim corpo ao princípio do "património comum da humanidade". Esta zona foi designada por "Área", sendo definida na Convenção como *"leito do mar, os fundos marinhos e o seu subsolo além dos limites da jurisdição nacional"*, tendo sido estabelecido um regime jurídico distinto. De acordo com a Convenção:

> *"(...) os fundos marinhos e oceânicos e o seu subsolo para além dos limites da jurisdição nacional, bem como os respetivos recursos, são património comum da humanidade e a exploração e o aproveitamento dos mesmos fundos serão feitos em benefício da humanidade em geral, independentemente da situação geográfica dos Estados."*

Assim, enquanto para o alto-mar foi estipulado o regime de liberdade, uma mudança fundamental ocorreu em relação à Área. Embora situados além das áreas de jurisdição nacional, o leito do mar, os fundos marinhos e o seu subsolo não são livres, tendo sido considerados património comum da humanidade. Assim, nenhum Estado pode reivindicar ou exercer soberania ou direitos de soberania sobre qualquer parte da Área ou dos seus recursos; nenhum Estado ou pessoa jurídica, singular ou coletiva, pode apropriar-se de qualquer parte da Área ou dos seus recursos; não serão reconhecidos tal reivindicação ou exercício de soberania ou direitos de soberania nem tal apropriação.

A este espaço marítimo, um dos mais controversos na aceitação da Convenção, devido às oportunidades de extração dos seus minerais (recursos minerais sólidos, líquidos ou gasosos in situ na área, no leito do mar ou no seu subsolo, incluindo os nódulos polimetálicos), foi dedicada a Parte XI da Convenção, estabelecendo uma Autoridade Internacional dos Fundos Marinhos (ISA) para autorizar a exploração do fundo do mar e a mineração, recolhendo e distribuindo royalties. Segundo definido nesta Parte, as atividades da Área devem ser realizadas em benefício da humanidade em geral, independentemente da situação geográfica dos Estados, costeiros ou sem litoral, e tendo particularmente em conta os interesses e as necessidades dos Estados em desenvolvimento e dos povos que não tenham alcançado a plena independência ou outro regime de autonomia, reconhecido pelas Nações Unidas. A Autoridade, através de mecanismo apropriado e numa base não discriminatória, deve assegurar a distribuição equitativa dos benefícios financeiros e dos outros benefícios económicos, resultantes das atividades na Área.

Para além do "património comum da humanidade" referido aos fundos dos mares, também o mar, no seu todo, é considerado um património comum na medida em que a sua utilização não deve ser feita indiscriminadamente, mas antes tendo em conta a salvaguarda dos legítimos direitos e interesses de terceiros. Uma das matérias em que particularmente ressalta este aspeto é a da proteção e preservação do meio marinho, à qual a Convenção consagra a sua Parte XII. Nesta são classificadas seis formas específicas de poluição marinha: poluição de origem terrestre, denominada de poluição telúrica (artigo 207); poluição proveniente de atividades relativas aos fundos marinhos sob jurisdição nacional (artigo 208); poluição proveniente de atividades no leito do mar, nos fundos marinhos, e seu subsolo, além dos limites da jurisdição nacional (Área) (artigo 209); poluição por alijamentos (artigo 210); poluição proveniente de navios (artigo 211) e a poluição proveniente da atmosfera ou através dela – transatmosférica (artigo 212). A Convenção não consagra normas específicas visando a sua prevenção ou regulando a reparação dos danos, visto que existe um número relativamente grande de convenções internacionais com esse objetivo. É considerado alijamento qualquer lançamento deliberado no mar de detritos e outras matérias, a partir de embarcações, aeronaves, plataformas ou outras construções; ou qualquer afundamento deliberado no mar de embarcações, aeronaves plataformas ou outras construções.

UNCLOS - CONVENÇÃO DAS NAÇÕES UNIDAS SOBRE O DIREITO DO MAR
SOBERANIA E JURISDIÇÃO DE UM ESTADO COSTEIRO (p.ex. PORTUGAL) NOS DIFERENTES ESPAÇOS MARÍTIMOS

SOBERANIA & JURISDIÇÃO	ESPAÇOS MARÍTIMOS				
	Mar Territorial até 12 milhas náuticas da linha base (22.2 Km)	Zona Contígua até 24 milhas náuticas da linha base (44.4 Km)	Zona Económica Exclusiva (ZEE) até 200 milhas náuticas da linha base (370.4 Km)	Plataforma Continental até 350 milhas náuticas da linha base (648 Km)	Alto-Mar a mais de 200 milhas náuticas da linha base (370,4 Km)
Subsolo					Condicionada - Património comum da Humanidade
Leito do mar				SOBERANIA	Condicionada - Património comum da Humanidade
Águas sobrejacentes ao leito do mar (p.ex. pesca)		SOBERANIA	SOBERANIA	Livre (mas regulada por tratados)	Livre (mas regulada por tratados)
Perfuração				SOBERANIA	Condicionada - Património comum da Humanidade
Produção de energia				JURISDIÇÃO	Livre
Navegação		Apenas fiscalização e repressão de infrações			Livre
Espaço Aéreo	SOBERANIA		Livre	Livre	Livre
Instalação de cabos e dutos submarinos		Livre			Livre
Inst. de ilhas artificiais, instalações e estruturas					Livre
Investigação científica					Livre
Proteção e preservação do meio marinho		JURISDIÇÃO	JURISDIÇÃO	JURISDIÇÃO	Livre (mas protegido)
Objetos arqueológicos e históricos					Condicionada - Património comum da Humanidade

(LINHA BASE DA COSTA)

Jurisdição sobre os navios

Para definir a jurisdição a que os navios estão sujeitos, é necessário distinguir conforme o navio se encontra nas águas interiores, no mar territorial, na zona contígua, na zona económica exclusiva, na plataforma continental ou em alto-mar.

Nas Águas Interiores, designadamente nos portos, os navios estão sujeitos à jurisdição do Estado costeiro, o que inclui a sua competência legislativa e jurisdicional e a competência de intervenção das suas autoridades. Porém, esta jurisdição não exclui, perante o Direito Internacional, a possibilidade de o Estado do pavilhão aplicar as suas normas ou considerar os seus tribunais competentes relativamente a factos que ocorram no navio. Em conclusão, a jurisdição do Estado costeiro é, em parte, concorrente.

No Mar Territorial os navios também estão sujeitos à jurisdição do Estado costeiro. Todavia, esta jurisdição é mais limitada que a jurisdição sobre os navios que se encontram nas águas interiores, designadamente pelo direito de passagem inofensiva, sendo a competência legislativa do Estado costeiro limitada a determinadas matérias de Direito público, incluindo a segurança da navegação, a pesca e a poluição. A competência de execução e intervenção das autoridades é limitada em matéria penal e civil (artigos 27 e 28 da UNCLOS).

Na Zona Contígua ao mar territorial, o Estado costeiro pode tomar as medidas de fiscalização necessárias a evitar infrações às leis e regulamentos aduaneiros, fiscais, de imigração ou sanitários no seu território ou no seu mar territorial e a reprimir as infrações às leis ou regulamentos no seu território ou no seu mar territorial (artigo 33 da UNCLOS). Como referido previamente, nos Estados que dispõem de uma zona económica exclusiva esta abrange normalmente a zona contígua.

Na Zona Económica Exclusiva e na Plataforma Continental, o Estado costeiro tem uma jurisdição funcionalmente limitada à exploração de recursos naturais, à investigação científica e à proteção e preservação do meio marinho (artigos 56 e 77 da UNCLOS). Nestas áreas o Direito do Mar admite a competência legislativa e a competência jurisdicional e de intervenção das autoridades do Estado costeiro.

No Alto-Mar, o artigo 92 da Convenção sobre o Direito do Mar estabelece que os navios estão sujeitos à jurisdição exclusiva do Estado do pavilhão. Mas esta jurisdição exclusiva diz essencialmente respeito à competência de intervenção das autoridades, designadamente direitos de visita e inspeção, desvio do navio, detenção e mesmo destruição do navio (que cause um perigo grave). Dentro dos limites que resultem do Direito Internacional Público, outros Estados podem exercer a sua competência legislativa ou jurisdicional relativamente a situações relacionadas com navios no alto-mar. Esta "jurisdição exclusiva" do Estado do pavilhão conhece diversas exceções, designadamente:

- As resultantes de resoluções das Nações Unidas;

- O direito de perseguição de navios "estrangeiros" iniciada em zonas sob a jurisdição do Estado costeiro;

- As medidas para evitar a poluição resultante de acidentes marítimos;

- As medidas contra pessoas e navios que efetuem transmissões não autorizadas de rádio ou televisão;

- As medidas contra pessoas e navios envolvidos em pirataria;

- O direito de um navio de guerra visitar um navio "estrangeiro" caso haja motivo razoável para suspeitar que se dedica à pirataria, ao tráfico de escravos, que realiza transmissões não autorizadas, que não tem nacionalidade ou que tem a mesma nacionalidade do navio de guerra embora arvore uma bandeira estrangeira ou se recuse a içar o seu pavilhão (artigo 110 da UNCLOS).

Estado de bandeira e nacionalidade dos navios

O Estado de bandeira de um navio comercial define-se como o

Estado em cujas leis o navio está registado. Qualquer país pode ser Estado de bandeira, até mesmo um país sem fronteira marítima (desde a declaração de direito de bandeira em 1921; como exemplo a Bolívia, a Mongólia e a Moldávia). Porém, os deveres do Estado de bandeira estão regulamentados e são exigentes, como vamos ver de seguida.

Segundo a UNCLOS (artigos 91 e 92), os navios possuem a nacionalidade do Estado cuja bandeira estejam autorizados a arvorar, devendo existir um vínculo substancial entre o Estado e o navio. Os Estados devem estabelecer os requisitos necessários para a atribuição da sua nacionalidade a navios, para o registo de navios no seu território e para o direito de arvorar a sua bandeira. Os navios devem navegar sob a bandeira de um só Estado e, salvo nos casos excecionais previstos, devem submeter-se, no alto-mar, à jurisdição exclusiva desse Estado. Durante uma viagem ou em porto de escala, um navio não pode mudar de bandeira, a não ser no caso de transferência efetiva da propriedade ou de mudança de registo. Um navio que navegue sob a bandeira de dois ou mais Estados, utilizando-as segundo as suas conveniências, não pode reivindicar qualquer dessas nacionalidades perante um terceiro Estado e pode ser considerado como um navio sem nacionalidade.

1. Deveres do Estado de bandeira

A UNCLOS estabelece (artigo 94) que os Estados de bandeira devem exercer, de modo efetivo, a sua jurisdição e controlo em questões administrativas, técnicas e sociais sobre navios que arvorem a sua bandeira. Em particular, os Estados devem manter um registo de navios no qual figurem os nomes e as características dos navios que arvorem a sua bandeira, com exceção daqueles que pelo seu reduzido tamanho, estejam excluídos dos regulamentos internacionais geralmente aceites. Adicionalmente, os Estados devem exercer a sua jurisdição em conformidade com o seu direito interno, sobre qualquer navio que arvore a sua bandeira e sobre o comandante, os oficiais e a tripulação, em questões administrativas, técnicas e sociais que se relacionem com o navio. Relativamente à segurança da navegação, os Estados de bandeira devem tomar, para os navios que arvorem a sua bandeira, as medidas necessárias para garantir a segurança no mar, no que se refere a:

- Construção, equipamento e condições de navegabilidade do navio;

- Composição, condições de trabalho e formação das tripulações, tendo em conta os instrumentos internacionais aplicáveis;

- Utilização de sinais, manutenção de comunicações e prevenção de abalroamentos.

Tais medidas devem incluir as que sejam necessárias para assegurar que:

- Cada navio, antes do seu registo e posteriormente, a intervalos apropriados, seja examinado por um inspetor de navios devidamente qualificado e leve a bordo as cartas, as publicações marítimas e o equipamento e os instrumentos de navegação apropriados à segurança da navegação do navio;

- Cada navio esteja confiado a um comandante e a oficiais devidamente qualificados, em particular no que se refere à manobra, à navegação, às comunicações e à condução de máquinas, e a competência e o número dos tripulantes sejam os apropriados para o tipo, tamanho, máquinas e equipamento do navio;

- O comandante, os oficiais e, na medida do necessário, a tripulação conheçam perfeitamente e observem os regulamentos internacionais aplicáveis que se refiram à segurança da vida no mar, à prevenção de abalroamentos, à prevenção, redução e controlo da poluição marinha e à manutenção de radiocomunicações.

2. Responsabilidades do Estado de bandeira

Além dos deveres dos Estados bandeira enunciados, importa analisar detalhadamente as suas responsabilidades, para que possamos concluir o rigor exigido aos países que registam navios. Vejamos os pontos fundamentais:

Infra-estrutura
O Estado de bandeira deve ter, claramente, infraestrutura suficiente em termos de pessoal, escritórios e equipamentos qualificados e competentes, para cumprir as suas obrigações de acordo com os tratados internacionais. Os Estados podem apresentar diferentes abordagens, por exemplo delegando várias funções em sociedades de classificação. Mas se um Estado de bandeira não apresentar capacidade de inspeção independente e um departamento especializado em tripulação, é possível que a única função efetiva da bandeira seja a cobrança de taxas de inscrição.

Tratados marítimos internacionais
Todos os Estados de bandeira devem orientar-se no sentido de ratificar os principais tratados marítimos internacionais, incluindo os adotados pela Organização Marítima Internacional (IMO Internacional Maritime Organization) e pela Organização Internacional do Trabalho (ILO International Labour Organization).

Implementação e execução
No mínimo, é razoável esperar que os Estados de bandeira tenham implementado os requisitos detalhados, dos tratados marítimos internacionais e tenham estabelecido os mecanismos eficazes para a sua aplicação. Por exemplo, a SOLAS, entre outras convenções, prevê inspeções regulares a navios e a emissão de certificados de cumprimento por parte do Estado de bandeira, enquanto a STCW exige a certificação de competências da tripu-

lação. Uma forma simples de avaliar a medida em que as normas internacionais são aplicadas, consiste no exame dos dados publicados externamente, sobre o desempenho dos navios registados nas bandeiras e os dados publicados pelo controlo dos Estados de porto.

Supervisão de vistorias

De acordo com a Resolução IMO A.739, os Estados de bandeira devem estabelecer controlos adequados sobre organizações, como as sociedades de classificação nomeadas para realizar vistorias de navios em seu nome, devendo para tal possuir recursos adequados para as tarefas atribuídas. Os Estados de bandeira devem especificar instruções de trabalho, detalhando as ações a serem seguidas no caso de um navio não se encontrar apto a ir para o mar, fornecendo informações sobre as regulamentações nacionais que aplicam as convenções marítimas internacionais. Deve também ser estabelecido um sistema de verificação e acompanhamento, para assegurar a adequação do trabalho realizado por organizações que atuem em nome de um Estado de bandeira. A delegação de funções de vistoria deve ser restrita a organismos internacionalmente reconhecidos, como os membros da Associação Internacional das Sociedades de Classificação (IACS).

Código Internacional de Gestão de Segurança

Os Estados de bandeira devem ter implementado os requisitos do Código ISM, sobre a auditoria de sistemas de gestão da segurança (SMS), tanto em navios que arvoram o seu pavilhão como nas empresas com base em terra, responsáveis pela sua operação segura. Os Estados de bandeira devem também estabelecer procedimentos, para a emissão e cancelamento de Certificados de Gestão da Segurança (SMCs) e documentos de conformidade das companhias (DOCs).

Proteção marítima

O Estado de bandeira é considerado a primeira linha de defesa, contra operações de navios potencialmente inseguras ou ambientalmente prejudiciais. Os Estados de bandeira devem ter implementado os requisitos pertinentes da Convenção SOLAS e do Código Internacional para a Proteção dos Navios e das Instalações Portuárias (ISPS), relativos à aprovação de planos de proteção do navio e à emissão de certificados internacionais de proteção do navio. A aprovação de planos e/ou a emissão de certificados de proteção, só deve ser delegada a organizações que cumprem os requisitos para Organizações Reconhecidas, conforme especificado pelo Código ISPS.

Normas de competências dos marítimos
Os Estados de bandeira devem ser colocados na "lista branca" STCW da IMO, onde figuram os governos que têm demonstrado o cumprimento das medidas administrativas necessárias, para implementar as emendas de 1995 e 2010 à Convenção STCW, relativo à competência e certificação dos marítimos internacionalmente qualificados. Conforme requerido pela STCW, os Estados bandeira deverão apresentar relatórios normalizados de qualidade à IMO, em intervalos de cinco anos, destacando as deficiências da sua formação e sistemas de certificação e as medidas tomadas para as corrigir, a fim de manter um lugar nas "listas brancas" do STCW, emitidas e atualizadas pelo Comité de Segurança Marítima da IMO. Os Estados de bandeira devem emitir endossos de reconhecimento STCW, a oficiais estrangeiros ao serviço de navios que arvoram o seu pavilhão, mesmo quando estes tiverem certificados de competência emitidos por outro país. O Estado de bandeira deve ter procedimentos, para assegurar que o certificado estrangeiro e o país emissor estão em conformidade com a formação e certificação STCW. Os Estados de bandeira devem manter bases de dados dos certificados, por elas emitidos para marítimos nacionais e endossos emitidos para oficiais estrangeiros, respondendo imediatamente às solicitações de empresas que procuram a confirmação da validade de qualquer certificado.

Lotação de segurança e as horas de trabalho dos marítimos
Os Estados de bandeira devem aprovar os níveis de tripulação de

segurança para os navios que arvoram o seu pavilhão, e a emissão de documentos relativos à lotação de segurança. Os Estados de bandeira devem cumprir rigorosamente as horas de descanso dos Marítimos, assegurando os mínimos que estejam em conformidade com a Convenção sobre o Trabalho Marítimo (MLC 2006), além da Convenção STCW. Os Estados de bandeira devem exigir o registo das horas de trabalho/descanso.

Investigação de acidentes

De acordo com a Resolução IMO A.849 e tendo em conta as disposições da Convenção SOLAS e MARPOL, um Estado de bandeira deve realizar investigações de "graves" e "muito graves" acidentes ocorridos nos seus navios, sempre que possível após o acidente. Os Estados de bandeira devem também cooperar com outras nações, na investigação de acidentes em que os navios que arvoram o seu pavilhão possam estar envolvidos.

Movimento de navios entre bandeiras

O Estado de bandeira que aceite a transferência de um navio de bandeira de outro Estado, só deve registar tal navio quando está convencido de que o mesmo está em conformidade com os requisitos internacionais e tem relatórios de vistoria confirmando que o navio está corretamente classificado. Os Estados de bandeira dos navios que realizam a transferência para outro registo, têm a obrigação de fornecer todas as informações necessárias para o novo Estado bandeira.

Participação em reuniões da IMO e da OIT

A fim de se manterem informados sobre as mais recentes desenvolvimentos de regulamentos Marítimos Internacionais (e contribuir para as decisões tomadas pela IMO), os Estados de bandeira devem assistir a todas as reuniões dos seguintes comités da organização:

- Comité de Segurança Marítima (MSC Maritime Safety Committee);

- Comité de Proteção do Ambiente Marinho (MEPC Marine Environment Protection Committee);

- Comité Legal (LEG Legal Committee);

- Reuniões bienais da Assembleia da IMO.

Se possível, os Estados de bandeira devem também participar nas conferências diplomáticas e sub-comités técnicos da IMO, incluindo o sub-comité de Implementação do Estado de bandeira, bem como nas principais reuniões marítimas da Organização Internacional do Trabalho.

Não é fácil ser um (bom) Estado de bandeira! Importa realçar que Portugal é reconhecido como um Estado bandeira de qualidade, estando atualmente classificado na lista branca STCW da IMO e na lista branca do Paris Mou.

Registo de navios

O registo de propriedade dos navios determina a sua nacionalidade. Quando um navio concretiza o registo num Estado de bandeira, adquire o direito de içar a bandeira desse Estado, o que lhe dá proteção em alto-mar, ficando submetido às leis inerentes e podendo gozar dos benefícios próprios daquele Estado. A embarcação adquiriu nacionalidade, sendo assim considerada parte integrante do território, tendo o dever de cumprir as leis e convenções internacionais ratificadas pelo Estado de Registo.

> *"O pavilhão nacional, que o navio arvora, simboliza a sua nacionalidade e indica o Estado a cujo regime jurídico está submetido e é nessa ideia que se considera o navio como porção flutuante ou como prolongamento do país a que pertence, e de que defluem consequências consideráveis. Primordialmente, tem direito à proteção das autoridades administrativas, civis e militares, do país a que pertence, assistência dos navios de sua marinha de guerra, devendo reciprocamente, obediência às ordens do Governo, submissão à vigilância dos navios de guerra e às instruções dos seus agentes consulares."* Azevedo Santos

"Os navios em alto-mar encontram-se sujeitos à jurisdição do Estado cujo pavilhão arvoram. Esta norma aplica-se a todos os navios." Celso Mello

As leis da bandeira imperam no navio sempre que este esteja em águas nacionais daquela bandeira ou em águas internacionais. Se o navio estiver em águas territoriais de outro país, responde de acordo com as leis daquele país. Porém, se o navio for militar ou de natureza governamental, impera sempre a bandeira do país de origem (ainda que esteja em águas territoriais de outro país).

"O direito internacional reconhece a jurisdição do Estado sobre os navios que arvoram a sua bandeira, bem como sobre as pessoas que nestes se encontrem, e o navio como propriedade dos seus nacionais." Paulo Borba Casella

A expressão "Registo de Navios", está associada a dois tipos de estatutos que podem ser conferidos a um navio, o Estatuto Legal e o Estatuto de Classe. O Estatuto Legal é obrigatório, o que significa que sem este um navio não poderá operar em circunstância alguma. É atribuído pela Administração do Estado de bandeira do navio. O Estatuto de Classe é atribuído pelas sociedades de classificação, revestindo-se de grande importância para o armador. A classificação de navios e de outros corpos flutuantes, destina-se a garantir que o padrão de qualidade e segurança dos mesmos está assegurado pelo cumprimento das regras de classificação. Todo o processo desenvolvido pela sociedade de classificação, serve o propósito de poder garantir que a condição de um navio se conserve ao longo do tempo. Para tal, as sociedades de classificação estabelecem e aplicam normas sobre o projeto e construção de navios, para além de avaliar as suas condições estruturais e a fiabilidade do seu equipamento mecânico.

Considerando as condições e pressupostos adotados pelos diversos países, os registos das embarcações podem ser classificados em Registos Nacionais e em Registos Abertos. Vejamos as suas características e diferenças:

1. Registos Nacionais (ou Convencionais)

Nos Registos Nacionais, o Estado que concede a bandeira mantém um efetivo controlo sobre os navios nele registados, mantendo-os condicionados à sua legislação.

2. Registos Abertos

Os regimes Abertos dividem-se em Segundos Registos e Registos de Bandeira de Conveniência.

2.1. Segundo Registo ou Registo Internacional (Registo Aberto)

O Segundo Registo ou Registo Internacional "Second Register" ou "Off Shore Register" foi criado em alguns países, com o objetivo de apoiar a sua marinha mercante, oferecendo vantagens similares às oferecidas pelas bandeiras de conveniência. O Segundo Registo é concedido por países que já possuem registo nacional, a navios de sua nacionalidade ou de outras, auferindo vantagens similares às concedidas por bandeiras de conveniência. Submete o navio a todas as leis e convenções internacionais, no que concerne à segurança da navegação, excetuando, em alguns países, as leis que regulam o trabalho, subvenções e incentivos concedidos aos navios do registo nacional.

Entre os países que adotaram o Segundo Registo figura a Dinamarca (DIS), Alemanha (GIS), Island of Man (UK), França (FIS), Noruega (NIS), Brasil (REB) e Portugal (MAR Registo Internacional de Navios da Madeira). Pela sua atualidade reproduz-se parte do artigo da autoria de Rui raposo, Ex-Presidente da Comissão Técnica do Registo Internacional de Navios da Madeira (Segundo Registo de Portugal):

> *"Para viabilizar uma frota de navios de bandeira portuguesa será necessário definir um plano estratégico marítimo portuário. Neste contexto assumem particular importância os Registos de navios. Os designados Registos Convencionais, que se regem por um sistema fiscal antiquado, difícil de entender e pouco eficaz, não são alternativa para um armador registar os seus navios, sob pena de não*

poder competir no mercado internacional. Por isso, muitos armado-res europeus passaram a registar os seus navios em países terceiros. Para tentar inverter esta tendência de "flagging out" muitos paí-ses como o Reino Unido, França, Holanda, Dinamarca, Noruega e também Portugal, decidiram criar registos Internacionais de navios, que representassem uma verdadeira alternativa aos registos de paí-ses terceiros com dois objetivos principais:

1) Estancar os processos de saída de navios propriedade de armado-res europeus, dos registos convencionais para registos de conveniên-cia;

2) Atrair alguns armadores e navios aos novos registos (flagging in), oferecendo a estes condições de custos semelhantes às dos registos mais competitivos.

Com base nestes princípios foi criado o Registo Internacional de Navios da Madeira (MAR), que tem sido um projeto de sucesso. É um serviço de exportação com valor acrescentado muito interessante e com um grande potencial para aumentar os resultados positivos, pois as receitas podem ser aumentadas (atraindo mais navios), man-tendo o mesmo nível de despesas (porque existe capacidade disponí-vel na atual estrutura). Como a decisão de registar um navio não é conjuntural e se baseia em fatores como:

– Os custos iniciais de registo;

– As taxas anuais de manutenção;

– Os custos com o pessoal, a emissão de certificados e as inspeções;

– Legislação aplicável às hipotecas;

– Estabilidade fiscal;

– Forma de aplicação da "tonnage tax", (nos países onde ela está em vigor),

É fundamental que:

– Para manter os navios que se encontram registados no Registo Convencional, se estabeleça um sistema de apoios à marinha de comércio, que cumprindo o estipulado pela Comissão Europeia, se baseie num programa plurianual e não, como até agora, numa base anual sem garantia de continuidade.

– Para atrair novos navios, propriedade de armadores portugueses ou estrangeiros, para a bandeira portuguesa, não sendo o Registo Convencional alternativa, é necessário dar condições ao Registo Internacional de Navios da Madeira (MAR) para o fazer."

2.2. Os Registos Abertos de Bandeiras de Conveniência (BDC) (Registo Aberto)

O termo bandeira de conveniência descreve a prática empresarial de registar um navio mercante num Estado soberano, diferente do dos proprietários do navio e arvorar a bandeira do Estado de registo. Basicamente, os navios são registados sob bandeiras de conveniência com o objetivo de redução de custos operacionais, contratatação de tripulações não nacionais, para evitar a regulamentação do país do proprietário, e/ou para redução das restrições e dos boicotes, durante períodos de conflitos militares ou diplomáticos. Desde os anos 50 do século passado, os armadores têm-se cada vez mais voltado para Registos Abertos de Bandeiras de Conveniência (Flags of Convenience FoC), como uma alternativa para a tradicional bandeira dos Estados Nacionais.

Os registos abertos de bandeiras de conveniência caracterizam-se por oferecerem total facilidade para registo, incentivos de ordem fiscal e a não imposição de vínculo entre o Estado de registo e o navio. Adicionalmente, tais Estados de registo (alguns) não exigem nem fiscalizam, com o devido rigor, o cumprimento e a adoção das normas e regulamentos nacionais ou internacionais sobre as embarcações neles registadas. Simultaneamente às vantagens económicas oferecidas por tais registos, ainda se elencam legislações e regulamentos menos severos sobre segurança e equipamento de bordo. O registo aberto de bandeira de conveniência do Panamá é de longe o maior do mundo, com 352 milhões de toneladas de arqueação bruta no seu registo em Janeiro de 2015, o equivalente a 20% da tonelagem oceânica do mundo. O segundo lugar no ranking mundial é ocupado pela Libéria, com 203 milhões de toneladas (11%), seguido pelas Ilhas Marshall com 175 milhões de toneladas (10%), ambas também bandeiras de conveniência.

A popularidade das bandeiras de conveniência atraiu críticas dentro e fora da indústria marítima, sendo percebidas como paraísos fiscais que, sem dúvida, permitem que os proprietários empreguem tripulações mais baratas e menos qualificadas. Enquanto alguns analistas têm apontado que a IMO só foi capaz de ratificar uma série de convenções, devido ao apoio dos países de bandeiras de conveniência dominantes como o Panamá e a Libéria, o desempenho de alguns registos abertos tem sido criticado, por não operarem a níveis adequados e internacionalmente aceites. A não exigência de vínculo do Estado da Bandeira com o navio e a não observância de legislações e regulamentos severos, relacionados com a segurança da navegação e a obrigação de fiscalizar dos Estados, decorre do facto dos Estados que concedem a bandeira de conveniência não serem signatários ou não cumprirem os preceitos da UNCLOS e de outras convenções internacionais de extrema importância no cenário da navegação, como a MARPOL, SOLAS, CLC/69, entre outras. Em consequência, as possibilidades concretas de controlo, fiscalização e inspeção do navio por parte das autoridades do Estado de Registo, são praticamente inexistentes.

História da bandeira de conveniência

A bandeira de conveniência tem origem nos Estados Unidos e remonta aos primeiros dias da 2ª Guerra Mundial. A ideia inicial seria autorizar que navios de proprietários dos EUA mudassem para a bandeira panamiana e como tal fossem utilizados para entrega de materiais no Reino Unido, sem que a sua utilização (ou a sua perda) arrastasse os EUA, contra sua vontade, para o conflito. Após a guerra, os benefícios puramente económicos do sistema panamiano tinham-se tornado evidentes: iriam permitir à indústria do transporte marítimo evitar os altos custos com a contratação de tripulações americanas, permitir a redução do fardo que representavam os regulamentos mais exigentes, limitar as consequências financeiras de um eventual afundamento ou perda do navio. Estavam criadas as condições para um êxodo, que ocorreu. Pelas mesmas razões, um grupo de companhias petrolíferas americanas criou o registo liberiano (com base inicial em Nova Iorque) para os seus navios-tanque. Durante várias décadas, estes dois registos atraíram armadores um pouco por todo o mundo e mantiveram níveis técnicos razoavelmente elevados, talvez porque nos bastidores estavam ainda sujeitos a algum controle das tradicionais potências marítimas, principalmente a Europa e os Estados Unidos.

Os custos das bandeiras de conveniência

Há que questionar, se os benefícios conjunturais da adoção de bandeiras de conveniência, compensam alguns aspetos negativos de extrema relevância:

- O alto índice de desastres marítimos envolvendo navios que ostentam BDC (bandeira de conveniência);

- As condições insatisfatórias de trabalho da tripulação;

- A evasão de divisas dos países que concedem Registos Nacionais ou Segundos Registos;

- O fenómeno do tráfico de terceira bandeira;

- A perda da nacionalidade; a embarcação passa a ser tratada no seu país de origem como embarcação estrangeira.

Na sequência do elevado índice de catástrofes marítimas, a reação contra as bandeiras de conveniência manifesta-se hoje nos aspetos social, económico, ambiental e internacional. Vale a pena analisar o tema com a profundidade devida, nos seguintes pontos:

Bandeiras de conveniência – impacto na economia
Num contexto competitivo, é menor a influência do "direito-custo", ou seja, das normas de direito que interferem no custo do frete, em especial as normas que regulam o trabalho, as tributárias e relativas a segurança marítima e poluição marinha. Prepondera o entendimento, no qual a competitividade interna-

cional das empresas de navegação restaria comprometida, se os navios se submetessem à adoção de Registo Nacional nos seus respetivos países, dado que desta forma estariam sujeitos à legislação dos países a que foram consignados, o que importaria em maiores despesas advindas do "direito-custo", entraves burocráticos, subordinação a rigorosas normas de segurança de navegação ou ainda entraves políticos. Os navios que arvoram pavilhões de conveniência não integram de modo efetivo a economia dos Estados de registo, não servem o seu comércio exterior nem são para tais países positivamente produtores de divisas, salvo no que concerne aos direitos de inscrição. Efetivamente, tais navios não frequentam com regularidade o seu porto de registo. Ao contrário, realizam o chamado "tráfico de terceira bandeira", ou seja, promovem um tráfico marítimo estranho à mobilização do comércio exterior do país cuja bandeira arvoram. Não só os países perdem ao deixar de conceder os seus Registos Nacionais, em flagrante desvantagem comparativamente aos países que concedem Registos Abertos; os próprios armadores também apontam e atacam a prática de adoção de bandeira de conveniência, como concorrência desleal no mercado de frete marítimo.

Bandeiras de conveniência e as condições de trabalho
Os sindicatos e organismos de defesa dos trabalhadores, entre os quais se destaca a ITF (Federação Internacional dos Trabalhadores em Transportes), têm vindo a destacar as condições de trabalho desfavoráveis da tripulação de conveniência, ou seja, da tripulação formada por marítimos de nacionalidades diferentes da bandeira que o navio arvora. Na maioria dos casos, os países que permitem as bandeiras de conveniência não querem e/ ou não podem fazer cumprir os padrões mínimos de segurança, os direitos do trabalho, sociais ou sindicais dos trabalhadores empregados. Por outro lado, os países de procedência desses profissionais também não podem exercer nenhum mecanismo de defesa dos trabalhadores visto que, nas relações de trabalho se aplicam as normas do país da bandeira. Todavia, ressalta a ITF, no

caso das bandeiras de conveniência, as normas do trabalho não podem sequer ser cumpridas, simplesmente porque não existem.

Bandeiras de conveniência e a proteção
Um aspeto que preocupa a comunidade marítima internacional, diz respeito à possibilidade dos navios de bandeira de conveniência serem aproveitados para ataques terroristas. Um dos factos de maior relevância desta suspeita, decorre de denúncias relativas a fraudes na concessão de documentos e registos em países que concedem bandeiras de conveniência.
Especialmente após o atentado aos EUA em 2001, a Organização Marítima Internacional vem implementando uma série de medidas, para reforçar a proteção no transporte marítimo internacional. Entre as medidas adotadas, destaca-se a criação do Código Internacional de Proteção para Navios e Instalações Portuárias (ISPS International Ship and Port Facility Security Code), criado por emenda à Convenção SOLAS. Adicionalmente, o Código ISPS proporciona um marco regulamentar e consistente, para avaliação dos riscos e a criação de planos de proteção.
Além da implementação do ISPS, os EUA, com 95% da carga internacional transportada por navios, tem vindo a implementar uma estratégia geral e medidas para incrementar os programas de segurança nos portos. Entre tais medidas, destaca-se a Iniciativa de Segurança de Contentores ISC, programa que incorpora o trabalho de equipa conjunto com autoridades portuárias estrangeiras, desenvolvido para identificar, objetivar e localizar cargas de alto risco. Outra iniciativa, consiste na Parceria Alfândega-Comércio contra o terrorismo (C-TPAT) que impõe aos importadores comerciais, a tomada de medidas para proteger toda a sua cadeia de fornecimento, adequando o rigor da vigilância de acordo com a bandeira arvorada, informações históricas da embarcação e informações estratégicas.

Bandeiras de conveniência e o meio ambiente
A inexistência de vínculo efetivo entre o país do proprietário do navio e do Estado de bandeira, a insuficiência de fiscalização e de

controlo dos navios que arvoram bandeiras de conveniência, são apontados como aspetos preponderantes nos altos índices de acidentes da marinha mercante mundial envolvendo navios de bandeiras de conveniência, dentre os quais se destacam:

- O Exxon Valdez em 1989, no Alasca, derramando aproximadamente 35 mil toneladas de petróleo;

- O navio Bahamas em 1998, bandeira maltesa, despeja no estuário cerca de 12 mil toneladas de ácido sulfúrico no Porto da cidade do Rio Grande, Brasil;

- O Erika em 1999, de bandeira maltesa derramando mais de 20.000 toneladas de petróleo bruto na costa da Bretanha (França);

- O Prestige em 2002, de origem liberiana vazando aproximadamente 20.000 toneladas de petróleo em Espanha.

No aspeto ambiental, a comunidade internacional, em especial a Europa, tenta intensificar o controlo da segurança marítima e a prevenção a poluição marinha, introduzindo significativas mudanças nas legislações internas. Uma iniciativa que ganhou grande destaque é designada como Memorando de Entendimento de Paris em Controlo pelo Estado do Porto (PSC Paris MoU on Port State Control), o qual procura harmonizar as práticas de inspeção das administrações nacionais e prevê um controlo dos navios estrangeiros que entram nos portos. Deste controlo decorre a publicação das "listas negras", dos navios suspeitos de infringirem as normas internacionais de segurança marítima, com a identificação dos armadores e das deficiências constatadas. A inspeção pode levar à detenção ou proibição de circulação nos portos europeus. Perante estas dificuldades que estão a ser criadas pelos Estados, as embarcações com bandeira de conveniência estão gradualmente a ser proibidas de aportar em terminais e portos internacionais, diminuindo assim os riscos ambientais. Consulte a lista de bandeiras de conveniência, classificada pela ITF.

Performance dos Estados de bandeira

Pode-se questionar porque razão é o desempenho do Estado de bandeira relevante para um armador. O proprietário pode optar e desenvolver uma frota de navios de alta qualidade, operado sob uma ou mais bandeiras, com um padrão uniforme, em plena conformidade com as exigências internacionais, assumindo a responsabilidade primária pela segurança dos seus navios. De facto, excelentes navios podem ser registados com bandeiras menos eficazes, enquanto algumas bandeiras bem administradas podem ter alguns registos de navios com qualidade menos satisfatória.

No entanto, mesmo para uma empresa de transporte como a referida, que aposta na qualidade e na conformidade com as regras exigidas, o desempenho da bandeira escolhida pode interferir diretamente nos resultados da companhia. Os navios que arvoram uma bandeira que, em geral e no conjunto dos navios registados na mesma, tem mostrado níveis médios mais elevados de incumprimento durante inspeções pelo Estado do porto, são geralmente sujeitos a controlo mais rigoroso e a um maior número de inspeções. Para o operador referido isto pode significar atrasos desnecessários, além de maior potencial de penalização por parte de fretadores.

A companhia de navegação, e não menos importante, os seus fretadores, podem também ter preocupações gerais sobre as implicações para a reputação corporativa, de estarem associados a uma bandeira de baixo desempenho mesmo que os navios da companhia estejam em total conformidade.

MAR Registo Internacional de navios da Madeira

O MAR – Registo Internacional de Navios da Madeira é o Segundo Registo de Portugal, simultaneamente o seu registo internacional, criado com o objetivo de não só evitar o processo de "flagging out" dos seus navios para outras bandeiras, como também de atrair novos navios e armadores.

O MAR, como registo de navios português, está entre os registos internacionais de maior qualidade, tendo sido implementadas medidas para assegurar eficazes sistemas de fiscalização de todos os navios registados. Todas as convenções internacionais de que Portugal é signatário, são plenamente aplicáveis e respeitadas pelo MAR. Com a exceção dos navios de pesca, o MAR pode aceitar o registo de todos os navios comerciais, incluindo plataformas petrolíferas e iates comerciais ou privados. O Registo oferece igualmente um regime fiscal extremamente competitivo, aplicável a embarcações e às sociedades de shipping devidamente licenciadas, para operar no âmbito do Centro Internacional de Negócios da Madeira (CINM).

Importa sublinhar que os navios registados no MAR arvoram a bandeira portuguesa. É também fundamental distinguir que o MAR constitui um Segundo Registo e não uma bandeira de conveniência, o que se revela uma enorme vantagem na credibilidade no mercado. Isto significa que o MAR não é alvo de inspeções regulares pelos organismos internacionais, uma vez que é entendido pelas autoridades portuárias dos países para onde vão os navios de bandeira portuguesa, que Portugal (a Madeira) cumpre todos os requisitos legais. Com mais de 450 navios comerciais registados, o Registo Internacional de Navios da Madeira, tem vindo a mostrar-se cada vez mais atrativo para os armadores estrangeiros, contribuindo, simultaneamente, para o retorno de navios de armadores portugueses à bandeira nacional e para dotar o nosso País de uma marinha mercante de expressão considerável, quer em termos do número de navios, quer em termos de tonelagem.

Origem do MAR

A constatação de que os armadores Portugueses continuavam a recorrer às bandeiras de conveniência, para poderem obter as condições mínimas para sobreviver à fortíssima concorrência internacional e a necessidade de alargar o âmbito do Centro Internacional de Negócios da Madeira (CINM) a uma atividade de evidente vocação internacional, que se articula amplamente com os seus outros setores de atividade, são duas das principais razões que determinaram a criação, em 1989, do Registo Internacional de Navios da Madeira, na sequência do decreto-lei 96/89. O enquadramento do referido decreto, apresenta o seguinte texto, que pela sua relevância e atualidade se transcreve:

"A competição internacional no sector da marinha de comércio é extremamente forte, tendo conduzido à baixa acentuada e prolongada dos fretes marítimos, facto este que tem originado no setor margens de rentabilidade muito reduzidas. Dentro deste contexto, todos os fatores de custo assumem uma relevância determinante na viabilização da atividade, pelo que se tem assistido, a nível internacional, ao aumento da importância quer das bandeiras de conveniência, quer dos registos especiais, quer ainda de outras soluções para vencer as dificuldades existentes. Assim, para fazer face à situação da marinha de comércio, diversos Estados europeus criaram já os seus próprios segundos registos, como seja o caso do Reino Unido, da França, da Holanda, da Dinamarca e da Noruega, estando outros países presentemente a estudar soluções semelhantes. Estes segundos registos criados por aqueles países, têm permitido estancar os processos de saída de navios do registo principal para registos de conveniência, assim como atrair alguns novos armadores e navios aos novos registos, oferecendo a estes, condições de custos semelhantes às dos registos mais competitivos.

A marinha de comércio, pelo seu carácter verdadeiro e inteiramente internacional, reveste características muito especiais, dado que o essencial da atividade se desenvolve normalmente em águas internacionais ou de países diferentes dos de registo. É cada vez mais frequente que os navios não tenham mesmo quaisquer contatos com os países de origem, porque a sua inserção em pools de transporte internacional é muitas vezes indispensável para a respetiva rentabilização. Face à situação de crise internacional do sector, dos níveis de competitividade e rentabilidade e das características especiais da atividade, assim como do recurso, já com alguma expressão no caso português, de armadores nacionais a bandeiras de conveniência, também em Portugal se tornou necessário analisar o interesse da constituição de um segundo registo. Tendo em conta, por um lado, a conclusão pela vantagem da criação de um registo daquele tipo, com vista a ajudar a solucionar os problemas da marinha de comércio nacional e, por outro, a existência de uma zona franca na Região Autónoma da Madeira, foi decidido criar pelo presente diploma, o Registo Internacional de Navios da Madeira (MAR).

Pretende-se que este registo figure entre os registos internacionais considerados de qualidade, tanto mais que os navios que o vão utilizar arvorarão a bandeira portuguesa, pelo que se estabelece no presente diploma que todas as convenções internacionais de que o Estado Português seja signatário obrigarão também o Registo Internacional de Navios da Madeira. Ainda com vista a assegurar a qualidade do registo, terão de ser garantidos sistemas eficazes de fiscalização dos navios. Este registo, para além de vir a funcionar como elemento de dinamização da marinha de comércio nacional e fator de estancagem da passagem de navios portugueses para bandeira de conveniência, será também um importante fator de dinamização económica da Região Autónoma da Madeira e do País, quer criando emprego neste setor, em que os Portugueses têm historicamente revelado aptidões especiais, quer permitindo o crescimento de atividades direta e indiretamente relacionadas com o MAR, tanto no campo económico como da educação e da investigação. Face aos condicionalismos acuais, o presente diploma é uma peça indispensável para que Portugal possa cumprir a sua vocação também como país marítimo, reforçando as nossas atividades nesta área e fortalecendo as nossas potencialidades estratégicas em tudo o que respeita ao MAR."

Vantagens Operacionais e Fiscais do MAR

O MAR oferece vantagens operacionais específicas, assim como um regime fiscal atrativo, aplicável quer aos navios registados, quer às sociedades licenciadas no CINM:

1. Navios

- Pleno acesso à cabotagem continental e insular no âmbito da União Europeia, decorrente do estatuto comunitário do MAR;

- Reconhecimento pelas organizações marítimas internacionais relevantes, da qualidade associada ao

MAR, nomeadamente a sua inclusão na Lista Branca do Paris MOU, contribuindo para ações de inspeção menos frequentes e menos rigorosas pelas autoridades portuárias aos navios registados no MAR;

- Regime de segurança social muito competitivo aplicável aos membros da tripulação. De facto, tripulantes e respetivos empregadores, não estão obrigados a efetuar descontos para o regime português de segurança social. No entanto, um sistema de proteção deverá ser assegurado e a tripulação poderá optar pelo regime voluntário português ou qualquer outro tipo de sistema de proteção social;
  – Os salários auferidos pelas tripulações dos navios registados no MAR, estão isentos de qualquer taxa ou contribuição fiscal;
  – Regime de hipotecas competitivo, permitindo que ambas as partes possam escolher o sistema legal de um determinado país, para regular a criação da hipoteca.

2. Sociedades de Shipping

- O regime fiscal do CINM é plenamente aplicável às sociedades de transporte marítimo devidamente licenciadas, quer disponham ou não de navios registados no MAR;

- O MAR permite que os navios registados na Madeira, sejam detidos e geridos por sociedades estrangeiras, não sendo obrigatória a constituição de uma sociedade no CINM para proceder ao registo de um navio. Neste caso, no entanto, será necessário proceder à nomeação de um representante legal na Madeira dotado de poderes legais suficientes.

Requisitos de Tripulações e Certificações do MAR

1. Tripulação de Segurança

Os armadores podem propor a composição mínima da tripulação do seu navio para aprovação pela Comissão Técnica do MAR, em função dos elementos apresentados relativamente às características dos navios a registar, bem como no respeito das convenções internacionais específicas à salvaguarda dos mínimos admissíveis, para garantir a segurança e a preservação da qualidade de vida a bordo e no mar. Os requisitos de nacionalidade das tripulações atuais são flexíveis, determinando que o Comandante e 50% da tripulação de segurança do navio, sejam cidadãos do continente europeu ou de países de língua oficial portuguesa, podendo este requisito ser dispensado em casos devidamente justificados.

2. Certificação da Tripulação

Todos os navios deverão apresentar certificados de manning, que comprovem que os tripulantes a bordo são em número suficiente, se encontram devidamente qualificados e aptos a desenvolver as suas funções a bordo. Os certificados dos tripulantes deverão ser emitidos de acordo com as provisões da Convenção STCW (Standards of Training Certification and Watch Keeping for Seafarers Convention). De acordo com as normas estipuladas na secção I/10 da referida Convenção, o processo de reconhecimento de certificados de tripulantes estrangeiros está dependente da celebração de um protocolo entre as Administrações Marítimas dos Estados envolvidos. Como já referido, a entidade responsável pela implementação das normas da Convenção STCW em Portugal é a DGRM, a quem deve ser submetida a candidatura para o reconhecimento de certificados. Esta entidade reconhece automaticamente os certificados de competência de tripulantes oriundos de Estados Membros da União Europeia, ou emitidos por países com os quais Portugal disponha de um acordo para o efeito.

3. Contratos de Trabalho

Os contratos de trabalho deverão ser assinados pelos tripulantes ou sindicatos e pelo empregador, contendo a identificação das partes, o nome do navio, a natureza e duração da viagem ou recrutamento pretendido, o período que cada tripulante estará a bordo, o título e funções a serem desenvolvidas por cada tripulante, os salários e respetivo pagamento e a data de término do contrato.

Políticas de auxílios aos transportes marítimos

Os navios registados no MAR não poderão beneficiar de quaisquer apoios ou regimes protecionistas, os quais são exclusivamente reservados à restante frota sob bandeira nacional. Adicionalmente, os navios de bandeira portuguesa que tenham recebido incentivos ao investimento, não poderão transferir o seu registo para o MAR, antes de satisfazerem os compromissos assumidos para com o Estado Português.

Contratos de trabalho a bordo de navios

Normalmente, o contrato de trabalho dos marítimos contém uma cláusula onde se explicita qual o país que tem jurisdição sobre o contrato, ou seja, qual o país cujas leis se aplicam em caso de disputa. Adicionalmente e quando existente, deve estar expresso o nome e o país do sindicato responsável pelo Acordo Coletivo de Trabalho (CBA Collective Bargaining Agreement).
Se a lei aplicável ao contrato de trabalho não tiver sido escolhida pelas partes, o contrato é regulado pela lei do país em que o trabalhador presta habitualmente o seu trabalho em execução do contrato ou, na sua falta, a partir do qual o trabalhador presta habitualmente o seu trabalho em execução do contrato. Se não for possível determinar a lei aplicável, o contrato é regulado pela lei do país onde se situa o estabelecimento que contratou o trabalhador. Porém, o contrato de trabalho a bordo de navios tem características muito especiais, sendo considerado um contrato de trabalho especial.

"A legislação comum de trabalho prevê a disciplina da generalidade

dos contratos de trabalho, mas a riqueza e a diversidade das situ-
ações profissionais postulam muitas vezes regimes próprios, com
enquadramento legislativo diversificado, os chamados contratos de
trabalho especiais.. é o caso do contrato de trabalho a bordo."
Bernardo Lobo Xavier

De acordo com um texto da autoria de Luís Lima Pinheiro,

"(..) no caso do contrato de trabalho em navios, aplica-se a lei do
pavilhão do navio, enquanto lugar da prestação do trabalho, e a lei
do país onde se situa o estabelecimento que contratou o trabalhador.
A continuidade, certeza jurídica, não discriminação entre tripulan-
tes e coordenação com os regimes de Direito público em matérias
administrativas, técnicas e sociais, justificam uma preferência de
princípio pela lei do pavilhão do navio. A favor da competência da
lei do país onde se situa o estabelecimento que contratou o traba-
lhador tem sido invocada a existência de pavilhões de conveniência
que não exprimem uma ligação substancial entre o navio e o Estado
do pavilhão. Mas este argumento não toma em conta que as agên-
cias de recrutamento de tripulantes também podem ser localizadas
em países que não apresentam uma ligação significativa com o con-
trato e em que são praticadas condições laborais com baixos níveis
de proteção. Já reúne maior consenso que, em princípio, a lei do país
onde se situa o estabelecimento que contratou o trabalhador deve
ser aplicada se o tripulante prestar o seu trabalho em vários navios
arvorando diferentes pavilhões. A relevância de pavilhões de conve-
niência pode ser limitada, quando se apure que o contrato apresenta
uma conexão mais estreita com um Estado que não é o do pavilhão
do navio. Como fatores relevantes para o estabelecimento de cone-
xão estreita, podem ser referidos a sede do empregador, a residência
habitual e a nacionalidade do tripulante e as circunstâncias da exe-
cução do contrato."

Entretanto, face à complexidade do tema e em defesa dos marítimos e das condições de trabalho a bordo de navios, a Conferência Geral da Organização Internacional do Trabalho adotou, na
sua nonagésima quarta sessão marítima realizada em 7 de fevereiro de 2006, a Convenção do Trabalho Marítimo, 2006 (MLC
Maritime Labour Convention 2006), com o objetivo de criar um

instrumento único e coerente que incorpora, tanto quanto possível, todas as normas atualizadas das Convenções e Recomendações internacionais existentes sobre trabalho marítimo, bem como princípios fundamentais de outras convenções internacionais sobre trabalho. A Convenção do Trabalho Marítimo da OIT, conhecida pelo acrónimo MLC 2006, entrou em vigor a 20 de Agosto de 2013 e constitui uma nova "carta dos direitos", garantindo a proteção dos cerca de 1,5 milhões de trabalhadores marítimos em todo o mundo, bem como condições equitativas para os armadores.

A Convenção do Trabalho Marítimo da Organização Internacional do Trabalho (OIT), foi ratificada, até à data, por 73 países e estabelece requisitos mínimos para os trabalhadores marítimos que trabalham em navios. Contém provisões sobre as condições de emprego, horários de trabalho e de descanso, alojamento, instalações recreativas, alimentação, cuidados de saúde e bem-estar e proteção social. Esta Convenção aplica-se a todos os navios pertencentes a entidades públicas ou privadas, habitualmente afetos a atividades comerciais, com exceção dos navios afetos à pesca ou a atividade análoga, das embarcações de construção tradicional como dhows e juncos e dos navios e unidades auxiliares da marinha de guerra. Para os efeitos da Convenção, navio designa qualquer embarcação que não navegue exclusivamente em águas interiores ou em águas abrigadas ou nas suas imediações ou em zonas onde se aplique uma regulamentação portuária. A convenção tem o apoio total da Federação Internacional dos Trabalhadores de Transportes (ITF International Transport Worker's Federation), que representa os trabalhadores marítimos, e da Câmara Internacional do Transporte Marítimo (ICS International Chamber of Shipping). A convenção é também apoiada pela Organização Marítima Internacional (IMO).

Controlo pelo Estado de porto (PSC Port State Control)

A responsabilidade pelo controlo da conformidade dos navios, com as normas internacionais de segurança, de prevenção da poluição e de condições de vida e de trabalho a bordo dos navios incumbe, em primeiro lugar, ao Estado de bandeira. Apoiando-se na medida do necessário em organizações reconhecidas, o Estado de bandeira garante plenamente a eficácia das inspeções e vistorias efetuadas, no âmbito da emissão dos certificados pertinentes. A responsabilidade pela manutenção do estado do navio e do seu equipamento, depois de realizadas as vistorias para cumprimento dos requisitos das convenções aplicáveis ao navio, compete à companhia do navio. Todavia, verifica-se que um certo número de Estados de bandeira descuram gravemente a aplicação e o cumprimento das normas internacionais e, por várias razões, não conseguem cumprir os compromissos contidos nos instrumentos jurídicos, reconhecidos internacionalmente. Consequentemente, alguns navios navegam pelos mares do mundo em condições de insegurança, ameaçando as vidas de tripulações e passageiros, assim como o ambiente marinho.

Por conseguinte, como segunda linha de defesa contra os navios que não obedecem às normas internacionais, surgiu a necessidade de existir um outro nível de controlo da conformidade com as normas internacionais de segurança, de prevenção da poluição e de condições de vida e de trabalho a bordo dos navios, o qual é assegurado, tal como previsto nos instrumentos internacionais, pelo Estado do porto. Importa clarificar que as inspeções realizadas pelo Estado de porto não substituem, em nenhum momento, as responsabilidades que cabem ao Estado de bandeira.

Assim, para além do trabalho realizado pelos Estados de bandeira (pavilhão) e sociedades de classificação, para garantir que os navios são adequadamente construídos e mantidos, os Estados do porto têm o dever de inspecionar os navios estrangeiros que os visitam (controlo pelo Estado do porto). Quando o sistema de controlo do Estado do porto deteta deficiências graves num navio estrangeiro que nele tenha feito escala, os Estados do porto têm competência para deter os navios até que as reparações necessárias sejam realizadas e as deficiências corrigidas. Se um navio for repetidamente detido durante um determinado período, pode ser-lhe recusado o acesso a todos os portos comunitários, até o armador ter demonstrado que o navio está em boas condições (a denominada disposição de banimento).

O controlo pelo Estado do porto (PSC Port State Control) entra em ação quando os armadores, organizações reconhecidas e administrações do Estado de bandeira não cumprem com os requisitos das convenções marítimas internacionais. Embora seja bem entendido que os proprietários, operadores e os Estados de bandeira têm a responsabilidade final pelo cumprimento das convenções, os Estados portuários têm o direito de controlar os navios estrangeiros que visitam os seus próprios portos, para garantir que todas as anomalias encontradas são corrigidas antes de os navios serem autorizados a navegar.

O controlo pelo Estado do porto é considerado como uma medida complementar ao controlo pelo Estado de bandeira. Com vista a aumentar a segurança de navios que escalem portos comunitários e a diminuir as consequências de acidentes por eles provocados, foi adotada pelo Parlamento Europeu e pelo Conselho a diretiva 2009/16/CE, relativa à inspeção de navios pelo Estado do porto, que corresponde a uma reformulação da diretiva 95/21/CE. Esta diretiva introduz uma reforma profunda no sistema de inspeções vigente, substituindo o limite mínimo quantitativo de 25 % de navios inspecionados anualmente, por Estado-membro, por um objetivo coletivo: a inspeção de todos os navios que escalem os portos da União Europeia. Aumenta-se, assim, a frequência das inspeções aos navios com perfil de risco elevado, os quais passam a ser inspecionados de seis em seis meses, e diminui-se o número de inspeções aos navios de qualidade e que não apresentem um perfil de alto risco. Os navios são assim submetidos a inspeções periódicas, a efetuar pela DGRM (em Portugal), a intervalos pré-estabelecidos em função do respetivo perfil de risco, sendo que o intervalo entre as inspeções periódicas aumenta à medida que o risco diminui, não podendo este intervalo exceder os seis meses no caso de navios com um perfil de alto risco. O decreto-lei 61/2012 transpõe para a ordem jurídica interna, a referida diretiva 2009/16/CE. O decreto-lei 27/2015, de 6 de fevereiro, procede à 1ª alteração ao decreto-lei 61/2012, transpondo para a ordem jurídica interna a diretiva 2013/38/UE, do Parlamento Europeu e do Conselho, que altera a diretiva 2009/16/CE, relativa à inspeção pelo Estado do porto (cumprimento das disposições obrigatórias da MLC 2006).

Paris MoU on Port State Control (1982)

O Memorando de Entendimento de Paris em Controlo pelo Estado do Porto – Paris MoU (Paris Memorandum of Understanding on Port State Control) foi assinado em 1982 e constitui um sistema de procedimentos harmonizados, de inspeção de navios pelo Estado do porto, promovendo a redução drástica da presença e eventual eliminação, nas águas sob jurisdição nacional dos países aderentes, de navios que não obedeçam às normas aplicáveis no domínio da segurança marítima, da proteção do transporte marítimo, da proteção do meio marinho e das condições de vida e de trabalho a bordo (designados navios sub-standard). A organização do Paris MoU é composta pelas administrações marítimas de 27 países e abrange as águas dos Estados costeiros europeus e a bacia do Atlântico Norte, da América do Norte até à Europa. Anualmente são realizadas mais de 18.000 inspeções a bordo de navios estrangeiros, em portos do MOU de Paris, assegurando que esses navios cumprem as normas internacionais em termos de segurança e padrões ambientais, e que os membros da tripulação beneficiam de adequadas condições de vida e trabalho. Países do Paris MoU: Alemanha, Bélgica, Bulgária, Canadá, Chipre, Croácia, Dinamarca, Eslovénia, Espanha, Estónia, Federação Russa, Finlândia, França, Grécia, Holanda, Irlanda, Islândia, Itália, Letónia, Lituânia, Malta, Noruega, Polónia, Portugal, Reino Unido, Roménia, Suécia.

Paris MoU – Listas Negra, Cinzenta e Branca

O Paris MoU publicou recentemente o documento Flag Performance List 2015, onde se encontra a publicação das listas negra, cinzenta e branca de classificação de Estados de bandeira. Adicionalmente, publicou o documento Recognized Organization Performance Table 2015 relativo à classificação das sociedades de classificação de navios. Tendo analisado os resultados das inspeções realizadas em 2015, a Comissão do Memorando de Paris aprovou as listas de bandeiras e organizações reconhecidas, representando os níveis de qualidade das mesmas e destacando as que apresentam riscos elevados. Estas listas são baseados na análise do número total de inspeções e detenções sofridas pelos navios mercantes, de acordo com os procedimentos do Port State Control. De um total de 72 bandeiras, 43 estão na Lista Branca, 19 na lista cinzenta e 11 são classificadas na Lista Negra, sendo a Tanzânia a pior classificada seguida pela Moldávia, Togo, Comoros, Cook Islands, República Dominicana, entre outras. A importância dessas listas é de tal forma relevante que os navios pertencentes às listas cinzenta e negra podem ser banidos de entrar na União Europeia.

Adicionalmente, a lista de organizações reconhecidas (sociedades de classificação) como as mais proeminentes são: DNV GL, Det Norske Veritas, ABS American Bureau of Shipping e a LR Lloyds Register (UK). A lista de organizações reconhecidas como as que apresentam os piores níveis de qualidade e garantia são: International Register of Shipping (Panamá), Universal Shipping Bureau (Panamá) e a Bulgarian Register of Shipping (Bulgária).

Vale a pena visitar o site do Paris MoU, conhecer os indicadores de performance (KPI Key Performance Indicators) e pesquisar informação recente sobre navios detidos, banidos e deficiências detetadas nas inspeções realizadas nos portos dos membros aderentes. Visita obrigatória!

Com os mesmos objetivos e missão foram concluídos vários Memorandos de Entendimento em outras regiões:

Acuerdo de Viña del Mar on Port State Control (1992)
Memorando de Entendimento em Controlo pelo Estado do Porto na região da América Latina, que inclui as autoridades

marítimas de 15 países: Argentina, Bolívia, Brasil, Colômbia, Chile, Cuba, Equador, Guatemala, Honduras, México, Panamá, Perú, República Dominicana, Uruguai, Venezuela.

Tokyo MoU on Port State Control (1993)
Memorando de Entendimento em Controlo pelo Estado do Porto na região Ásia e Pacífico, que inclui as autoridades marítimas de 19 países: Austrália, Canadá, Chile, China, Fiji, Federação Russa, Filipinas, Hong Kong (China), Indonésia, Japão, Malásia, Nova Zelândia, Papua Nova Guiné, República da Coreia, Singapura, Solomon Islands, Tailândia, Vanuatu, Vietname.

Caribbean MoU on Port State Control (1996)
Memorando de Entendimento em Controlo pelo Estado do Porto na região do Mar das Caraíbas, que inclui as autoridades marítimas de 14 países: Antigua & Barbuda, Aruba, Bahamas, Barbados, Belize, Cayman Islands, Cuba, Curaçao, Grenada, Guyana, Jamaica, Holanda (BES Islands), St. Kitts and Nevis, Suriname, Trindade e Tobago.

Mediterranean MoU on Port State Control (1997)
Memorando de Entendimento em Controlo pelo Estado do Porto na região do Mar Mediterrâneo, que inclui as autoridades marítimas de 10 países: Argélia, Chipre, Egito, Israel, Jordânia, Líbano, Malta, Marrocos, Tunísia, Turquia.

Indian Ocean MoU on Port State Control (1999)
Memorando de Entendimento em Controlo pelo Estado do Porto na região do Oceano Índico, que inclui as autoridades marítimas de 17 países: África do Sul, Austrália, Bangladesh, Comores, Eritreia, França (Reunião), Iémen, Índia, Irão, Maldivas, Maurícias, Moçambique, Omã, Quénia, Sri Lanka, Sudão, Tanzânia.

Abuja MOU on Port State Control (1999)
Memorando de Entendimento em Controlo pelo Estado do Porto na região da África Central e Oeste, que inclui as autorida-

des marítimas de 6 países: África do Sul, Angola, Benim, Congo, Costa do Marfim, Gabão, Gâmbia, Gana, Guiné Conacri, Nigéria, Senegal, Serra Leoa, Togo, São Tomé e Príncipe.

Black Sea MoU on Port State Control (2002)
Memorando de Entendimento em Controlo pelo Estado do Porto na região do Mar Negro, que inclui as autoridades marítimas de 6 países: Bulgária, Federação Russa, Geórgia, Roménia, Turquia, Ucrânia.

Riyadh MoU on Port State Control (2004)
Memorando de Entendimento em Controlo pelo Estado do Porto na região do Golfo Pérsico, que inclui as autoridades marítimas de 6 países: Bahrain, Kuwait, Omã, Qatar, Arábia Saudita, Emirados Árabes Unidos (UAE).

Património cultural subaquático

O património cultural subaquático constitui um aspeto importante da história. Como parte integrante do património comum da humanidade, encontra-se sob ameaça crescente. Os rápidos progressos registados nas técnicas de exploração vieram tornar mais acessível o leito marinho e a sua exploração. A comercialização dos objetos encontrados em destroços de naufrágios e em locais submersos, transformaram-se numa atividade mais comum e extremamente lucrativa. Os sítios arqueológicos marítimos são alvo de pilhagens e, em muitos casos, daqui resulta a perda e mesmo a destruição de valiosos materiais científicos e culturais. Um objeto que é retirado do leito do mar após ter estado submerso em água salgada durante muito tempo, corre o risco de se deteriorar rapidamente, se for posto em contato com o ar sem tratamento prévio.

– Durante o período de 1993-95, a legislação portuguesa permitia que fossem vendidos objetos provenientes de escavações arqueológicas. Tirando partido desta legislação, pelo menos seis empresas internacionais de caça ao tesouro estabeleceram-se em

Portugal, para explorar o rico património cultural subaquático existente ao largo das suas costas. A legislação foi finalmente suspensa em 1995 e revogada em 1997, o que veio trazer um novo dinamismo à arqueologia subaquática em Portugal.

– Uma empresa privada descobriu os destroços do navio espanhol Juno, que naufragou em 1802 ao largo da costa da Virgínia, nos Estados Unidos da América. A empresa interpôs uma ação de direito marítimo com vista a obter uma sentença declarativa, que assegurasse que os destroços não ficassem sob a alçada da soberania da Espanha. Todavia, acabou por perder a causa em 2001, quando o Supremo Tribunal dos Estados Unidos determinou que os destroços pertenciam à Espanha, que aliás nunca renunciou ao direito ao seu navio de guerra. No mesmo processo judicial, a Espanha obteve também a custódia do La Galga, outro navio espanhol naufragado, mais antigo, reivindicado por caçadores de tesouros. Esta demanda interposta pela Espanha teve como finalidade defender a sua soberania sobre navios espanhóis naufragados e protegê-los dos caçadores de tesouros.

– O navio Titanic, naufragado em 1912 depois de ter colidido com um icebergue, foi durante muitos anos procurado em vão. Só em 1985 uma expedição o conseguiu localizar. Apesar de um apelo internacional para que o navio naufragado fosse respeitado como sepultura coletiva e local arqueológico, uma segunda expedição realizada em 1987 retirou objetos daquele local e, mais tarde, numa operação privada foram retirados dos destroços mais de 1.800 objetos. Quase todos correm o risco de ser vendidos. Desde então, porém, o Reino Unido, o Canadá, a França e os Estados Unidos têm vindo a cooperar no sentido de possibilitar uma melhor proteção dos restos do navio.

– Em 1986, um mergulhador profissional de nacionalidade britânica descobriu os restos do Geldermalsen, um navio holandês que se afundou em 1751, com um carregamento de chá, seda, ouro e porcelana. Sem se preocupar com o valor arqueológico do navio, a equipa recuperou 126 barras de ouro e 160.000 peças de porcelana – o maior carregamento de porcelana exportada da China alguma vez encontrado. A carga do Geldermalsen foi saqueada pelo valor comercial do seu conteúdo, sem atender ao seu contexto histórico. Os vestígios foram destruídos. Sob a designação de "A carga de Nanquim", a porcelana foi leiloada em Amesterdão.

Em muitos casos, o património cultural subaquático reveste-se de grande importância histórica e cultural. Porém, até 2001, nem as legislações nacionais nem o direito internacional lidavam de modo adequado com o mesmo. Relativamente a legislações nacionais, atualmente ainda há países onde o património cultural subaquático não é objeto de qualquer espécie de proteção, ao passo que em outros países a legislação prevê um nível de proteção básico, ou por vezes muito elevado. A diversidade das legislações nacionais em termos de conteúdo e âmbito de aplicação, gera vazios legais que permitem que, em muitos países, os caçadores de tesouros operem numa perspetiva meramente comercial, sem qualquer consideração pelos interesses da sociedade e do conhecimento científico. Relativamente a legislação internacional, a Convenção das Nações Unidas sobre o Direito do Mar inclui duas disposições (artigos 149 e 303), que se referem especificamente a objetos históricos e arqueológicos e impõem aos Estados Partes a obrigatoriedade de proteger esses objetos, diferenciando-os assim dos bens comuns. Por exemplo, o artigo 149 da UNCLOS afirma:

"Todos os objetos de carácter arqueológico e histórico achados na Área, serão conservados ou deles se disporá em benefício da humanidade em geral, tendo particularmente em conta os direitos preferenciais do Estado ou país de origem, do Estado de origem cultural ou do Estado de origem histórica e arqueológica."

Porém, no seu conjunto, os artigos mencionados não se articulam e não garantem especificamente um nível de proteção adequado do património cultural subaquático. Assim sendo, verificava-se uma necessidade urgente de adotar um instrumento legal internacional que preservasse o património cultural subaquático, no interesse de toda a humanidade. A UNCLOS permite uma regulamentação mais específica do património cultural subaquático, através de outros mecanismos. A Convenção da UNESCO sobre a Proteção do Património Cultural Subaquático, de 2001, elaborada quase vinte anos depois, veio preencher essa lacuna na proteção legal do património cultural. Esta Convenção constitui um Tratado internacional, que representa a resposta da comunidade ao aumento de pilhagens e à destruição do património cultural subaquático, estabelecendo critérios comuns para a sua proteção. A Convenção de 2001 tem por objetivo garantir a sua preservação, através de um regime de proteção específico e de mecanismos de cooperação entre os Estados Partes.

O que é o património cultural subaquático?
A Convenção sobre a Proteção do Património Cultural Subaquático, de 2001, estipula:

"Património cultural subaquático significa todos os vestígios da existência do homem de caráter cultural, histórico ou arqueológico total ou parcialmente, periódica ou continuamente submersos há mais de 100 anos, tais como: os sítios, estruturas e construções, objetos e restos humanos, bem como o seu contexto arqueológico e natural; os navios, aeronaves e outros veículos ou Partes deles, a respetiva carga ou outro conteúdo arqueológico e natural; e os artefactos de caráter pré-históricos".

Esta definição de património cultural subaquático compreende os destroços de antigos naufrágios como o do Mary Rose em Portsmouth no Reino Unido, os vestígios da Armada de Filipe II da Espanha e os navios de Cristóvão Colombo, mas também os sítios submersos e as construções como, por exemplo, o farol de Alexandria, as grutas submarinas ou as aldeias do período neolítico próximas aos lagos.

A proteção jurídica dos sítios arqueológicos submersos é ainda hoje insuficiente, especialmente quando o património cultural subaquático se encontra em águas internacionais. De acordo com a UNCLOS e outros tratados, apenas uma parte limitada dos oceanos mundiais, adjacentes aos territórios nacionais – o Mar Territorial – se encontram sob jurisdição exclusiva de um só Estado. Na maior parte das zonas marítimas, a autoridade estatal é muito limitada. No Alto-Mar, apenas o Estado a que um navio e os seus nacionais pertencem exerce jurisdição sobre estes. Assim, um Estado não pode impedir que navios de outros Estados intervenham em vestígios situados nas águas internacionais, pois estas não estão sob a sua autoridade. Por este motivo, os caçadores de tesouros afirmam frequentemente que um naufrágio foi explorado em "águas internacionais" e pode ser difícil provar o contrário. Este foi, por exemplo, o caso do "Black Swan" onde os exploradores declararam que o naufrágio (que foi revelado mais tarde ser o Nuestra Senora de las Mercedes) foi localizado no fundo do mar, fora da jurisdição nacional. Foi difícil a tarefa para o Governo espanhol, de comprovar onde estavam exatamente as 17 toneladas de artefactos que foram recuperadas pela empresa e levadas para o porto de Gibraltar. Só os países de origem dos caçadores de tesouros, podem impedir uma intervenção em destroços de naufrágios situados em águas internacionais e a exploração dos mesmos, independentemente do seu valor cultural. Esta ausência de proteção jurídica do património cultural subaquático, levou os Estados a elaborar um instrumento legal internacional a fim de regulamentar a cooperação e a coordenar a proteção dos sítios arqueológicos subaquáticos em todas as zonas marítimas.

A Convenção de 2001 não regulamenta a propriedade dos vestígios históricos submersos. A propriedade de bens culturais é regulamentada pelo direito civil, as outras leis internas e o direito privado internacional. A Convenção não procura arbitrar ou afirmar a propriedade. Concentra-se apenas no aspeto patrimonial dos restos dos navios e dos vestígios. Estes devem ser preservados para testemunhar os acontecimentos históricos – às vezes trágicos, como o fim de uma viagem ou a perda de vidas humanas. Os sítios subaquáticos devem ser preservados pelo seu valor cultural e não por o seu valor comercial.

A cooperação entre os Estados é o único meio para assegurar uma proteção completa do património cultural subaquático. Se um Estado não dispõe de nenhuma jurisdição sobre um lugar, por exemplo um sítio arqueológico, não pode impedir as intervenções nem as pilhagens. Geralmente, um Estado dispõe de uma jurisdição exclusiva para o seu mar territorial, uma jurisdição limitada sobre a zona económica exclusiva e a plataforma continental, e de uma jurisdição nacional apenas sobre as suas próprias embarcações e cidadãos em alto-mar. Assim, se um navio pertencente a um Estado, saquear um sítio fora dos limites de um outro Estado, onde a sua jurisdição não é aplicável devido à distância da costa, o Estado costeiro não pode impedir a pilhagem. E ainda, o Estado de origem de um navio pode ignorar as atividades destes navios e das suas embarcações, de uma maneira geral, se a localização de um sítio é muito distante de seu território. Como a extensão jurisdicional dos Estados em alto-mar não era uma opção, a Convenção de 2001 escolheu facilitar a cooperação entre Estados a fim de encontrar uma solução para esta situação.

Aderindo-se à Convenção, os Estados comprometem-se a proibir às suas embarcações e aos seus cidadãos, a pilhagem do património cultural subaquático, onde quer que este se situe, interrogando-os sobre as suas descobertas e as suas atividades e informando os outros Estados que, se o desejarem, podem, em seguida cooperar para a proteção dos sítios arqueológicos. O Estado do pavilhão estabelece legislação para as suas embarcações e os seus cidadãos, e os outros Estados – por meio de um Estado coordenador – ajudam a aplicá-las, conforme acordado entre os Estados e de segundo a Convenção. Este sistema torna mais fácil uma ação conjunta e eficaz contra a caça aos tesouros e a pilhagem, sobre territórios fora da jurisdição nacional de um Estado costeiro, sem aumentar nem reduzir os direitos soberanos dos Estados.

A Pirataria e o Direito do Mar

Este tema, só por si, é hoje de enorme atualidade e impacto nas economias. A sua complexidade em termos de análise de Direito do Mar, merece um estudo detalhado, documentado no capítulo onde se aborda o tema Proteção (security).

10

SEGURANÇA MARÍTIMA (SAFETY)

A segurança no setor marítimo faz todo o sentido, hoje mais do que nunca, assumindo o transporte marítimo um lugar de progressivo destaque na movimentação de mercadorias e de pessoas. A segurança da vida no mar, a proteção do ambiente marinho e mais de 90% do comércio mundial, dependem do profissionalismo e da competência dos marítimos e do rigor e transparência das companhias e operadores.

A cultura de segurança de que hoje muito se fala, depende da contribuição das pessoas e da forma como elas encaram o risco e a segurança operacional. Falamos, no caso do transporte marítimo, dos operadores e das tripulações. O elemento humano terá sempre a primeira palavra, sendo ele que deverá respirar uma atitude e cultura de segurança. Efetivamente, o que mais conta para o resultado final, em matéria de segurança e prevenção da poluição, são as atitudes, o compromisso, a competência e a motivação dos indivíduos e das equipas, em todos os níveis. E claro, com melhoria ativa e contínua, questionando, medindo e avaliando.

> *Porque o que não se mede não se conhece; e o que não se conhece não se gere; e o que não se gere não se melhora.*

A este respeito, Nigel Pryke, director da empresa de navegação britânica Stena Sealink, observa o que, na sua opinião, são as três atitudes possíveis:

– A cultura de evasão, quando os custos de conformidade são considerados demasiado elevados, optando-se pelos aparentes benefícios do não cumprimento da legislação. Este tipo de cultura está em declínio no setor marítimo devido à pressão do aumento de inspeções, tanto pela Administração do Estado de bandeira como pelo Estado do porto (Port State Control);

– A cultura de cumprimento que, na sua opinião, prevalece na maioria do setor. Os armadores esforçam-se para conseguir atingir o cumprimento da legislação em vigor, da forma que lhes resulte mais económica e suficiente para obter as licenças necessárias para operar;

– A cultura de segurança, que se reflete na preocupação genuína em implementar e manter um sistema de gestão de segurança de elevado padrão. De acordo com Nigel Pryke, esta cultura prevaleceu até agora apenas numa pequena percentagem do setor marítimo. Mas está a crescer, devido à rigidez crescente das inspeções PSC e à implementação do Código ISM.

O elemento humano

Em 2010 a indústria de Transporte Marítimo Global perdeu dois navios por dia, tendo o comportamento humano sido a principal razão. Mas o comportamento humano foi também a razão, pela qual a perda não foi maior.

A indústria de Transporte Marítimo é gerida por pessoas, para as pessoas. Pessoas que projetam navios, que os constroem, que os exploram, que são tripulação, que fazem a sua manutenção, que os reparam e resgatam. Pessoas que os comandam, examinam, garantem e investigam quando algo corre menos bem. Mas os seres humanos não são simplesmente um elemento, como o tempo. Os seres humanos estão no centro da navegação marítima, sendo o segredo dos sucessos e as vítimas dos fracassos. É a natureza humana que impulsiona o que acontece todos os dias no trabalho, desde as tarefas de rotina de classificação do navio, até ao direito marítimo e às decisões de políticas marítimas da IMO. Os factos:

- Em 1997, um Clube P&I informou que o erro humano dominou as causas subjacentes das principais reclamações, tendo sido responsável por 58% das mesmas, um número que não mudou em dez anos. No mesmo período a outra causa principal – falha do navio – diminuiu 67%;

- De 2000 a 2005, por dia e em média, 18 navios colidiram, encalharam, afundaram, incendiaram ou explodiram. Incrivelmente, dois navios afundaram todos os dias;

- No período de 15 anos até 2008, a International Union of Marine Insurance (IUMI), relatou que a média do número de incidentes envolvendo a perda grave ou total de navios, com arqueação bruta superior a 500, tinha vindo a aumentar – 60% dos mesmos tiveram origem em erro humano;

- Em 2008, 135 embarcações de arqueação bruta igual ou superior a 100 foram perdidas – quase três por semana. Destas perdas, 41 foram classificadas como desastres marítimos;

- Em 2008, cerca de 150 pessoas perderam a vida em navios de carga geral, número que pouco mudou nos seis anos anteriores;

- Em 2010, a indústria de transporte marítimo perdeu dois navios por dia, tendo o comportamento humano sido identificado como a principal razão;

- Em 2014, segundo o relatório Safety and Shipping Review 2015, publicado pela Allianz Global Corporate & Specialty, registou-se a perda total de 75 navios de grande dimensão e 2773 incidentes.

Fatores individuais que potenciam os erros

Repouso insuficiente ou altos níveis de stress
Reduzem a atenção e concentração e aumentam os tempos de resposta.

Insuficiente formação e experiência
A formação deficiente e a falta de experiência podem resultar na tentativa de fazer tarefas com conhecimento insuficiente (pouco conhecimento é uma coisa perigosa), ou conduzir ao fracasso no combate a uma situação perigosa em desenvolvimento. A falta de investimento em formação e desenvolvimento de experiência

estruturada, também contribuem para uma deficiente cultura de segurança, enviando fortes sinais para a força de trabalho de que a mesma não é valorizada.

Comunicação inadequada
A comunicação bem sucedida não é simplesmente uma questão de transmitir mensagens de forma clara. Implica empatia por parte do mensageiro, para garantir a disponibilidade do ouvinte para ouvir, e escuta ativa por parte do ouvinte. Grande parte da comunicação depende da capacidade de ambas as partes fazerem sentido, na situação que partilham.

Fatores organizacionais que potenciam os erros

Tempo insuficiente
Se não houver tempo suficiente para fazer tudo, o ser humano procura maneiras de ser mais eficiente, em detrimento do rigor. Também se torna propenso a assumir elevados níveis de carga de trabalho, o que aumenta os níveis de stress e acelera a fadiga.

Conceção inadequada
A má conceção de equipamentos, controlos e interfaces ou processos, aumenta a carga de trabalho, tempos de resposta, fadiga e níveis de stress. Também pode promover a invenção e a utilização de perigosos atalhos.

Equipa insuficiente
Se o número de pessoas disponíveis para realizar uma tarefa é inferior ao necessário, a carga de trabalho, fadiga, níveis de stress e doença aumentam, são tomadas decisões de recurso e a cultura de segurança é comprometida pela desmotivação, baixa moral e absentismo. A eficiência da gestão (na forma de cortes de pessoal), muitas vezes resulta em eficiências que provocam insegurança no trabalho, uma diminuição no rigor e um aumento no número de erros – tudo agravado devido ao menor número de pessoas, que têm menos tempo para evitar que os erros se transformem em algo pior.

Cultura de segurança inadequada

A fonte mais influente de uma boa cultura de segurança, é a seriedade com que a alta administração encara a mesma, através da formação, do investimento pessoal e da implementação de processos de trabalho, que incorporam o tempo que as práticas de segurança exigem. Os erros da força de trabalho aumentam, não apenas por causa da ausência desse investimento, mas também devido ao significado que as pessoas atribuem à ausência de investimento por parte da sua administração.

Não é só erro humano

Tem havido uma grande quantidade de pesquisa sobre o erro humano e acidentes catastróficos, em vários sectores de segurança crítica além do marítimo (por exemplo, nuclear, aéreo, rodoviário, ferroviário, defesa). Uma conclusão universal, é que são as combinações de várias circunstâncias adversas que criam resultados desastrosos. O problema, mais do que erro humano, reside nas condições existentes e na história da organização em que o mesmo ocorre.

Os Ciclos Viciosos

Muitas decisões apresentam vantagens e desvantagens, criando algumas relações que constituem ciclos viciosos. Por exemplo:

Formação

O investimento na formação pode diminuir a assunção de riscos, a carga de trabalho, a fadiga e o stress, com impato positivo na redução do número de incidentes. Mas, sem um esquema eficaz de verificação de competências, pode também incentivar a promoção mais rápida de oficiais, resultando na diminuição das competências da tripulação devido a experiência insuficiente.

Automação

O investimento em automação pode conduzir a operações mais eficientes. Mas, sem um aumento no investimento em formação, pode também aumentar o risco e levar a níveis de lotação menos seguros, através da aparente necessidade de menos tripulação.

Regulamentação

O aumento de regras, regulamentos, normas e códigos decorrentes da resposta a incidentes, enfatizam o papel das autoridades reguladoras e aumentam a pressão sobre os armadores, para melhorar a qualidade mensurável das suas operações. Mas, por sua vez, pode aumentar a necessidade de conformidade, os custos da empresa, a aceitação de riscos (através da busca de eficiência de compensação), a carga de trabalho, a fadiga e o stress.

Condições de trabalho

O investimento em melhores condições de trabalho, condições sociais e de vida, pode ser alcançado através da conceção de melhores navios e níveis de lotação mais seguros. Também poderia ajudar a atrair candidatos de elevado potencial, aumentando a qualidade dos marítimos e diminuindo a exposição das empresas a problemas de tomadas de risco, a carga de trabalho, fadiga e stress e, assim, evitando incidentes dispendiosos. No entanto, a pressão financeira sobre as empresas, para se tornarem mais limpas e mais eficientes pode, mais uma vez, piorar a vida dos marítimos e as condições de trabalho, aumentando a tomada de riscos, a carga de trabalho, a fadiga e o stress da tripulação.

The Human Element, publicado pelos psicólogos organizacionais Dik Gregory e Paul Shanahan, realiza uma abordagem profunda aos fatores críticos relacionados com o ser humano, incluindo o senso comum, perceção de risco, tomada de decisões, ocorrência de erros, fadiga e stress, aprendizagem e desenvolvimento, trabalho em equipa e comunicação. Vale muito a pena ler!

Prevenção de acidentes a bordo de navios no mar e nos portos

Os acidentes ocorrem pela ausência de conhecimento ou por treino inadequado, pelo conhecimento insuficiente do navio e das suas operações e por imprudências e exposição a riscos desnecessários, frequentemente em operações simples. A Organização Internacional do Trabalho (OIT) publicou o Código de Práticas de Segurança para Prevenção de Acidentes a Bordo de Navios no Mar e nos Portos. As suas recomendações práticas foram criadas para utilização pelos profissionais responsáveis pela saúde e segurança dos trabalhadores a bordo de navios, com o objetivo de prevenir acidentes, doenças e outros acontecimentos de risco à saúde dos marítimos, provenientes do trabalho a bordo de navios no mar e nos portos. Conteúdo resumido:

- Obrigações e responsabilidades gerais;
- Notificação de acidentes;
- Sistemas de autorização de trabalho;
- Segurança e saúde a bordo;
- Emergências e equipamentos de emergência a bordo;
- Transporte de cargas perigosas;
- Acesso seguro ao navio;
- Movimentação segura no navio;
- Acesso e trabalho em espaços confinados;
- Levantamento e transporte manual de cargas;
- Ferramentas e materiais de trabalho;
- Soldadura, corte com maçarico e outros trabalhos a quente;
- Trabalhos de pintura;
- Trabalho nas superestruturas e no casco do navio;
- Trabalho com eletricidade e equipamentos elétricos;
- Trabalho com substâncias perigosas, irritantes e exposição a radiações;
- Manutenção dos cabos de aço e cabos de fibra;
- Fundeio, atracação e amarração;
- Operações com cargas no convés ou no porão;
- Trabalho na casa das máquinas;
- Trabalho em cozinhas, despensas e áreas de manipulação de alimentos;
- Segurança nos alojamentos;
- Segurança em tipos específicos de embarcações.

Os 4 Pilares da Segurança Marítima e Prevenção da Poluição

Dos vários instrumentos que regulam as questões relacionadas com a segurança marítima e a prevenção da poluição, quatro são reconhecidos como pilares da indústria. Implementados em diferentes épocas e em contínuo desenvolvimento, adaptando-se à dinâmica e inovação dos mercados globais, a origem destes instrumentos está claramente associada a factos históricos e à perceção do impacto dos acidentes na indústria do transporte marítimo, nas comunidades, no ambiente e nos mercados. Estes quatro pilares afirmam-se na forma das seguintes Convenções:

- Convenção Internacional para Salvaguarda da Vida Humana no Mar (SOLAS);

- Convenção Internacional sobre as Normas de Formação, Certificação e Serviço de Quartos para os Marítimos (STCW);

- Convenção Internacional para a Prevenção da Poluição Causada por Navios (MARPOL);

- Convenção do Trabalho Marítimo (MLC Maritime Labour Convention 2006)

1. Convenção Internacional para Salvaguarda da Vida Humana no Mar (SOLAS International Convention for the Safety of Life at Sea 1914-1974)

A Convenção SOLAS, nas suas formas sucessivas, é geralmente considerada como o mais importante de todos os tratados internacionais sobre a segurança dos navios mercantes. O naufrágio do Titanic em 14 de Abril de 1912, depois de colidir com um iceberg, foi o catalisador para a adoção em 1914 da primeira Convenção Internacional para a Salvaguarda da Vida Humana no Mar (SOLAS). Mais de 1.500 passageiros e tripulantes morreram e o desastre levantou muitas perguntas sobre as normas de segurança em vigor, pelo que o Governo do Reino Unido propôs a realização de uma conferência para elaborar regulamentos internacionais. A Conferência, que contou com a presença de representantes de 13 países, introduziu novos requisitos internacionais relacionados com a segurança da navegação de todos os navios mercantes.

A primeira versão foi aprovada em 1914, a segunda em 1929, a terceira em 1948 e a quarta em 1960. A versão de 1974 inclui o procedimento de aceitação tácita, que prevê que uma alteração entra em vigor na data especificada, a menos que antes dessa data as objeções à emenda sejam recebidas por um número acordado de Partes. Como resultado a Convenção de 1974 foi atualizada e alterada em várias ocasiões. A Convenção hoje em vigor é por vezes referida como SOLAS de 1974, conforme alterada.

A Convenção SOLAS, salvo disposição expressa em contrário, aplica-se apenas a navios que efetuem viagens internacionais, incluindo navios de passageiros. Por definição navio de passageiros é um navio que transporta mais de doze passageiros, sendo considerado passageiro toda a pessoa que não seja o comandante e os membros da tripulação ou outras pessoas empregadas ou contratadas em qualquer função a bordo de um navio, em serviços que a esse digam respeito. As crianças com menos de um ano de idade não são consideradas passageiros. A Convenção SOLAS, salvo disposição expressa em contrário, não se aplica a:

- Navios de guerra e de transporte de tropas;
- Navios de carga de arqueação bruta menor que 500;
- Navios sem meios de propulsão mecânica;
- Navios de madeira de construção primitiva;
- Embarcações de recreio não empenhados em tráfego comercial;
- Embarcações de pesca.

O objetivo principal da Convenção SOLAS consiste em especificar padrões mínimos para a construção, equipamento e operação de navios, compatíveis com a sua segurança. Os Estados são responsáveis por garantir que os navios sob a sua bandeira cumprem as suas exigências. A atual Convenção SOLAS inclui os artigos que estabelecem obrigações gerais, procedimento de alteração e assim por diante, seguidos por um anexo dividido em 12 capítulos. Alguns destes incorporam Códigos específicos:

- Capítulo I – Disposições gerais
- Capítulo II-1 – Estrutura, compartimentação, estabilidade, máquinas e instalações elétricas
- Capítulo II-2 – Proteção contra incêndio, deteção e extinção de incêndios (FSS Code)
- Capítulo III – Equipamentos salva-vidas e outros dispositivos (LSA Code)
- Capítulo IV – Radiocomunicações
- Capítulo V – Segurança da navegação
- Capítulo VI – Transporte de cargas
- Capítulo VII – Transporte de mercadorias perigosas (IMDG Code)
- Capítulo VIII – Navios nucleares
- Capítulo IX – Gestão para a segurança da exploração dos navios (ISM Code)
- Capítulo X – Medidas de segurança para embarcações de alta velocidade (HSC Code)
- Capítulo XI-1 – Medidas especiais para reforçar a segurança marítima
- Capítulo XI-2 – Medidas especiais para reforçar a segurança marítima (ISPS Code)
- Capítulo XII – Medidas adicionais de segurança para navios graneleiros
- Capítulo XIII – Verificação de conformidade (sistema de auditoria de Estados membros)
- Capítulo XIV – Medidas de segurança para navios que operam em águas polares (Polar Code)

Código Internacional para Sistemas de Segurança contra Incêndios (FSS International Code for Fire Safety Systems)
O fogo constitui um dos maiores perigos e uma das emergências mais comum a bordo dos navios, que pode levar a resultados

desastrosos incluindo a perda de propriedade e de vidas. Como os recursos disponíveis a bordo para combater o fogo são limitados, as medidas preventivas são mais eficazes do que as medidas de combate a incêndio. Por esta razão foi instituído o Código Internacional para Sistemas de Segurança contra Incêndios (FSS Code), que dispõe sobre os padrões internacionais de especificações de engenharia para sistemas de segurança contra incêndios, requeridos pelo Capítulo II-2 da Convenção SOLAS, tendo sido adotado em 2000. Inclui os seguintes capítulos:

- Capítulo 1 – Generalidades
- Capítulo 2 – Conexões internacionais para terra
- Capítulo 3 – Proteção do pessoal
- Capítulo 4 – Extintores de incêndio
- Capítulo 5 – Sistemas fixos de extinção de incêndio que utilizam gás
- Capítulo 6 – Sistemas fixos de extinção de incêndio que utilizam espuma
- Capítulo 7 – Sistemas fixos de extinção de incêndio que utilizam pulverização de água e neblina de água
- Capítulo 8 – Sistemas automáticos de pulverização, de deteção e de alarme de incêndio
- Capítulo 9 – Sistemas fixos de deteção e alarme de incêndio
- Capítulo 10 – Sistemas de deteção de fumo por retirada de amostras
- Capitulo 11 – Sistemas de iluminação localizados a baixa altura
- Capítulo 12 – Bombas de incêndio de emergência fixas
- Capítulo 13 – Disposição dos meios de escape
- Capítulo 14 – Sistemas fixos de espuma do convés
- Capitulo 15 – Sistemas de gás inerte

Código Internacional de Dispositivos Salva-vidas (LSA International Life-Saving Appliance Code)
Paradoxalmente, cada vez mais são relatados casos de inspeção de segurança a bordo de navios, em que as tripulações apenas

sabem o mínimo sobre os equipamentos e sistemas de segurança e sobrevivência, que é suposto saberem utilizar. Este facto alarmante pode ser atribuído ao nível de conhecimento da tripulação, mas resulta também do facto de os mesmos serem cada vez mais generalistas, em vez de especialistas. Efetivamente, à medida que se reduz o número de tripulantes, aumentam as competências e conhecimento exigidos.

Os meios de salvação – ou melhor, a falta deles – são o cerne da Convenção SOLAS e sem dúvida a força motriz que levou ao estabelecimento da IMO (1958). O equipamento salva-vidas constitui uma característica das operações marítimas ao longo da história, mas até à trágica perda de vidas envolvida no naufrágio do Titanic, nunca tinha recebido a devida atenção regulamentar. Mesmo na segunda década do século XXI, muitos afirmam que a IMO dedicou menos atenção para a questão do que deveria, tendo escolhido a concentração dos seus recursos em questões relacionadas com a proteção e o ambiente.

Um século após o naufrágio mais famoso da história, a questão das embarcações salva-vidas veio mais uma vez à tona, quando o Costa Concordia naufragou na costa italiana. Mas salvar a vida é muito mais do que apenas os navios de passageiros e os acidentes de grande visibilidade. Para centenas de milhares de trabalhadores marítimos, o equipamento de salvaguarda a bordo dos navios representa literalmente a diferença entre a vida e a morte numa situação de emergência. Infelizmente, a questão da segurança está muitas vezes no fundo da lista de prioridades de muitos marítimos e navegantes. Em alguns casos trata-se de apatia pessoal mas em outros, é nada menos do que negligência criminosa e abandono do dever.

Entretanto, quem procurar através do texto do capítulo III da SOLAS, vai encontrar muitas referências a aparelhos e equipamentos salva-vidas, mas não uma explicação totalmente abrangente quanto às normas, regulamentos e recomendações que regem a sua presença a bordo de navios sujeitos à Convenção SOLAS. Porquê? Porque o assunto de equipamentos salva-vidas é considerado suficientemente importante, para todos os regulamentos serem reunidos num código próprio, o Código Internacional de Dispositivos Salva-vidas (LSA International Life-Saving Appliance Code). Este código foi adotado em 1996 e entrou em vigor em 1998. Consiste, essencialmente, na definição detalhada dos requisitos obrigatórios do equipamento a que se refere o texto principal SOLAS. Estão também incluídas recomendações para testes de equipamentos e o Código de Práticas para a avaliação e aprovação de equipamentos salva-vidas. Inclui os seguintes capítulos:

- Capítulo I – Generalidades
  1.1 Definições
  1.2 Prescrições gerais relativas aos equipamentos salva-vidas
- Capítulo II – Equipamentos salva-vidas individuais
  2.1 Bóias salva-vidas
  2.2 Coletes salva-vidas
  2.3 Roupas de imersão
  2.4 Roupas anti-exposição
  2.5 Meios de proteção térmica
- Capítulo III – Sinais visuais
  3.1 Foguetes luminosos com paraquedas
  3.2 Fachos manuais
  3.3 Sinais fumígenos flutuantes
- Capítulo IV – Embarcações de sobrevivência
  4.1 Prescrições gerais relativas às balsas salva-vidas
  4.2 Jangadas salva-vidas insufláveis
  4.3 Jangadas salva-vidas rígidas
  4.4 Prescrições gerais relativas às embarcações salva-vidas
  4.5 Embarcações salva-vidas parcialmente fechadas
  4.6 Embarcações salva-vidas totalmente fechadas
  4.7 Embarcações salva-vidas de queda livre
  4.8 Embarcações salva-vidas dotadas de sistema

autônomo de suprimento de ar
4.9 Embarcações salva-vidas protegidas contra fogo
* Capítulo V – Embarcações de salvamento
5.1 Embarcações de salvamento
Capítulo VI – Equipamentos de lançamento e de embarque
6.1 Equipamentos de lançamento e de embarque
6.2 Sistemas de evacuação marítima
* Capítulo VII – Outros equipamentos salva-vidas
7.1 Equipamentos lança-retinida
7.2 Sistema de alarme geral e de alto-falantes

Código Internacional de Gestão para a Segurança da Exploração dos Navios e para a Prevenção da Poluição (ISM International Safety Management Code)
Vários acidentes graves que ocorreram durante o final dos anos 80, foram manifestamente causados por erros humanos com contribuição de falhas de gestão. O acidente do navio ferry, MS Herald of Free Enterprise, que naufragou momentos depois de deixar o porto belga de Zeebrugge, na noite de 6 de Março de 1987 matando 193 passageiros e tripulantes, ficou tristemente conhecido como consequência da "doença do desleixo".

> *"Na noite de 6 de Março de 1987, o ferry ro-ro Herald of Free Enterprise, transportando mais de 450 passageiros, cerca de 80 tripulantes, mais de 80 carros, e perto de 50 veículos de carga, deixou o porto belga de Zeebrugge com destino ao porto inglês de Dover. Pouco depois do navio ter passado o quebra-mar do porto, a água inundou o convés de veículos mais baixo e desestabilizou-o, provocando o naufrágio em questão de minutos. Perderam-se 193 vidas. O acidente teve origem no facto da porta de proa ter permanecido aberta, permitindo um grande influxo de água, à medida que o navio aumentava a velocidade, enquanto o fatigado assistente do contramestre, diretamente responsável pelo seu fecho, dormia na sua cabine. O inquérito público posterior, revelou que a negligência do assistente do contramestre era simplesmente o último de uma longa série de ações, que lançaram as bases para um acidente grave. O relatório não parou de identificar as deficiências nos procedimentos*

do comandante do navio e da sua tripulação, assim como a admi-
nistração da companhia. O Herald of Free Enterprise era um ferry
moderno, equipado com tecnologia avançada e tripulada por uma
equipe altamente qualificada. Tinha sido construído sete anos antes
do acidente, num estaleiro alemão de acordo com os regulamentos
internacionais de segurança marítima."

Em Outubro de 1989, na sequência dos acontecimentos, a Organização Internacional Marítima (IMO) aprovou uma resolução, com orientações sobre a gestão para a segurança da exploração dos navios e a prevenção da poluição. Pretendia-se com esta resolução fornecer aos responsáveis pela operação de navios, uma boa estrutura para o desenvolvimento, implementação e avaliação da segurança e gestão da prevenção da poluição. Em 1993, depois de alguma experiência no uso das diretrizes, a IMO adotou o Código Internacional de Gestão para a Segurança da Exploração dos Navios e para a Prevenção da Poluição (Código ISM). Em 1998, o Código ISM tornou-se obrigatório, de acordo com as disposições do Capítulo IX da Convenção Internacional para a Salvaguarda da Vida Humana no Mar 1974 (SOLAS).

O Código ISM aplica-se a todos os navios previstos na Convenção SOLAS, proporcionando um quadro de referência para as companhias de navegação na gestão e exploração das suas frotas e promove uma cultura da segurança e a sensibilização para o ambiente no sector dos transportes marítimos. Definindo a responsabilidade das companhias pela segurança e assegurando uma mais fácil responsabilização dos seus dirigentes, o Código procura garantir que é dada prioridade máxima à segurança.

O Código ISM estabelece assim um padrão internacional para a gestão segura e a operação de navios e para a implementação de um Sistema de Gestão de Segurança (SMS Safety Management System). A aplicação efetiva do Código ISM pretende promover o desenvolvimento de uma cultura de segurança, responsabilizando cada indivíduo, partindo do topo para as bases, pelas ações tomadas para melhorar a segurança e o desempenho, promovendo mecanismos de transparência, sendo comumente conhecido como "The Transparency System".

> *"Em geral, o Código ISM introduz transparência na operação de transporte marítimo, disponibilizando informação sobre a atividade operacional diária, das companhias e dos navios, uma área que antes se mantinha privilégio exclusivo do armador. Existe agora a obrigação de mudar, proporcionar o acesso à informação, a todas as partes interessadas."* G. P. Pamborides

Como referido previamente, os Estados de bandeira têm o dever de implementar os requisitos do Código ISM, sobre a auditoria de sistemas de gestão da segurança (SMS), tanto em navios que arvoram o seu pavilhão, como nas empresas com base em terra, responsáveis pela sua operação segura. Os Estados de bandeira devem também estabelecer procedimentos para a emissão e cancelamento de documentos relacionados com o Código ISM, nomeadamente Certificados de Gestão da Segurança (SMC Safety Management Certificate) e documentos de conformidade das companhias (DOC Document of Compliance), documentos que atestam a conformidade de uma companhia com o Código ISM, tanto em terra como no navio. A continuidade regular do controlo é assegurada através das inspeções realizadas pelos Estados de porto.

O Código está baseado em princípios gerais e objetivos, expressos em termos amplos, podendo assim ter uma aplicação bastante geral. Pretende-se que o Código ISM seja flexível e adaptável a diferentes níveis de conhecimentos e de gestão, tanto em terra como no mar. Efetivamente, o que mais conta para o resultado final em matéria de segurança e prevenção da poluição, são as atitudes, o compromisso, a competência e a motivação dos indivíduos e das equipas, em todos os níveis.

Sistema de Gestão da Segurança SMS (SMS Safety Management System)
Conforme descrito anteriormente, a IMO através do Código ISM, obriga à implementação de um Sistema de Gestão da Segu-

rança (SMS Safety Management System) na companhia e nos navios que esta gere, como forma de aumentar a segurança dos tripulantes, passageiros, navios e carga, para além da preservação do meio ambiente marinho. Este sistema deve ser elaborado em conformidade com as regras, regulamentos e legislação em vigor, devendo ser tomados em consideração os códigos, guidelines e documentos recomendados pela IMO, sociedades classificadoras, Administrações e organizações ligadas à indústria marítima. Isto obriga as companhias a documentar os seus processos de gestão e operação, para garantir que as condições, atividades e tarefas, em terra e a bordo, afetando a segurança e proteção ambiental, sejam planeadas, organizadas e executadas de acordo com os requisitos estabelecidos. É assim possível às companhias verificarem, através da comparação com o sistema documentado, a sua performance identificando as falhas e as áreas a melhorar. Através da clara definição de tarefas por procedimentos, instruções de trabalho, formulários e checklists, o SMS estabelece salvaguardas contra todos os riscos identificados, melhorando continuamente as capacidades de gestão da segurança do pessoal de terra e de bordo, incluindo a preparação para situações de emergência, relacionadas tanto com a segurança como a proteção ambiental.

Como consequência imediata pela implementação e desenvolvimento deste sistema, e com o estabelecimento de uma cultura de segurança, as companhias devem verificar uma redução de incidentes que afetam as pessoas, o ambiente ou a propriedade (o navio, o seu equipamento ou a carga), beneficiando também em termos de:

- Melhoria da consciencialização do pessoal quanto à segurança e proteção ambiental, bem como das suas capacidades em geri-la;

- Aumento da confiança dos clientes;

- Redução de custos devidos a interrupções da produção, aumentando a eficácia e a produtividade;

- Diminuição dos prémios de seguro;

- Diminuição da exposição a reclamações no caso de acidente ou reclamação.

Uma vez que não existem duas empresas de navegação ou armadores iguais, e que os navios operam num leque de condições muito diferentes, cada SMS deve ser dinâmico, documentado e adaptado ao navio, devendo explicitar claramente os seguintes itens:

- Política de segurança e de proteção ambiental;

- Níveis definidos de responsabilidades e autoridade;

- Instruções de trabalho e procedimentos operacionais, para assegurar a operação segura e a proteção ambiental, em cumprimento com a legislação internacional e do país da bandeira;

- Procedimentos para relatar acidentes e não conformidades, com as provisões deste Código;

- Procedimentos com vista à preparação e resposta a situações de emergência;

- Procedimentos para auditoria interna e revisões de gestão de qualidade.

A companhia deve assegurar que o comandante é devidamente qualificado e que está familiarizado com o SMS, assim como assegurar que o navio é operado por pessoal qualificado, certificado e clinicamente apto. Devem ser criados procedimentos, para fornecer informações claras aos novos tripulantes ou a pessoal transferido de outras funções, relacionadas com a segurança e proteção ambiental. Essas informações deverão estar devidamente identificadas e documentadas. A companhia deverá assegurar que todo o pessoal envolvido no SMS, tanto a bordo como em terra, tem definições precisas e compreensão clara das Regras, Regulamentos, Códigos e Instruções, sobre as suas responsabilidades e autoridade, bem como também das suas funções, através de descrição de funções (job descriptions). A companhia deve estabelecer e manter procedimentos, para identificar e fornecer a formação necessária ao SMS, assegurando que essa formação é ministrada ao pessoal numa linguagem de trabalho ou língua por eles compreendida. A companhia deve assegurar que a tripulação é capaz de comunicar efetivamente, na execução dos seus deveres relacionados com o SMS.

A companhia deve estabelecer procedimentos para identificar, descrever e responder a potenciais emergências a bordo, criando planos de contingência que contemplem as diversas situações, quer em terra quer no mar. Deverão ser estabelecidos programas de treino para preparação de ações de emergência. O SMS deve providenciar medidas que assegurem que a companhia estará apta a responder a qualquer momento, a perigos, acidentes e situações de emergência envolvendo os seus navios. O SMS deve incluir procedimentos que garantam que não conformidades, acidentes e ocorrências perigosas são comunicadas à companhia, investigadas e analisadas, com o objetivo de melhoria da segurança e prevenção da poluição. A companhia deve estabelecer procedimentos para a implementação de ações corretivas. A companhia deve estabelecer procedimentos de manutenção, para assegurar que o navio é mantido em conformidade com os requisitos regulamentares e com os requisitos adicionais por ela implementados. Ao respeitar esses requisitos, a companhia assegura que:

- As inspeções são efetuadas a intervalos regulares e apropriados;

- Qualquer não conformidade é relatada, juntamente com a sua causa, se conhecida;

- São tomadas ações corretivas apropriadas, mantendo-se a integridade do navio e dos seus equipamentos;

- É mantido um registo dessas atividades.

2. Convenção Internacional sobre as Normas de Formação, Certificação e Serviço de Quartos para os Marítimos (STCW International Convention on Standards of Training, Certification and Watchkeeping for Seafarers 1978)

A Convenção STCW foi já apresentada detalhadamente no capítulo 3, no âmbito do tema Certificação. Como referido, o elemento humano é um dos principais fatores a ter em conta na segurança marítima, pelo que estabelecer padrões de formação e de certificação uniformes e transversais a todos os países, constitui claramente uma forma de garantir a qualificação dos marítimos. Importa no entanto sugerir a consulta do decreto-lei 34/2015, que transpõe para a ordem jurídica interna a diretiva 2012/35/UE, do Parlamento Europeu e do Conselho, que altera a diretiva 2008/106/CE, do Parlamento Europeu e do Conselho, relativa ao nível mínimo de formação de marítimos, e procede à regulamentação da aplicação das Emendas de Manila ao anexo à Convenção Internacional sobre Normas de Formação, de Certificação e de Serviço de Quartos para os Marítimos de 1978.

3. Convenção Internacional para a Prevenção da Poluição por Navios (MARPOL International Convention for the Prevention of Pollution from Ships 1973)

A Convenção Internacional para a Prevenção da Poluição por Navios (MARPOL), é a principal convenção internacional que abrange a prevenção da poluição do ambiente marinho por navios, devido a causas operacionais ou acidentais.
A Convenção foi adotada em 2 de novembro de 1973 na IMO. O Protocolo de 1978 foi adotado em resposta a uma série de acidentes com petroleiros ocorridos em 1976/1977. O acidente com o navio Torrey Canyon, em 1967, que provocou o vazamento de

119.000 toneladas de petróleo bruto, atingindo a costa sudoeste da Inglaterra e a costa norte da França, evidenciou a ameaça ao meio ambiente com o aumento do tráfego e porte dos navios. Como a Convenção MARPOL 1973 ainda não tinha entrado em vigor, o Protocolo MARPOL de 1978 absorveu a Convenção. O instrumento combinado, conhecido por MARPOL 73/78, entrou em vigor em 2 de Outubro de 1983 (Anexos I e II obrigatórios). Em 1997, foi adotado um Protocolo de emendas para alterar a Convenção e um novo anexo VI foi adicionado, tendo o mesmo entrado em vigor em Maio de 2005.

Na 62ª sessão do Comité de Proteção do Meio Marinho (MEPC Marine Environment Protection Committee), que se reuniu de 11 a 15 de Julho de 2011, a IMO aprovou alterações à MARPOL para designar o Mar do Caribe nos Estados Unidos como uma nova área de controlo de emissões (ECA); para designar o Mar Báltico como Área especial no que diz respeito à poluição por esgotos sanitários dos navios; e adotar uma versão revista do anexo V relacionado com o controlo do lixo.

A Convenção inclui disposições regulamentares destinadas a prevenir e a minimizar a poluição causada pelos navios – tanto a poluição acidental como a que deriva de operações de rotina – e atualmente inclui seis anexos técnicos. A definição de Áreas especiais, com controlo estrito sobre as descargas operacionais, é incluída na maioria dos anexos. Segundo definição da Convenção, "Substância nociva" significa qualquer substância que se despejada no mar, é capaz de gerar riscos para a saúde humana, danificar os recursos biológicos e a vida marinha, prejudicar as atividades marítimas recreativas ou interferir com outras utilizações legítimas do mar e inclui todas as substâncias sujeitas a controlo pela Convenção.

Anexo I – Regras para a prevenção da poluição por hidrocarbonetos

O Anexo I entrou em vigor em 2 de Outubro de 1983 e aplica-se, a menos que expressamente disposto em contrário, a todos os navios. Abrange a prevenção da poluição por hidrocarbonetos devido a causas operacionais bem como descargas acidentais. Alterações introduzidas em 1992 ao Anexo I, tornaram obrigatório o casco duplo para os novos petroleiros e definiram um cronograma de retirada do ativo dos navios de casco simples, revisto em 2001 e 2003, em consequência dos acidentes registados com o navio Exxon Valdez em 1989 no Alaska, o navio Érika em 1999 na costa francesa e o navio Prestige em 2002.

Anexo II – Regras para o controlo da poluição por substâncias líquidas nocivas transportadas a granel

O Anexo II entrou em vigor também em 2 de outubro de 1983 e, a menos que seja expressamente disposto em contrário, aplica-se a todos os navios certificados para transportar substâncias líquidas nocivas a granel. Especifica os critérios de descarga e as medidas para o controlo da poluição pelas referidas substâncias. Cerca de 250 substâncias foram avaliadas e incluídas na lista anexa à Convenção, sendo a descarga dos seus resíduos permitida apenas para instalações de receção, cumpridas determinadas concentrações e condições, que variam de acordo com a categoria das substâncias. Em qualquer caso, nenhuma descarga de resíduos contendo substâncias nocivas é permitida dentro de 12 milhas da terra mais próxima.

Anexo III – Regras para a prevenção da poluição por substâncias prejudiciais transportadas por via marítima em embalagens, contentores, tanques portáteis, camiões tanques e vagões cisternas

O Anexo III entrou em vigor em 1 de Julho de 1992 e, a menos que expressamente disposto em contrário, aplica-se a todos os navios que transportam substâncias prejudiciais sob a forma de embalagens. Contém os requisitos gerais para a emissão de normas detalhadas relativas à embalagem, marcação, rotulagem, documentação, armazenagem, limitações de quantidade, exceções e notificações. Para efeitos do presente anexo, "substâncias nocivas" são as substâncias identificados como poluentes marinhos no Código Internacional de Mercadorias Perigosas (IMDG International Maritime Dangerous Goods Code) ou que preencham os critérios do Apêndice do Anexo III.

Anexo IV – Regras para a prevenção da poluição por esgotos sanitários (sewage) dos navios

O Anexo IV entrou em vigor 27 de setembro de 2003. Aplica-se a navios que efetuam viagens internacionais, incluindo navios com arqueação bruta igual ou maior que 400 e navios com arqueação bruta menor que 400, que estejam certificados para transportar mais de 15 pessoas. Especifica os requisitos para controlar a poluição do mar por esgoto sanitário. Fundamentalmente, é proibida a descarga de águas residuais para o mar, exceto quando o navio tem em funcionamento uma estação de tratamento de esgoto aprovado ou quando o navio descarregar efluentes desinfetados e pulverizados através de um sistema aprovado, a uma distância de mais de três milhas náuticas da terra mais próxima. O esgoto que não é triturado ou desinfetado, tem obrigatoriamente de ser descarregado a uma distância de mais de 12 milhas náuticas da terra mais próxima.

Anexo V – Regras para a prevenção da poluição por lixo dos navios

O anexo V entrou em vigor 31 de Dezembro de 1988 e aplica-se a todos os navios. Lida com diferentes tipos de lixo e especifica as distâncias de terra e a forma pela qual estes podem ser eliminados. A característica mais importante do anexo consiste na proibição total imposta à eliminação no mar de todas as formas de plásticos. Como referido previamente, este anexo sofreu importantes alterações em Julho de 2011, por força da conhecida MEPC62, que entraram em vigor em Janeiro de 2013.
As principais mudanças incluem a atualização das definições; a inclusão de um novo requisito que especifica que a toda a descarga de lixo no mar é proibida, exceto quando expressa em contrário (as descargas autorizadas em certas circunstâncias incluem

restos de comida, resíduos da carga e água utilizada na lavagem de pavimentos e superfícies externas, que contêm agentes de limpeza ou aditivos que não são prejudiciais para o meio marinho); expansão dos requisitos para cartazes e planos de gestão de lixo para plataformas fixas e flutuantes envolvidas na prospeção e exploração do fundo do mar; e a adição de requisitos de descarga cobrindo carcaças de animais.

Anexo VI – Regras para a prevenção da poluição atmosférica por navios

O Anexo VI entrou em vigor a 19 de Maio de 2005 e aplica-se a todos os navios, exceto quando disposto em contrário. Estabelece os limites para as emissões de óxido de enxofre (SOx) e óxido de azoto (NOx) a partir dos sistemas de evacuação de gases dos navios, proibindo a emissão deliberada de substâncias que destroem o ozono. São estabelecidas áreas de controlo de emissões (ECA Emission Control Areas), onde se estabelecem normas mais rigorosas para as emissões SOx, NOx e de partículas. Um capítulo adotado em 2011, abrange medidas técnicas e operacionais de eficiência energética obrigatórias, destinadas a reduzir as emissões de gases com efeito de estufa pelos navios.

Particularmente relevante para quem pretende trabalhar a bordo de navios, nomeadamente de passageiros, interessa analisar algumas especificações do Anexo V que têm impacto sobre qualquer tripulante ou passageiro. Pela sua forma objetiva, apresenta-se uma tabela que ilustra as diferentes situações e que permite a comparação com a legislação antes e a partir de 1 de Janeiro de 2013, evidenciando a evolução das preocupações ambientais. Importa também sublinhar algumas definições.

"Lixo" significa todas as espécies de resíduos de alimentos domésticos e operacionais, excluindo peixe fresco ou partes de peixe, produzidos durante o funcionamento normal do navio e passíveis de serem eliminados contínua ou periodicamente, com exceção das substâncias definidas ou enumeradas em outros Anexos da Convenção.

"Área especial" significa uma área marítima em que, por razões técnicas reconhecidas relativamente às suas condições oceanográficas, ecológicas e às características particulares do seu tráfego, é exigida a adoção de métodos especiais obrigatórios para a prevenção da poluição do mar por lixo. Para os efeitos do anexo V, as áreas especiais são a área do Mar Mediterrâneo, a área do Mar Báltico, a área do Mar Negro, a área do Mar Vermelho, a "área dos Golfos", a área do Mar do Norte, a área da Antártica e a Região do Grande Caribe, compreendendo o Golfo do México e o Mar do Caribe.

De salientar que, quando o lixo estiver misturado com materiais ou produtos sujeitos a requisitos diferentes, deverão ser aplicadas as exigências mais rigorosas para a respetiva eliminação ou descarga. Todos os lançamentos ao mar deverão ser realizados com o navio em navegação.

LANÇAMENTO DE LIXO AO MAR	Até 31 Dezembro 2012			
Tipo de Lixo	Fora de Áreas Especiais	Em Áreas Especiais	Fora de Áreas Especiais	Em Áreas Especiais
Todos os plásticos, incluindo cabos sintéticos, redes de pesca sintéticas, sacos plásticos para lixo, etc	PROIBIDO	PROIBIDO	PROIBIDO	PROIBIDO
Lixo doméstico incluindo papéis, trapos, vidros, metais, garrafas, louças e outros refugos semelhantes	> 12 mn	PROIBIDO	PROIBIDO	PROIBIDO
Lixo doméstico incluindo papéis, trapos, vidros, metais, garrafas, louças, etc (dimensão < 25 mm)	> 3 mn	PROIBIDO	PROIBIDO	PROIBIDO
Restos de comida	> 12 mn	> 12 mn	> 12 mn	PROIBIDO
Restos de comida (dim < 25 mm)	> 3 mn	> 12 mn	> 3 mn	> 12 mn
Óleo de cozinha			PROIBIDO	PROIBIDO
Cinzas de incineradores	> 12 mn	PROIBIDO	PROIBIDO	PROIBIDO
Carcaças de animais transportados como carga			Longe de terra	PROIBIDO
Almofadas de estiva, forros e materiais de embalagens que flutuem	> 25 mn	PROIBIDO	PROIBIDO	PROIBIDO
Resíduos de carga contidos em águas de lavagem e não prejudiciais ao ambiente	> 12 mn		> 12 mn	Em condições especiais; > 12 mn
Resíduos de carga contidos em águas de lavagem e não prejudiciais ao ambiente		PROIBIDO		PROIBIDO
Agentes de limpeza e aditivos contidos em águas de lavagem de porões de carga	Descarga Permitida	Descarga Permitida	Descarga Permitida	Em condições especiais; > 12 mn
Agentes de limpeza e aditivos contidos em águas de lavagem de pavimentos e superfícies				Descarga Permitida

Adicionalmente, o Governo de cada Parte da Convenção deverá assegurar que todos os navios autorizados a arvorar a sua bandeira tenham a bordo, antes de entrar na área da Antártica, uma capacidade suficiente de retenção de todo o lixo produzido enquanto estiverem a operar na área, e tenham tomado medidas para descarregar o referido lixo para uma instalação de receção após deixarem a área.

Está informado. Cuidado com o lixo que atira ao mar!

4. Convenção do Trabalho Marítimo (MLC Maritime Labour Convention 2006)

A Convenção MLC 2006 foi aprovada por representantes do governo, empregadores e trabalhadores, numa conferência especial da Organização Internacional do Trabalho (ILO International Labour Organization), em Fevereiro de 2006, com o objetivo de definir normas internacionais para a indústria global do transporte marítimo. Amplamente conhecida como a declaração de direitos dos marítimos (seafarers bill of rights), é única no seu impacto sobre os marítimos e armadores. A Convenção MLC foi projetada para ser aplicada globalmente, de fácil compreensão, facilmente atualizável e uniformemente aplicável, constituindo o "quarto pilar" do regime regulador internacional para o transporte marítimo, complementando as principais convenções da Organização Marítima Internacional (IMO) em matéria de segurança, proteção e ambiente marinho.

A Convenção MLC está organizada em três partes principais: os artigos, que surgem em primeiro lugar, estabelecem os princípios e obrigações gerais. Seguem-se as regras e as disposições do código mais detalhadas (com duas partes, Parte A e Parte B). A Convenção é abrangente e define, num só lugar, o direito dos marítimos a condições de trabalho decentes. Abrange quase todos os aspetos do seu trabalho e da vida a bordo, incluindo:

• Idade mínima;
• Contratos de trabalho dos marítimos;
• Horas de trabalho e descanso;
• Pagamento de salários;
• Férias anuais remuneradas;

- Repatriamento no final do contrato;
- Cuidados médicos a bordo;
- O recurso a serviços de recrutamento e seleção certificados e privados;
- Alojamento, alimentação e catering;
- Saúde, segurança, proteção e prevenção de acidentes; e
- Tratamento de reclamações de marítimos.

A Convenção MLC entrou em vigor em 20 de Agosto de 2013 e o suporte global continua a aumentar. Atualmente, a Organização Internacional do Trabalho registou a ratificação da Convenção por parte mais de 70 Estados, responsáveis por regular as condições de trabalho dos marítimos, em mais de 80 por cento da arqueação bruta mundial de navios. Portugal procedeu à aprovação da MLC 2006, através da resolução da assembleia da república 4/2015, e posterior ratificação através do Decreto do Presidente da República 6/2015, não tendo sido até à data, depositado na OIT o respetivo instrumento de ratificação. Consulte a lista atualizada em países que ratificaram a MLC.

A MLC 2006 aplica-se a todos os navios pertencentes a entidades públicas ou privadas, de arqueação bruta igual ou superior a 500, habitualmente afetos a atividades comerciais, com exceção dos navios de guerra e dos navios de guerra auxiliares, dos navios afetos à pesca ou a atividade análoga e das embarcações de construção tradicional.

A MLC 2006 aplica-se a todos os marítimos. Na referida convenção, podemos ler no artigo II, parágrafo 1 (f):

> *"Marítimo designa qualquer pessoa empregada ou contratada ou que trabalha, a qualquer título, a bordo de um navio ao qual se aplique a presente convenção."*

A MCA (Maritime & CoastGuard Agency) do Reino Unido, reconhece a importância da definição e, na respetiva implementação interna da MLC 2006, acrescenta e clarifica:

"Marítimo (seafarer) designa qualquer pessoa, incluindo o comandante, que esteja empregada ou contratada ou que trabalhe em qualquer forma, a bordo de um navio e cujo local normal de trabalho é num navio."

Fica claro que a definição de marítimo, inclui não só as equipas envolvidas na navegação e operação do navio, mas também, por exemplo, o pessoal do hotel e serviços relacionados.

Porque é a MLC 2006 tão importante?

Em primeiro lugar, porque reúne, num só lugar, as normas internacionais que asseguram o trabalho decente para os mais de 1,5 milhões de marítimos em todo o mundo, cujo trabalho é essencial para o comércio internacional, bem como a uma forma cada vez mais importante de turismo e atividade recreativa. Sob a MLC 2006 todos os marítimos têm direito a:

- Um local de trabalho seguro e protegido que esteja em conformidade com as normas de segurança;

- Condições justas de emprego;

- Condições de trabalho e de vida dignas a bordo de navios;

- Proteção da saúde, assistência médica, medidas de bem-estar e outras formas de proteção social.

Em segundo lugar, porque providencia igualdade de condições para armadores que operam sob a bandeira de países que ratificaram a MLC 2006, assegurando que as condições de trabalho decentes andam de mãos dadas com uma concorrência leal.
A Convenção MLC regula ainda as obrigações dos países, enquanto Estado de bandeira ou Estado do porto, tendo em vista o cumprimento e o controlo da sua aplicação, por parte dos navios que arvorem bandeiras de Estados que a ratificaram. As responsabilidades na qualidade de Estado de bandeira dos

navios, envolvem a instituição de um sistema de inspeção e de certificação, com vista a assegurar que as condições de trabalho e de vida dos marítimos afetos a esses navios são conformes às normas da Convenção. O sistema de certificação inclui o Certificado de Trabalho Marítimo (MLC Maritime Labour Certificate), completado pela Declaração de Conformidade do Trabalho Marítimo (DMLC Declaration of Maritime Labour Compliance) ou, em certos casos, um certificado provisório de trabalho marítimo, atestando que o navio foi inspecionado pelo Estado de bandeira e que as disposições obrigatórias da Convenção, relativas às condições de trabalho e de vida dos marítimos, são cumpridas. A MLC 2006 prevê que o sistema de inspeção e de certificação, no âmbito da responsabilidade do Estado de bandeira, pode ser assegurado por instituições públicas ou organizações reconhecidas para o efeito.

As disposições da MLC 2006 relativas às responsabilidades do Estado do porto, preveem que qualquer navio que arvore a bandeira de outro Estado e que, no decurso normal da sua atividade, faça escala num porto ou fundeadouro nacionais pode ser inspecionado, para se verificar a conformidade das condições de trabalho e de vida dos respetivos marítimos com as disposições daquela Convenção. A inspeção realizada pelo Estado do porto deve verificar o cumprimento das disposições obrigatórias da MLC 2006, caso o Estado de bandeira do navio tenha ratificado a MLC 2006, ou, caso não o tendo feito, de assegurar que o tratamento dado a esses navios e às suas tripulações, não é mais favorável do que o reservado aos navios que arvoram a bandeira de um Estado, que seja parte da MLC 2006, sendo o navio sujeito a uma inspeção mais detalhada.

11

PROTEÇÃO (SECURITY)

A indústria do transporte marítimo enfrenta hoje várias ameaças, das quais se destacam a pirataria e assaltos à mão armada, o terrorismo, o contrabando, os passageiros clandestinos e refugiados, o roubo de carga e os respetivos danos colaterais associados. A indústria do transporte marítimo está sujeita a elevados riscos e os graves incidentes ocorridos na história recente, no mar e em terra, levaram a um incremento das regras de proteção da vida, da propriedade e do ambiente.

– Em Janeiro de 1961, um ex-militar português, Henrique Galvão, desvia o paquete Santa Maria com o objetivo de provocar uma crise política no regime de Salazar. Pretendia desembarcar em Luanda, Angola, e a partir dali organizar um golpe de estado para derrubar o regime. Encontrado a navegar no Atlântico por unidades de guerra americanas, o navio Santa Maria aporta no Brasil, onde Galvão e o seu grupo pedem asilo político. Um dos oficiais de bordo ofereceu resistência e foi morto a tiro.

– Em 7 de Outubro de 1985, o MS Achille Lauro, um navio de passageiros, foi sequestrado por quatro membros da Frente de Libertação da Palestina, que assumiu o controlo do navio quando este navegava no Egipto, de Alexandria para Port Said. Mantendo os passageiros e tripulantes como reféns, exigiram a libertação de 50 palestinos de prisões israelitas. Um passageiro morreu.

– Em 13 de Setembro de 1995, o navio cargueiro Anna Sierra é abordado ao largo da costa da Tailândia, por um grupo de cerca de 25 homens fortemente armados, num barco a motor. Embarcaram no navio e rapidamente dominaram a tripulação, que foi algemada e mantida como refém, enquanto os piratas pintavam o navio e alteravam o nome para Arctic Sea. Após abandonarem os tripulantes em botes salva-vidas, os piratas partiram para a China onde venderam a carga de açúcar do navio.

– Em Abril de 1998, o navio petroleiro Petro Ranger foi capturado por uma dúzia de piratas que sequestraram a sua tripulação e desviaram a sua carga para dois outros navios. Depois de um barco de patrulha chinês ter intercetado o navio, a tripulação e seu capitão australiano ficaram detidos um mês, enquanto os piratas foram mandados para casa – Indonésia, impunes.

– Em Novembro de 1998, o navio graneleiro Cheung Son foi capturado por piratas, cerca de 200 milhas a leste de Hong Kong, quando navegava de Shangai para a Malásia. Os 23 tripulantes, chineses, foram mortos e atirados ao mar.

– Em 22 de Outubro de 1999, o navio de carga japonês Alondra Rainbow foi capturado por piratas ao largo da Indonésia. A tripulação foi abandonada à deriva e mais tarde resgatada na Tailândia. O navio que transportava lingotes de alumínio foi repintado e o nome foi alterado para MV Mega Rama. Quando navegava em direção à costa do Paquistão foi intercetado e capturado pela guarda costeira indiana.

– Em 12 de Outubro de 2000, o navio contratorpedeiro USS

Cole foi alvo de um ataque terrorista enquanto se encontrava abrigado e em reabastecimento, no porto de Áden no Iémen. Um pequeno barco de fibra de vidro, transportando explosivos e dois bombistas suicidas, aproximou-se por bombordo do navio e explodiu. 17 marinheiros americanos foram mortos e 39 ficaram feridos. O ataque foi reivindicado pela organização terrorista Al-Qaeda.

– Em Março de 2001, o navio indonésio Inabukwa foi atacado uma equipa de piratas armados, quando se dirigia para Singapura. O comandante e a tripulação foram feitos reféns e abandonados numa ilha deserta, tendo sido resgatados após alguns dias.

– No início da manhã de 11 de setembro de 2001, 19 sequestradores assumiram o controlo de quatro aviões comerciais. Os sequestradores colidiram intencionalmente dois dos aviões contra as Torres Gémeas do complexo empresarial World Trade Center, na cidade de Nova Iorque, matando todos a bordo e muitas das pessoas que trabalhavam nos edifícios. Ambos os prédios desmoronaram duas horas após os impactos, destruindo edifícios vizinhos e causando vários outros danos. O terceiro avião de passageiros colidiu contra o Pentágono, nos arredores de Washington. O quarto avião caiu em um campo aberto na Pensilvânia. Não houve sobreviventes em qualquer um dos voos. Quase três mil pessoas morreram durante os ataques, incluindo os 227 civis e os 19 sequestradores a bordo dos aviões. O ataque foi reivindicado pela organização fundamentalista islâmica Al-Qaeda.

– Em 15 de Março de 2002, o navio petroleiro Han Wei desapareceu depois de ter deixado Singapura. Foi encontrado dois meses depois, ancorado ao largo da cidade de Siracha na Tailândia, a cerca de 80 km de Banguecoque. A tripulação desapareceu.

– Em 6 de Outubro de 2002, o navio petroleiro Limburg encontrava-se no Golfo de Áden, na costa do Iémen, quando uma embarcação carregada de explosivos colidiu a estibordo e detonou, provocando um incêndio e o derrame de cerca de 90.000

barris (14.000 m3). Um membro da tripulação foi morto e 12 outros membros da tripulação ficaram feridos. O ataque foi atribuído à organização terrorista Al-Qaeda.

O Mar não é um lugar seguro! Vale a pena perceber porquê.

Padrões e ameaças atuais

A pirataria e os assaltos à mão armada a navios continuam a ocorrer numa base regular. Os assaltos à mão armada ocorrem principalmente em zonas portuárias enquanto a pirataria, por definição, ocorre geralmente em navios no alto-mar. O objetivo da pirataria consiste em obter benefícios financeiros, a partir de resgates de tripulações e do valor das cargas roubadas.

O terrorismo geralmente envolve violência ou ameaça de violência, por grupos extremistas que procuram alcançar objetivos políticos por meio maliciosos. Um grupo terrorista pode atuar usando vários tipos de bombas, fazendo ameaças de bomba ou através do sequestro de um navio. Cada vez mais, os terroristas agem em conexão com seitas religiosas extremistas, que promovem o comportamento suicida.

O contrabando, uma atividade criminosa, pode resultar num

grande prejuízo financeiro para o armador cujo navio é usado pelos contrabandistas. Muitas vezes, as drogas são a mercadoria contrabandeada e podem ser levadas para bordo de várias formas criativas, incluindo a bagagem, lojas, no corpo de uma pessoa ou em equipamentos eletrónicos, entre outras. As armas são também um item frequentemente associada ao contrabando. Tal como as drogas, podem entrar a bordo de múltiplas formas, inclusive em contentores de carga.

Os passageiros clandestinos e refugiados, face à ameaça de terrorismo e muitas vezes por falta de documentação, podem levar as companhias e os navios a custos de repatriação, penalidades e restrições de navegação colocadas pelas administrações marítimas, que implementam leis de imigração cada vez mais rigorosas. O problema é de tal forma grave, que muitos comandantes menos escrupulosos optam por abandonar estes passageiros no mar.

O roubo de carga, um problema antigo, continua a flagelar a indústria marítima e causa enormes perdas financeiras. A prevenção é, normalmente, o método mais eficaz para lidar com esta ameaça. Embora possa não haver violência ou questões políticas envolvidas na maioria dos casos de roubo de carga, este assunto permanece no topo da lista de ameaças à segurança e requer soluções de proteção.

Os danos colaterais ocorrem quando um incêndio nas proximidades, explosão ou ataque, resulta em danos a um navio ou instalação. Enquanto o dano é por vezes não intencional, os custos são reais, em termos de vidas e financeiros.

Convenções, códigos e recomendações internacionais

Face ao exposto, as organizações internacionais têm feito um esforço notável para minimizar, eliminar ou controlar as ameaças à proteção no transporte marítimo. A Organização Marítima Internacional (IMO) adotou uma série de resoluções e convenções com este objetivo. Por exemplo, a Resolução A.545 (13) – Medidas de prevenção para atos de pirataria e assaltos à mão armada contra navios (Measures to prevent acts of piracy and armed robbery against ships) foi assinada em 1983.

Em 1985 foi assinada a Resolução IMO A.584 (14) – Medidas para prevenir atos ilícitos que ameacem a segurança dos navios e a proteção dos passageiros (Measures to prevent unlawful acts which threaten safety of ships and security of passengers). Esta resolução foi posteriormente revista em Novembro de 2001, com a resolução IMO A.924 (22). Em 1986, a IMO aprovou a circular MSC/Circ.443 – Medidas de prevenção de atos ilícitos contra passageiros e tripulantes a bordo de navios (Measures to prevent unlawful acts against passengers and crew on board ships).
Em Março de 1988, fruto do já comentado incidente com o navio Achille Lauro, foi adotada a Convenção para a Repressão de Atos Ilícitos contra a Segurança da Navegação Marítima (SUA Convention for the Suppression of Unlawful Acts against the Safety of Maritime Navigation), com o objetivo de assegurar que seja tomada a ação judicial apropriada, contra pessoas que tenham cometido atos ilícitos contra navios. Os atos ilegais incluem a apreensão de navios pela força, os atos de violência contra as pessoas a bordo de navios e a colocação de dispositivos a bordo de um navio, suscetíveis de o destruir ou danificar. A Convenção obriga os governos contratantes a extraditar ou processar os supostos infratores. Com esta Convenção, os atos de terrorismo em navios não considerados pirataria, passaram a ser penalizados. A SUA entrou em vigor em 1 de Março de 1992.

Após os trágicos eventos nos Estados Unidos em 11 de Setembro de 2001, na vigésima segunda sessão da IMO em Novembro de 2001, foi acordada por unanimidade, a criação de novas regulamentações de proteção. A IMO aprovou o desenvolvimento de novas medidas, relativas à proteção dos navios e das instalações portuárias, para adoção em Dezembro de 2002 por uma Conferência Diplomática dos Governos Contratantes da Convenção Internacional para a Salvaguarda da Vida Humana no Mar. Este calendário de pouco mais de um ano, representou um marco para a IMO, evidenciando a gravidade da situação bem como a intenção de proteger a navegação mundial, contra incidentes de proteção e ameaças.

A reunião da Conferência Diplomática em Dezembro de 2002 resultou em emendas à Convenção SOLAS. O Capítulo X1 existente (medidas especiais para reforçar a proteção marítima) passou a designar-se Capítulo XI-1, e foi adotado um novo capítulo XI-2 (medidas especiais para reforçar a proteção marítima). Este novo capítulo consagra o Código Internacional para a Proteção de Navios e Instalações Portuárias (ISPS International Ship and Port Facilities Security Code), aplicando-se a navios de passageiros e navios de carga de arqueação bruta igual ou superior a 500, que efetuem viagens internacionais, incluindo embarcações de alta velocidade, unidades móveis de perfuração offshore e instalações portuárias servindo tais navios.

O Capítulo V da SOLAS (Segurança da Navegação) também foi alterado, especificando um novo calendário para a instalação de Sistemas de Identificação Automática (AIS Automatic Identification Systems). As regras do renomeado Capítulo XI-1 da SOLAS foram modificadas, exigindo a marcação do número de identificação do navio (IMO Number) de forma permanente em local visível no casco ou superestrutura do navio e internamente. No caso dos navios de passageiros, a marcação deve ser realizada numa superfície horizontal visível do ar.

Adicionalmente, tornou-se obrigatório a implementação de um sistema de Registo Contínuo de Dados (CSR Continuous Synopsis Record) para fornecer um registo a bordo da história do navio. As informações contidas no CSR incluem o nome do navio, o Estado de pavilhão, a data de registo com esse estado, o porto de registo, o número de identificação do navio e o nome e endereço do proprietário registado. As referidas emendas à SOLAS entraram em vigor em 1 de Julho de 2004.

A própria Convenção STCW 2010 introduziu também emendas relacionadas com o tema da proteção, tornando obrigatória a formação e certificação nesta área para todos os marítimos. Como referido previamente, o certificado de qualificação "Sensibilização para a proteção" (Security awareness training for all seafarers) é obrigatório para todos os marítimos, desde 1 de Janeiro de 2014. Excluem-se os marítimos que possuam o certificado "Qualificação para o exercício de funções específicas de proteção" ou o certificado "Oficial de proteção do navio". O certificado "Qualificação para o exercício de funções específicas de proteção" (Security training for seafarers with designated security duties), é muitas vezes exigido a oficiais e outros marítimos que, de acordo com o plano de proteção do navio (ship security plan), tenham funções específicas de proteção (security) do mesmo.

O Código ISPS

O Código ISPS contém os requisitos detalhados relacionados com a proteção, para os governos, as autoridades portuárias e as companhias. O Código está dividido em duas partes. A Parte A é obrigatória e contém detalhes do que é exigido aos navios, às empresas, instalações portuárias, administrações de bandeira e governos, a fim de cumprir o Código. A Parte B é consultiva e contém orientações sobre o que é necessário para cumprir com a parte A.

As companhias são obrigadas a designar um Oficial de Proteção da Companhia (CSO Company Security Officer) e um Oficial de Proteção do Navio (SSO Ship Security Officer) para cada um dos seus navios. As responsabilidades do CSO incluem garantir que a avaliação da segurança do navio é realizada de forma adequada, que o Plano de Proteção do navio é preparado e submetido à aprovação pela Administração da bandeira (ou por uma organização aprovada agindo em seu nome) e que, uma vez aprovado, o plano é colocado a bordo de cada navio. O CSO também é responsável por fornecer informações aos navios, relativamente ao nível das ameaças que poderão ser encontradas, organizando auditorias internas e avaliação das atividades de proteção e incrementando a sensibilização para a segurança e vigilância. As responsabilidades do SSO incluem a supervisão da aplicação do Plano de Proteção, em ligação com o CSO e o Oficial de Proteção da Instalação Portuária (PFSO Port Facility Security Officer), garantir que os tripulantes recebem formação adequada, a realização de inspeções de segurança regulares do navio e a notificação de incidentes de proteção, a coordenação das questões de proteção associadas à movimentação de carga e provisões de bordo e o incremento da sensibilização para a proteção e vigilância a bordo.

O Código ISPS prevê os níveis de proteção 1, 2 e 3, correspondentes a situações de ameaça normal, média e alta, respetivamente. O nível de proteção operacional necessário para o navio é definido pela Administração da bandeira do mesmo. Antes de entrar num porto de um Governo Contratante e enquanto no mesmo, o navio deve cumprir com o nível de proteção definido por aquele Governo. O Plano de Proteção do navio deverá indicar as medidas operacionais e de segurança física, que devem ser tomadas por todos a bordo, para garantir que opera sempre no nível de proteção 1. O plano deverá também indicar as medidas de segurança adicionais, que devem ser tomadas para operar no nível 2, quando o navio é instruído a fazê-lo. Adicionalmente, o plano deve identificar as possíveis medidas preparatórias que podem ser tomadas, para permitir uma resposta rápida a quaisquer instruções que requeiram operar com nível de segurança 3.

Os navios devem possuir um Certificado Internacional de Proteção do Navio (International Ship Security Certificate), indicando que cumpre com os requisitos Capítulo XI-2 da SOLAS e a parte A do Código ISPS (obrigatória). Quando um navio está, ou se dirige a um porto de um Governo Contratante, aquele governo tem o direito de exercer várias medidas de controlo e de verificação de conformidade. Tais medidas incluem pedidos de informação sobre o navio, a sua carga, passageiros e pessoal do navio antes do mesmo entrar no porto. Podem-se verificar circunstâncias em que a entrada no porto pode ser negada. A inspeção pelo Estado do porto irá incluir a verificação de conformidade de proteção, ao abrigo da SOLAS e do Código ISPS. Normalmente esta inspeção está limitada à verificação de certificação do navio, mas se existirem motivos claros, poderá ser realizada uma inspeção mais detalhada, embora apenas com o consentimento do Estado de bandeira ou do comandante do navio. Certas disposições do Plano de Proteção do navio são consideradas confidenciais e não podem, portanto, ser sujeitas a inspeção, a menos que o Estado de bandeira concorde.

Os navios estão obrigados a possuir um sistema de alerta de proteção. Através deste equipamento fica disponível um meio pelo qual um alerta de segurança pode ser transmitido, para uma entidade designada em terra, indicando que a proteção do navio se encontra comprometida, sem levantar qualquer alarme a bordo do próprio navio. O alerta de proteção irá identificar o navio e indicar a sua localização, podendo ser ativado a partir da ponte e, pelo menos, de um outro local. A regra 8 do Capítulo XI-2 da SOLAS enfatiza a autoridade suprema do comandante sobre questões de proteção a bordo. O Código ISPS exige que o Plano de Proteção do navio torne claro, que o comandante não está impedido de tomar qualquer decisão que, no exercício do seu juízo profissional, considere necessária para manter a proteção do navio. Assim, o comandante detém a autoridade para negar o acesso a pessoas (exceto os devidamente autorizados por um Governo Contratante), e de se recusar a carregar carga, incluindo contentores e unidades de transporte fechadas.

Os treinos e simulacros de proteção do navio, são uma parte essencial do processo de obtenção de um certificado de segurança do navio, sendo realizados em conformidade com o Plano de Proteção do navio. O objetivo consiste em garantir que as tripulações são proficientes nas tarefas que lhes foram atribuídas e identificar eventuais deficiências, relacionadas com a proteção do navio. Os simulacros devem ser realizadas pelo menos a cada três meses. Quando se verificar uma mudança de equipa, envolvendo mais de 25% da lotação do navio, e o pessoal de substituição não tiver ainda participado num simulacro de proteção a bordo do navio nos últimos três meses, um novo simulacro deverá ser realizado, no prazo de uma semana, para a referida tripulação de substituição. De sublinhar que a companhia é responsável pela provisão de recursos ao SSO, CSO, e ao comandante, para garantir que estes são capazes de cumprir os seus deveres em relação à proteção.

Os Governos Contratantes são obrigados a assegurar que cada instalação portuária no seu território, que serve navios que efetuam viagens internacionais, é sujeita a uma avaliação de proteção (Port Facility Security Assessment). Esta avaliação ajudará a determinar quais as instalações portuárias que devem designar um Oficial de Proteção da Instalação Portuária (Port Facility Security Officer) e a preparar um Plano de Proteção da Instalação Portuária (Port Facility Security Plan). Tal como acontece com os planos de proteção dos navios, o plano de proteção das instalações portuárias deve identificar as medidas físicas e operacionais de proteção, que devem ser tomadas para garantir que a instalação portuária opera sempre no nível de proteção 1, e as medidas adicionais necessárias para operar em níveis de segurança 2 e 3, se e quando for necessário. O nível de segurança de uma instalação portuária é definido pelo Governo Contratante.

O Código ISPS recomenda precaução em relação ao uso de armas de fogo nos navios, ou na sua proximidade, e nas instalações portuárias, uma vez que a sua utilização pode representar particulares riscos de segurança, especialmente se existirem cargas perigosas na proximidade. Se um Governo Contratante decidir que a presença de pessoal armado é necessária, tem a obrigação de garantir que estes sejam devidamente autorizados e treinados e que estejam conscientes dos riscos específicos de proteção, garantindo a emissão de orientações sobre o uso de armas de fogo.

Em relação aos navios, os Governos Contratantes são responsáveis por definir o nível de proteção adequado, pela aprovação do Plano de Proteção do navio, pela verificação da conformidade dos navios com o Código ISPS e pela emissão de Certificados internacionais de Proteção do Navio. Os Governos Contratantes podem designar Autoridades dentro do governo, para realizar as suas funções de proteção, e permitir que organizações de proteção reconhecidas (RSO Recognised Security Organisations) realizem determinados trabalhos, no que diz respeito às instalações portuárias.

Definição de Alto-Mar

Para um entendimento do tema seguinte – a pirataria e o Direito do Mar – importa relembrar e clarificar desde já a definição de alto-mar, tendo em conta que a sua caracterização sofre transformações, devido à exclusão das áreas submetidas à jurisdição dos Estados. A Primeira Convenção das Nações Unidas sobre o Direito do Mar, reunida em Genebra, em 1958, aprovou uma convenção sobre o alto-mar, caracterizando no artigo 1:

> *"Entende-se por Alto-Mar todas as partes do mar não pertencentes ao mar territorial ou as águas interiores de um Estado".*

Como apresentado previamente, a Terceira Conferência das Nações Unidas sobre o Direito do Mar, reunida de 1973 a 1982, estipula no artigo 86, em relação ao alto-mar:

> *"(...) todas as partes do mar não incluídas na Zona Económica Exclusiva, no Mar Territorial ou nas Águas Interiores de um Estado, nem nas Águas Arquipelágicas de um Estado Arquipélago. O presente artigo não implica limitação alguma das liberdades que gozam todos os Estados na Zona Económica Exclusiva de acordo com o artigo 58."*

O artigo 58 versa sobre os direitos e deveres de outros Estados na Zona Económica Exclusiva, como a liberdade de navegação, de sobrevoo, colocação de cabos e ductos submarinos etc. A definição de alto-mar citada na Convenção de 1982, necessita de alguma clarificação. De facto, a zona económica exclusiva (ZEE) é um novo espaço marítimo, criado pela Terceira Conferência das Nações Unidas. A sua natureza jurídica é ainda matéria de discussão, tendo em conta que ela não pertence ao território do Estado nem ao alto-mar, dado que por esta definição, o alto-mar começa após o limite da ZEE. A questão da natureza jurídica da ZEE constitui uma das mais árduas controvérsias, dado que existem duas posições sobre a matéria: por um lado, a zona económica exclusiva é uma parte do alto-mar submetida a um regime especial, uma vez que os Estados possuem determinados direitos sobre a mesma; por outro, é uma zona sui generis com características próprias, constituindo um novo instituto do Direito Internacional do Mar.

> "As potências marítimas tentam garantir que a Zona Económica Exclusiva é Alto-Mar, com finalidade de garantir a liberdade de navegação marítima e aérea, bem como para evitar a chamada "creeping jurisdiction", a tendência de ir estendendo gradualmente a jurisdição dos Estados ribeirinhos até chegar em algum momento a sua "territorialização", a assimilação na prática no Mar Territorial. Há maior tendência que a ZEE tem uma natureza sui generis, vez que ela possui simultaneamente características do Mar Territorial e do Alto-Mar. A Zona Contígua, que pertencia ao Alto-Mar, encontra-se atualmente incluída na ZEE.. Existe uma tendência do Alto-Mar ter a sua extensão diminuída, em virtude do apoderamento de partes dele pelos Estados. O Alto-Mar tem, assim, diminuído de extensão." Alexandre Cortes Guimarães

A pirataria e o Direito do Mar

A pirataria marítima é um crime antigo, que acompanha o desenvolvimento do comércio marítimo desde a sua origem. Nunca deixou (e provavelmente nunca deixará) de ameaçar alguma embarcação, em algum momento, em algum ponto dos mares do nosso Planeta. Constituindo uma grave e permanente ameaça ao tráfego marítimo, a pirataria sempre foi combatida pelos povos. Não só por meios de defesa armados mas também através de

mecanismos jurídicos. Já no século I a.c., o Direito Romano qua-
lificava os piratas como inimigos da raça humana, condenando-
os à crucifixão. Com a colonização do continente americano, os
piratas passaram a atuar principalmente no Atlântico, atacando
navios que voltavam da América, tendo esse período ficado
conhecido como "Época de Ouro da Pirataria". O Mar do Caribe
era o principal foco de ataques, uma vez que passavam nessa
região inúmeros navios transportando mercadorias valiosas,
como o ouro, oriundos das colónias das grandes metrópoles,
como a Espanha. Embora a pirataria atual seja muito pouco
semelhante aos eventos ocorridos nos séculos passados, está
longe de ser uma prática exclusiva do passado.

Atualmente, o Direito do Mar classifica a pirataria como uma
prática ilícita, que configura uma exceção ao princípio da liberdade do alto-mar. A Convenção das Convenções Unidas sobre o
Direito do Mar de 1982 (UNCLOS) dedica-lhe oito artigos, em
que a define e em que impõe aos Estados o dever de a comba-
terem e reprimirem. No entanto estas disposições têm-se revelado insuficientes no combate a esta prática criminosa. O artigo
101 da Convenção das Nações Unidas sobre o Direito do Mar
(UNCLOS), define pirataria da seguinte forma:

"Por definição, constituem pirataria, quaisquer dos seguintes atos:
a) Todo o ato ilícito de violência ou de detenção ou todo o ato de
depredação cometidos, para fins privados, pela tripulação ou pelos
passageiros de um navio ou de uma aeronave privados, e dirigidos
contra:
i) Um navio ou uma aeronave em alto mar ou pessoas ou bens a
bordo dos mesmos;
ii) Um navio ou uma aeronave, pessoas ou bens em lugar não sub-
metido à jurisdição de algum Estado;
b) Todo o ato de participação voluntária na utilização de um navio
ou de uma aeronave, quando aquele que o pratica tenha conheci-
mento de factos que deem a esse navio ou a essa aeronave o carácter
de navio ou aeronave pirata;
c) Toda a ação que tenha por fim incitar ou ajudar intencionalmente
a cometer um dos atos enunciados na alínea a) ou b)."

A IMO define assalto à mão armada na resolução A.1025 (26), através do Código de boas práticas para a investigação de crimes de pirataria e assaltos à mão armada contra navios (Code of Practice for the Investigation of Crimes of Piracy and Armed Robbery against Ships):

> *"Assalto à mão armada contra navios significa qualquer dos seguintes atos:*
> *.1 Qualquer ato ilícito de violência ou de detenção, ou todo o ato de depredação ou ameaça que não seja um ato de pirataria, para fins privados, e dirigidos contra um navio ou contra pessoas ou bens a bordo dos navios, nas águas interiores de um Estado, águas arquipelágicas e no mar territorial;*
> *.2 Qualquer ato de incitar ou ajudar intencionalmente um ato descrito acima."*

De facto e por definição, a pirataria ocorre somente no alto-mar, ou em área que não está sob a jurisdição de nenhum Estado. Esta definição causa problemas para a perseguição e punição dos piratas, uma vez que somente é possível exercer a jurisdição universal sobre estes no alto-mar. Abre-se assim a possibilidade destes procurarem refúgio, no Mar territorial de Estados que não têm condições de promover o patrulhamento.

De facto, ao referir que o ato ilícito, para ser considerado pirataria, deve ocorrer num lugar fora da jurisdição de qualquer Estado, implica que nas águas interiores não se pode falar em pirataria propriamente dita, mas sim em assalto a mão armada, que deve ser tipificado e punido de acordo com as leis internas de cada Estado. Ressalte-se que o único território marítimo que está, de facto, sob a jurisdição do Estado, é o mar territorial, ao longo das suas 12 milhas de extensão. Assim, os delitos cometidos nessa faixa não são considerados ataques piratas. A zona contígua representa uma faixa de fiscalização para evitar infrações legais e preservar a segurança marítima. A zona económica exclusiva apenas confere o direito de exploração sobre os recursos extraídos na faixa de 200 milhas, portanto, não se pode falar em exercício de jurisdição plena e nem em extensão do território, mas sim em propriedade dos recursos extraídos.

A UNCLOS especifica no seu artigo 105:

> *"Todo o Estado pode apresar, no Alto-Mar ou em qualquer outro lugar não submetido à jurisdição de qualquer Estado, um navio ou aeronave pirata, ou um navio ou aeronave capturados por atos de pirataria e em poder dos piratas e prender as pessoas e apreender os bens que se encontrem a bordo desse navio ou dessa aeronave. Os tribunais do Estado que efetuarem o apresamento podem decidir as penas a aplicar e as medidas a tomar no que se refere aos navios, às aeronaves ou aos bens sem prejuízo dos direitos de terceiros de boa fé."*

A redação deste artigo revela que cabe a todos os Estados, em primeiro lugar, o apresamento dos navios considerados piratas e, em segundo lugar, que os piratas capturados se sujeitem à jurisdição do Estado que efetuou o apresamento. Porém, é preciso existir previsão da pena para o crime de pirataria na legislação doméstica, para que o Estado possa exercer jurisdição penal. Embora o artigo 100 da UNCLOS determine o dever de todos os Estados de cooperar no combate à pirataria, constata-se uma ausência de tipificação deste crime na legislação interna dos países signatários da mesma, o que leva muitas vezes a que não se possam condenar os infratores pelo crime cometido.

Merece ainda referência o direito de perseguição, estabelecido no artigo 111 da UNCLOS:

> *"1. A perseguição de um navio estrangeiro pode ser empreendida quando as autoridades competentes do Estado costeiro tiverem motivos fundados para acreditar que o navio infringiu as suas leis e regulamentos. A perseguição deve iniciar-se quando o navio estrangeiro ou uma das suas embarcações se encontrar nas águas interiores, nas águas arquipelágicas, no mar territorial ou na zona contígua do Estado perseguidor, e só pode continuar fora do mar territorial ou da zona contígua se a perseguição não tiver sido interrompida. Não é necessário que o navio que dá a ordem de parar a*

um navio estrangeiro que navega pelo mar territorial ou pela zona contígua se encontre também no mar territorial ou na zona contígua no momento em que o navio estrangeiro recebe a referida ordem. Se o navio estrangeiro se encontrar na zona contígua, como definida no artigo 33, a perseguição só pode ser iniciada se tiver havido violação dos direitos para cuja proteção a referida zona foi criada.
2. O direito de perseguição aplica-se, mutatis mutandis, às infrações às leis e regulamentos do Estado costeiro aplicáveis, de conformidade com a presente Convenção, na zona económica exclusiva ou na plataforma continental, incluindo as zonas de segurança em volta das instalações situadas na plataforma continental, quando tais infrações tiverem sido cometidas nas zonas mencionadas.
3. O direito de perseguição cessa no momento em que o navio perseguido entre no mar territorial do seu próprio Estado ou no mar territorial de um terceiro Estado."

Como se evidencia, ficam estabelecidas condições bastante restritivas para o exercício deste direito, pois somente é possível iniciar a perseguição no mar territorial, águas interiores ou arquipelágicas do Estado perseguidor, devendo a mesma cessar, impreterivelmente, se o navio entra no mar territorial de um terceiro Estado, ou no do Estado da sua bandeira.

Diante deste quadro normativo da Convenção das Nações Unidas sobre o Direito do Mar, e da ausência de tipificação do crime de pirataria na legislação interna dos países signatários, o combate à pirataria fica prejudicado. Tal situação ficou evidente no comunicado SC/10164 do Conselho de Segurança da ONU, em Janeiro de 2011, em que se afirmou que nos casos de pirataria na costa da Somália, 90% dos piratas capturados foram libertados porque as jurisdições não estavam preparadas para os processar. Diante desta e de outras dificuldades, a estratégia defendida pela comunidade internacional para o combate à pirataria passou a ser a utilização de guardas armados a bordo. O relatório IMO MSC 90/20/1 de 2011, apresentou recomendações relativas à contratação de segurança armada privada para os Estados, os armadores, os operadores de navios e os comandantes, sendo possível observar o posicionamento da IMO a favor da presença

de guardas armados em navios mercantes, e estabeleceu a necessidade de criar regras para utilização desse tipo de segurança.
Porém, para viabilizar a decisão da IMO, é imprescindível verificar se as leis dos Estados permitem guardas armados a bordo de
navios que arvoram a bandeira destes, bem como se os Estados
costeiros permitem a entrada de navios no mar territorial e em
águas interiores, com guardas armados a bordo. Sobre este
ponto, a maior parte dos Estados exige comunicação prévia a
alguma autoridade, bem como a autorização de acordo com as
normas estabelecidas pelo Estado de bandeira, para a presença de
forças de segurança privado armada a bordo. No entanto, alguns
países não permitem utilizar guardas armados em navios que
arvorem a sua bandeira.

> "E há também o caráter multinacional do transporte, que é maior
> hoje do que nunca. Muitas vezes é difícil decidir qual a nação, exa-
> tamente, que deve assumir a liderança na investigação de um ata-
> que em águas internacionais, quando o navio é propriedade de uma
> empresa num país, com bandeira num segundo país, comandado por
> alguém de um terceiro país, tripulado por homens de um quarto
> país, navegando de um quinto país, para entregar a carga a um
> sexto país, para um cliente corporativo num sétimo país. No jargão
> da gestão empresarial, pode ser difícil conseguir alguém para assu-
> mir a propriedade."

Evolução da Pirataria

Como já vimos, a pirataria marítima envolve uma complexidade
de variáveis, tanto nas suas causas como nas suas consequências,
dificultando ações individuais e simplistas para a resolução do
problema. Constitui um fenómeno de grande preocupação na
comunidade internacional, dados os enormes prejuízos à economia, que suporta os custos relacionados com o pagamento de
resgates de pessoas e de navios, assim como os encargos relacionados com o efetivo combate com recurso a meios militares de
última geração. As consequências chegam ao aumento dos valores dos contratos de seguro marítimo e, consequentemente, dos
produtos transportados pelo mar, sem esquecer as graves viola-

ções dos direitos humanos dos trabalhadores marítimos, vítimas das mais diversas e cruéis formas de violência.

Atualmente, a pirataria marítima incide essencialmente em três grandes regiões: o Golfo da Guiné, a região do Chifre de África e os mares do Sudeste Asiático. Os navios mais expostos aos ataques piratas são os mais lentos, tais como os graneleiros. Porém, os navios que transportam petróleo e seus derivados são um alvo cobiçado, uma vez que os valores pagos para o resgate são bastante altos. Em qualquer dos casos, importa referir que estes navios, quando carregados, apresentam uma altura de bordo livre reduzida, o que facilita a escalada do costado e acesso ao navio.

No Chifre de África, a pirataria caracteriza-se pelo sequestro de embarcações, que apenas são libertadas, em conjunto com a tripulação, mediante o pagamento de resgate. Os ataques não se restringem apenas à costa da Somália, registando-se ataques no Golfo de Áden, no Mar Vermelho, no Mar Arábico, no Oceano Índico, e na costa de Omã. A título de exemplo, o sequestro do MV Sirius Star em Novembro de 2008, envolveu o pagamento de resgate no valor aproximado de 3 milhões de dólares, tendo os 25 tripulantes sido libertados em segurança. O ataque ao navio petroleiro Irene SL, em Fevereiro de 2011, envolveu valores ainda maiores. A libertação do navio ocorreu dois meses depois do ataque e após o pagamento do resgate, que foi estimado em 13,5 milhões de dólares. Os ataques ocorrem em alto-mar, a distâncias de mais de 1000 milhas da costa, ou seja, fora da jurisdição de qualquer país, pelo que representam uma ameaça a entidades estrangeiras e a reação dá-se por uma resposta externa. A pirataria nesta região tem vindo gradualmente a decrescer ao longo dos anos.

No Golfo da Guiné, os ataques perpetrados são violentos e combinam o sequestro de navios com o roubo do petróleo transportado, uma vez que existe uma grande facilidade de vender o produto. Os piratas lançam ataques principalmente da Nigéria, com o objetivo de roubar a carga, equipamentos, ou qualquer tipo de bens da embarcação ou da tripulação. Os sequestros são muito raros em comparação à pirataria no Oceano Índico. Por outro lado, o nível de violência é elevado, sofisticado e o uso da força é mais intenso, com os piratas menos preocupados com a sobrevivência dos reféns. Aliás, as tripulações não são olhadas como reféns, antes são encaradas como um obstáculo à consumação do roubo, o que explica a maior violência com que são geralmente tratadas. É possível perceber que os ataques são bem planeados e organizados, voltados para alvos específicos, principalmente navios transportando petróleo ou bens de alto valor, o que indica a possibilidade de os piratas receberem informações valiosas e possivelmente instruções vindas de fontes em terra.

No Golfo da Guiné, a maior parte dos crimes ocorrem em águas jurisdicionais, o que envolve questões diretas de soberania, não sendo esses ataques reconhecidos pela Convenção do Direito do Mar como atos de pirataria. A pirataria no Golfo da Guiné representa um perigo real para os países da região, dada a sua dependência nas fontes de recursos naturais e no comércio originado no Golfo, mesmo que os ataques se deem a navios com bandeiras estrangeiras. Ou seja, é uma questão de interesse direto dos países da região e fundamental para sua sobrevivência e soberania. Recentemente, têm-se registado um crescimento no número de ataques em alto-mar nesta zona.

No Sudeste Asiático, na atualidade, a maior parte dos incidentes não se encaixa na definição de pirataria, porque envolve furtos e roubos de carga de navios ancorados ou em movimento, mas em áreas com jurisdição dos Estados. Segundo os dados publicados pela ReCAAP, uma organização constituída a partir do Acordo Regional de Cooperação para o combate à pirataria e roubo à mão armada contra navios na Ásia, registaram-se na área em 2015, um total de 200 incidentes de pirataria e de assaltos à mão armada contra navios. Destes, 11 foram considerados atos de pirataria e 189 foram considerados roubos à mão armada contra navios. Comparativamente a 2014, houve um aumento de 7% no número total de incidentes em 2015. Dos 200 incidentes, 60%

ocorreram a bordo de navios em navegação e 40% a bordo de navios ancorados ou em cais. Mais de 50% do número total de incidentes relatados em 2015 ocorreu nos Estreitos de Malaca e de Singapura (SOMS).

As perdas registadas nesta zona diferenciam-se das apresentadas em África. Na maioria dos casos os roubos envolvem provisões, peças sobressalentes das máquinas, dinheiro e carga. Dos incidentes registados em 2015, 65 relataram perda de provisões, 18 relataram perda de peças sobressalentes, 9 relataram perda de dinheiro/propriedade e 12 relataram carga descarregada. Registaram-se dois casos de navios sequestrados e desaparecidos (Sun Birdie e Orkim Harmony). No entanto estes navios foram posteriormente encontrados e recuperados pelas autoridades, que também prenderem os autores. Em termos de violência, cerca de 86% dos incidentes registados em 2015 documentaram que a tripulação não sofreu qualquer lesão ou não havia informações disponíveis sobre a condição da tripulação. No entanto foi relatada alguma forma de violência em 14% dos incidentes, nos quais a tripulação foi ameaçada, mantida refém, amarrada, agredida ou ferida.

Para acompanhar a evolução da pirataria e ataques à mão armada a nível global, vale a pena consultar a informação disponibilizada pela ICC-CCS e pela ReCAAP.

> *"Mas não nos iludamos: por mais completos e melhor estruturados que sejam os meios jurídicos, por si só não lograrão dominar a pirataria. Ao lado do Direito, impõe-se uma adequada e credível presença de forças navais, com o objetivo estratégico e tático de controlo dos mares. Mas não só: o combate à pirataria jamais será eficaz se reduzido apenas às batalhas jurídicas das salas de audiências e às navais no teatro marítimo. O combate à pirataria também deve ser feito em terra, através de maior justiça na repartição das riquezas, que é, afinal, o dever central da Política."*

Alexandra von Böhm-amolly

12

DIMENSÕES DE NAVIOS

O Cluster do Mar e as notícias associadas, abordando o seu impacto no futuro de uma nação marítima como Portugal, merece hoje ampla discussão e análise. Todos os dias são publicadas notícias, apresentados relatórios, elaboradas estatísticas, contendo terminologia marítima que urge interiorizar e compreender. É o caso das dimensões associadas aos navios. Um sem fim de designações, com as respetivas traduções, dificultando muitas vezes a leitura de informação estratégica, muita dela numérica, métrica. Se na leitura dos textos publicados a informação não for claramente entendida, torna-se impossível estabelecer termos de comparação que sustentem a análise dos factos.

O presente capítulo pretende, numa abordagem simples, detalhar as dimensões dos navios conhecidas como Comprimento, Boca, Calado, Porte, Arqueação e Deslocamento, fundamentais para a definição, classificação, regulamentação e atividade comercial marítima.

Medidas lineares – Comprimento, Boca, Calado

Simples. A medida longitudinal do navio é chamada comprimento (lenght overall); a medida transversal é designada boca (beam). O calado (draught) é a medida da altura, desde a quilha até a superfície da água, quando o navio flutua.

Gross Tonnage GT (ITC 69)	Net Tonnage NT (ITC 69)	Gross Register Tonnage GRT (pre 69)	Net Register Tonnage NRT (pre 69)	DWT Deadweight	Displacement	LOA Length overall	Beam (Breadth)	Draught (Draft)
Arqueação Bruta AB	Arqueação Líquida AL	Tonelagem arqueação bruta TAB	Tonelagem arqueação líquida TAL	Porte Bruto	Deslocamento	Comprimento fora a fora	Boca	Calado
		toneladas	toneladas	toneladas TDW	toneladas	metros	metros	metros
índice de dimensão de navios mercantes	capacidade comercial do navio em termos de volume			capacidade comercial do navio em termos de peso	índice de dimensão de navios militares			
adimensional	adimensional	volume	volume	peso	peso	linear	linear	linear

Porte bruto e porte líquido

Porte ou porte bruto (DWT, gross deadweight ou deadweight)
(capacidade de carga total do navio em termos de peso)
O porte ou porte bruto, é a soma de todos os pesos variáveis que um navio é capaz de embarcar em segurança. Na prática mede a capacidade comercial dos navios pelo peso que são capazes de transportar, o que dá também uma ideia do seu tamanho. É constituído pelo somatório dos pesos do combustível, água, mantimentos, consumíveis, tripulantes, passageiros, bagagens e carga embarcados. O porte é normalmente expresso em toneladas, frequentemente referidas como 'toneladas de peso morto' (tdw).

Porte líquido (net deadweight)
(capacidade comercial do navio em termos de peso)
Quando se menciona simplesmente o porte de um navio,

subentende-se como estando a referir-se ao porte bruto. Para além deste existe o porte útil, que inclui apenas o porte que é pago ou seja, apenas a soma do peso dos passageiros e da carga. O porte bruto representa a totalidade do peso variável que um navio é capaz de embarcar, que inclui portanto o porte útil (pesos da carga e dos passageiros) mais o somatório dos pesos do combustível, da água, dos alimentos, dos consumíveis, da tripulação e dos restantes materiais que seja necessário embarcar para a operação do navio.

Arqueação ou tonelagem (tonnage)

Arqueação
A arqueação é a medida do volume total do navio e de todos os seus compartimentos fechados. A arqueação de cada navio compreende a arqueação bruta e a arqueação líquida. Atualmente, as medidas de arqueação internacionalmente em vigor, consistem em valores adimensionais obtidos por fórmulas de cálculo onde entram os volumes expressos em metros cúbicos. É com base na arqueação que os navios são primeiramente classificados, bem como é com base naquela que são definidas as taxas de porto, de pilotagem, de registo e outras. A designação arqueação deriva do facto das formas dos navios serem arqueadas, sendo por esta razão difícil calcular a medida dos volumes internos, exigindo o emprego de artifícios especiais para a obter.

Arqueação bruta
A arqueação bruta (AB ou GT, em inglês gross tonnage) é função do volume de todos os espaços interiores de um navio, medidos desde a quilha até à chaminé. A arqueação bruta consiste portanto numa espécie de índice de capacidade, usado para classificar um navio com o objetivo de determinar as suas regras de governo, de segurança e outras obrigações legais, sendo um valor adimensional, apesar da sua derivação estar ligada à capacidade volumétrica expressa em metros cúbicos. A medida da AB está regulada na ICTM 1969, que a define como "a função do volume moldado de todos os espaços fechados do navio".

Arqueação líquida (capacidade comercial do navio em termos de volume)

A arqueação líquida (AL ou NT, em inglês net tonnage) é calculada com base no volume de todos os espaços do navio, destinados ao transporte de carga ou de passageiros. Indica o espaço rentável e constitui a real capacidade comercial do navio, sendo uma função do volume moldado de todos os seus espaços de carga e passageiros. A arqueação líquida é medida a partir da arqueação bruta, deduzindo o volume de certos espaços não comerciáveis (casa das máquinas, espaços da tripulação, etc). Os navios mercantes e, em alguns casos, os navios de guerra, têm que pagar determinados impostos alfandegários, atracação, taxas de navegação em canais, docagem, etc. Estes impostos são geralmente calculados em função do valor comercial do navio, isto é, da sua capacidade de transporte, representada pelo volume de todos os espaços fechados suscetíveis de poderem servir de alojamento a mercadorias e passageiros.

Para a comparação da capacidade de transporte é usada a arqueação líquida do navio. Na maioria dos países, a arqueação que estiver no certificado concedido pelo país da bandeira do navio é aceite como base para os cálculos das diferentes taxas.

Evidentemente, os armadores desejam ter navios construídos de modo a que a arqueação bruta e a arqueação líquida sejam tão pequenas quanto permitam as necessidades do serviço pretendido e as regras das sociedades classificadoras. Daí o grande número de tipos de casco dos navios mercantes.

Sistema de arqueação ICTM 1969

As atuais medidas internacionais de arqueação foram estabelecidas pela Convenção Internacional sobre a Arqueação de Navios em 1969 (ICTM International Convention on Tonnage Measurement of Ships), no seio da Organização Marítima Internacional, aplicando-se a todas as embarcações exceto navios de guerra, navios de comprimento inferior a 24 metros e navios que naveguem exclusivamente em certos corpos de água sem acesso ao mar aberto.

A ICTM 1969 determinou que as antigas medidas da tonelagem de arqueação bruta (TAB) e tonelagem de arqueação líquida (TAL) fossem substituídas, respetivamente, pela arqueação bruta (AB) e pela arqueação líquida (AL). Foi a primeira tentativa com sucesso para introduzir um sistema universal de medição da arqueação.

Anteriormente eram utilizados vários métodos para calcular a arqueação dos navios mercantes, mas diferiam significativamente entre si, fazendo-se sentir a necessidade de um sistema internacional uniforme. Um dos métodos mais utilizados era o do Sistema Moorson, desenvolvido na Inglaterra em 1849, tendo vigorado até 1994.

Segundo o Sistema Moorson, a arqueação era medida em toneladas de arqueação (equivalentes a 100 pés cúbicos ou 2,83 metros cúbicos), sendo por isso também referida frequentemente como "tonelagem de arqueação" ou simplesmente "tonelagem". A utilização do termo "tonelagem" para designar a nova arqueação é tecnicamente incorreta.

A tonelagem é uma medida de volume e não de peso. Como é referida frequentemente como tonelagem (termo normalmente associado à tonelada de massa), a arqueação é muitas vezes confundida com uma medida de massa ou de peso. O termo refere-se contudo ao tonel, uma antiga unidade de medida de volume através da qual os navios eram medidos pela sua capacidade de carregar tonéis-padrão. Era a tonelagem, de tonéis.

Assim, tanto a arqueação antiga como a atual são exclusivamente medidas de volume. A massa e o peso dos navios são expressos pelo deslocamento e pelo porte.

As regras para a determinação da arqueação passaram a aplicar-se a todos os navios construídos depois de 18 de Julho de 1982. Aos navios construídos antes dessa data foi dado um período transitório de 12 anos, para passarem do uso da TAB e TAL à AB e AL. Este período terminou a 18 de Julho de 1994. O período de transição serviu para dar tempo os navios de se ajustarem economicamente, uma vez que a arqueação constitui a base para o cumprimento das regras de governo, manobra e segurança. A arqueação é também a base de cálculo dos emolumentos cobrados, para registo e para cálculo das taxas portuárias. Um dos objetivos da ICTM 1969, era de assegurar que as novas arqueações calculadas não diferiam substancialmente das tradicionais TAB e TAL.

Tanto a AB como a AL são obtidas pela medição do volume do navio, seguida da aplicação de uma fórmula matemática. A AB baseia-se no volume moldado de todos os espaços fechados do navio; a AL baseia-se no volume moldado de todos os espaços para transporte de carga do navio. Além disso, existe a obrigação da AL de um navio não ser inferior a 30% da sua AB.

Os navios cujas arqueações brutas e líquidas tenham sido determinadas de acordo com as disposições da ICTM 1969, recebem um Certificado Internacional de Arqueação (1969), normalmente emitido pelos governos dos estados cujas bandeiras arvoram.

Sistema de arqueação Moorsom (descontinuado em 1994)

Historicamente, a arqueação de um navio era medida em termos do número de tonéis de vinho que podia transportar. O tonel, por sua vez, era uma unidade de volume cujo valor concreto variava de região para região (por exemplo, o tonel inglês era equivalente a 954 litros, o português a 840 litros e o francês de Paris a 133 litros). O termo "tonelagem" referia-se à taxa que um navio pagava por cada tonel transportado, bem como ao valor do seu peso.

Para uma medição uniforme da capacidade dos navios foram feitas várias tentativas de estabelecer um sistema universal. Em 1849, começou a ser usado na Grã-Bretanha o Sistema Moorsom, cujo uso acabou por se alargar à maioria dos países, tornando-se num sistema internacional. Segundo este sistema, a capacidade dos navios era medida numa unidade de volume equivalente a 100 pés cúbicos (2,83 metros cúbicos), designada "register ton" (tonelada de registo). Nos países de língua francesa esta unidade passou a ser designada "tonneau" (tonel) e nos de língua portuguesa "tonelada de arqueação".

Contudo, mesmo o sistema Moorsom não era usado uniformemente em todos os países. Por exemplo, o tonneu usado em França correspondia apenas a 1,44 m³. As formas de fazer a medição dos volumes também não eram uniformes.

Oficialmente, a antiga tonelagem de arqueação foi totalmente abolida em 1994, mas ainda é amplamente usada no ramo das atividades náuticas.

Tonelagem de arqueação bruta TAB (descontinuada em 1994)
A tonelagem de arqueação bruta (TAB ou GRT, em inglês gross register tonnage) representa o volume interior total de uma embarcação, expresso em toneladas de arqueação. A TAB também é referida como "tonelagem bruta" ou como "arqueação bruta", termo que pode causar confusão com a nova arqueação bruta estabelecida pela ICTM 1969. Por outro lado, a TAB é também ocasionalmente referida pelos termos "tonelagem bruta de registo" ou "arqueação bruta de registo" resultantes da tradução literal da designação em inglês "gross register tonnage".

Tonelagem de arqueação líquida TAL (descontinuada em 1994)
A tonelagem de arqueação líquida (TAL ou NRT, em inglês net register tonnage) representa o volume de carga que um navio é capaz de transportar, medido em tonelagens de arqueação. A TAL é também referida como "tonelagem líquida" e "arqueação líquida" que também não deve ser confundida com a arqueação líquida estabelecida segundo a ICTM 1969. Por vezes a TAL também é referida pelas traduções literais do termo em inglês "net register tonnage" como "tonelagem líquida de registo" ou "arqueação líquida de registo".

Deslocamento (displacement)

O deslocamento é a medida do peso do volume de água que o navio desloca, quando flutuando em águas tranquilas. Esse valor é o peso do navio, sendo expresso em toneladas. Os navios de guerra têm o seu tamanho avaliado pelo deslocamento, enquanto os navios mercantes são medidos pela capacidade de carregar mercadorias – a arqueação, dado que o que mais interessa são as características comerciais.

O deslocamento calcula-se através da multiplicação do volume imerso da embarcação pela densidade da água onde navega. Na prática, o deslocamento representa a massa da própria embarcação num determinado momento. Sendo uma medida de massa, o deslocamento não deve ser confundido com tonelagem, a qual, apesar da designação dar a entender o contrário, neste caso não é uma medida de peso ou massa, mas sim de volume.

O deslocamento também não deve ser confundido com o porte, uma vez que este, apesar de também ser uma medida de massa, representa apenas a capacidade de transporte do navio e não a sua massa total. O porte resulta assim da diferença entre o deslocamento máximo e o deslocamento mínimo (leve) de um navio. Exprime, portanto o peso do líquido deslocado na passagem da condição de navio leve à condição de plena carga. Quando se menciona simplesmente o deslocamento de um navio, entende-se como estando a fazer-se referência ao seu deslocamento máximo ou carregado.

Em mecânica dos fluidos, o termo deslocamento refere-se à massa de um fluido deslocada quando um objeto aí é imerso, ocupando o seu lugar. Quanto maior for a densidade do líquido, menor volume será deslocado por um objeto com a mesma massa. Outro modo de pensar no deslocamento, é considerá-lo como a quantidade de água que se iria verter de um contentor completamente cheio, caso aí fosse colocado o navio. Um navio a flutuar desloca sempre uma quantidade de água, cuja massa é a mesma que a massa do próprio navio.

A densidade (massa por unidade de volume) da água pode variar. Por exemplo, a densidade média da água do mar à superfície do oceano é de 1025 kg/m^3 mas, no entanto, a densidade média da água doce é de apenas 1000 kg/m^3. Considerando-se um navio de 100 toneladas a passar da água salgada do mar para a água doce de um rio, o mesmo continuaria a deslocar exatamente as mesmas 100 toneladas de água, mas esse deslocamento corresponderia a um maior volume de água doce do que de água salgada. Assim, a embarcação iria ter uma imersão no rio ligeiramente superior à que teria no mar.

Deslocamento em condições especiais

Deslocamento leve (displacement, light)
Peso do navio completo, mas sem tripulação, carga, combustíveis e outros consumíveis.

Deslocamento carregado (displacement, loaded)
O deslocamento carregado, deslocamento em plena carga ou deslocamento máximo correspondem praticamente ao mesmo conceito. Quando se menciona simplesmente o termo "deslocamento", normalmente entende-se como deslocamento carregado. O deslocamento em plena carga é definido como o deslocamento de uma embarcação quando a flutuar com o máximo calado estabelecido pelas sociedades de classificação. É equivalente ao deslocamento leve acrescido da massa total da capacidade máxima de transporte de um navio em termos de carga, passageiros, combustível, água, consumíveis, tripulação e todos os restantes itens necessários para uma viagem.

Confuso? Será natural que sim. O tema merece uma consulta regular e algumas comparações entre navios, para ser perfeitamente entendido.

13

HISTÓRIA DA INDÚSTRIA DOS CRUZEIROS

Importa conhecer o passado, para ter na certeza um futuro!

Relativamente falando, os navios de transporte de passageiros são uma inovação recente na história das embarcações marítimas. Cerca de 200 anos atrás, as pessoas viajavam de navio apenas quando era absolutamente necessário. Naquela época as viagens marítimas eram perigosas, insalubres e monótonas.

Após o término da guerra anglo-americana de 1812, da derrota de Napoleão Bonaparte na Batalha de Waterloo e do Congresso de Viena, todos estes eventos ocorridos em 1815, iniciou-se uma era de relativa estabilidade. Os líderes americanos passaram a prestar menos atenção a conflitos europeus, bem como ao comércio com a Europa, e passaram a dedicar-se mais ao desenvolvimento doméstico do país. Seguiu-se a Era do Bem Sentir, um período de paz, de expansão territorial, de isolacionismo e do fortalecimento da economia do país. Foi o início da expansão americana em direção ao oeste. Uma vaga de imigrantes europeus iria mudar-se na mesma direção, em busca de melhores condições de vida e/ou de liberdade religiosa. O grande número de imigrantes que partiram em navios à vela para os Estados Unidos, a partir de 1815, criou a primeira procura por navios de transporte de passageiros. Estava lançada a oportunidade. O engenho e a criatividade das companhias marítimas faria surgir, mais tarde, a dinâmica e inovadora indústria dos cruzeiros que conhecemos hoje.

Navegação perigosa
Na década de 1830 a navegação era uma arte, não uma ciência, com poucas ajudas para orientar os marítimos. A costa americana dispunha de talvez 50 faróis e 100 ou mais bóias, consistindo estes meios nos únicos guias de navegação disponíveis quando o serviço transatlântico de passageiros começou a desenvolver-se. Registavam-se colisões com terra, com gelo, com detritos flutuantes e navios contra navios. As colisões com terra constituíam a maior ameaça. O gelo foi provavelmente o segundo maior perigo, durante os primeiros anos de serviço transatlântico de passageiros. Todos os anos um navio com passageiros simplesmente desapareceu no Atlântico Norte, vítima provável de um iceberg.

Fogo
Os próprios navios não eram totalmente seguros. Não existiam leis que regulamentassem os navios ou os seus tripulantes. O fogo era o pior inimigo dado que os navios eram construídos em madeira. Bastava uma faísca para iniciar um inferno. Portanto, o fogo para cozinhar, para aquecimento (raramente fornecido) e para fumar a bordo do navio (apenas permitido na cozinha), era fortemente controlado.

Doenças
Durante as primeiras décadas do século XIX, os navios que transportavam passageiros eram extremamente insalubres. Centenas de pessoas eram instaladas em espaços mal ventilados. As provi-

sões disputavam espaço com a carga. Não existia refrigeração. O convés dos navios era frequentemente lotado com gado, a única fonte de carne fresca. Em qualquer caso, a carne dos animais só durava para algumas semanas. Depois disso, as refeições muitas vezes consistiam de carne salgada infestada de vermes, pão duro e água pútrida, provocando indigestão, muitas vezes seguida de escorbuto ou pior.

Monotonia

É claro que não existiam piscinas, jogos no convés ou entretenimento de qualquer tipo, tornando as viagens de passageiros extremamente monótonas. A viagem de Southampton para Boston geralmente levava até seis longas semanas.

Vapor na propulsão

Com o advento da propulsão por vapor, as viagens por mar tornaram-se mais rápidas, previsíveis e mais seguras, aumentando o número de passageiros. As novas tecnologias, no entanto, criaram novos problemas. As primeiras máquinas a vapor eram impulsionadas por caldeiras primitivas, que explodiam com demasiada frequência causando um elevado número de mortes. Só no ano de 1823, 14 por cento de todos os navios a vapor nos Estados Unidos foram destruídos por explosões, resultando em mais de 1000 mortes.

Quando olhamos hoje para os navios de cruzeiros, não suspeitamos a longa travessia desta indústria. Agora que vimos as condições em que o transporte marítimo de passageiros se desenvolveu, podemos melhor entender a sua evolução.

O transporte de correio e de passageiros

Os primeiros navios oceânicos não estavam preocupados com os passageiros, mas sim com a carga que poderiam transportar. A situação iria inverter-se em 1819, quando a companhia americana Black Ball Line lançou o serviço regular de viagens entre Nova Iorque e Liverpool em Inglaterra, transportando carga, correio e passageiros, preocupando-se com o conforto destes. O

SS Savannah, navio veleiro híbrido com rodas de pás acionadas por vapor, atravessou o oceano Atlântico e chegou a Liverpool quase 28 dias depois da sua partida. Esta foi a primeira travessia programada do oceano atlântico com auxílio de máquinas a vapor. Estas máquinas revolucionaram a produção industrial no século XVIII, e o seu impacto atingiu também a indústria do transporte de passageiros, primeiro no sector ferroviário e posteriormente no setor marítimo e fluvial.

Na década de 1830 os navios a vapor dominaram o mercado transatlântico de transporte de passageiros e de correio. As companhias inglesas tinham a liderança do mercado, com destaque para a empresa Steam Packet Royal Mail, fundada em Londres em 1839 (posteriormente renomeada Cunard Line, a qual viria a ser em 1927, a maior companhia de transporte marítimo do mundo, após aquisição da White Star Line).

Em 1837, a companhia P&O fundada como Peninsular Steam Navigation Company, transportava passageiros, correio e carga entre a costa sul de Inglaterra e Portugal e Espanha. Em 1840, começou a transportar correio entre a Inglaterra e o Egipto. Em 1842 iniciou o transporte de correio para a India. Em 1845 atingiu Hong Kong e Singapura. Em 1849 distribuía correio para

Shangai. Em 1852 seria inaugurada a ligação de correio para a Australia.

Inovação

O SS Great Britain foi o primeiro navio transatlântico a ter um casco e uma hélice propulsora de ferro. Quando lançado em 1843 era o maior navio da época. Foi originalmente projetado para carregar 120 passageiros de 1ª classe (26 dos quais em cabines separadas), 132 passageiros de segunda classe e 120 oficiais da tripulação, mas quando um convés extra foi construído a sua capacidade aumentou para 730 passageiros. Em 26 de Julho de 1845, o navio fez a sua viagem inaugural para Nova Iorque, com 45 passageiros, uma jornada completada em 14 dias.
Entre 1850 e 1860 registou-se uma melhora dramática na qualidade das viagens. Os navios começaram a transportar exclusivamente passageiros e acrescentaram luxos como a luz elétrica, mais espaço no convés e entretenimento.

Em Junho de 1867, o navio a vapor Quaker City realizou uma excursão privada ao Mediterrâneo e Palestina. Partiu dos Estados Unidos com 75 excursionistas a bordo, retornando em Novembro. Mark Twain era um dos passageiros naquele que foi considerado o primeiro cruzeiro originário da América, documentando as aventuras da viagem de seis meses, no seu livro Innocents Abroad.

Na década de 1880, a aprovação pelo British Medical Journal de viagens marítimas para fins curativos, incentivou ainda mais o público a realizar cruzeiros de lazer, bem como viagens transatlânticas. Os navios começaram também a levar imigrantes para os Estados Unidos em terceira classe. Nesta, os passageiros eram responsáveis por garantir a sua própria alimentação e dormiam em qualquer espaço disponível no porão.

As primeiras operações de cruzeiros

Em 1883, o navio de passageiros SS Ceylon da P&O, após venda à Ocean Steam Yachting Company, tornou-se o primeiro navio a realizar cruzeiros em redor do mundo.

Daily News, 17 de Setembro de 1881 – Uma viagem de lazer à volta do mundo

"A empresa recentemente formada, com o nome Inter-Oceanic Yachting Company Limited, comprou à P&O o navio a vapor Ceylon de 2.110 toneladas, com o qual se propõe a fazer uma expedição à volta do mundo, para o prazer de quaisquer pessoas que tenham tempo suficiente para se juntar à mesma. A embarcação, desde a sua compra, tem passado por uma restauração completa, e um grande número de pessoas interessados na viagem reuniram ontem a bordo, com a finalidade de fazer uma inspeção. O Ceylon está agora ancorado em Victoria Dock, onde pode ser visto por qualquer pessoa que esteja interessado em viajar nele. Os seus arranjos são tudo o que pode ser desejado. Ao lado do alojamento habitual em navios da sua classe, um luxuoso boudoir para uso exclusivo de senhoras, e uma sala de fumo para cavalheiros, foram erguidas no convés superior, enquanto as camas são extremamente convenientes, sendo atribuídas apenas duas pessoas a cada cabina. A viagem terá início em 15 de Outubro e terminará cerca de 7 de julho de 1882, sob o comando do Capitão R D Lunham. Cada está preparada para acomodar pessoal doméstico dos passageiros e o navio está disposto de modo que estes terão todo o convés principal para si mesmos, sem a interferência da tripulação. A taxa para todo o cruzeiro é de £ 500 e de £ 150, para os passageiros e os seus empregados, respetivamente. Caso a presente especulação venha a constituir um sucesso, é intenção da empresa organizar uma série regular de viagens instrutivas e divertidas."

Em 1886, a North of Scotland Orkney & Shetland Shipping Company, iniciou viagens de cruzeiros na Noruega com o SS St. Rognvald. Foi anunciada uma viagem especial para Bergen e alguns dos principais fiordes e lugares de interesse na costa oeste da Noruega. Esta foi talvez a primeira viagem de navio de cruzeiro propositadamente planeada, e provou ser tão popular com o público, que a empresa rapidamente anunciou um cruzeiro de acompanhamento que também foi popular, levando à preparação de mais três cruzeiros para a temporada de verão. A empresa percebeu que os seus cruzeiros de curta duração e de custo relativamente acessível era um novo empreendimento rentável e rapidamente contratou a construção de um novo navio. O SS St. Sunniva foi o primeiro navio de cruzeiros do mundo construído para o efeito e constituiu um grande sucesso. Um programa de cruzeiros mais ambicioso foi organizado para 1888, envolvendo o SS St. Rognvald na realização de um cruzeiro de 21 dias até ao Cabo Norte e o SS St. Sunniva para o Mar Báltico. Foi também decidido alargar a temporada de cruzeiros com uma viagem em redor da Grã-Bretanha. O SS St. Sunniva foi também fretado no inverno, para cruzeiros no Mediterrâneo.

Em 1889, a Orient Steam Navigation Company (Orient Line) realizou um cruzeiro de trinta e sete dias para o mediterrâneo, com o seu navio Garonne. Saindo de Londres em Fevereiro, o navio visitou Lisboa, Gibraltar, Argel, Palermo, Nápoles, Livorno, Génova, Nice, Málaga e Cádiz, regressando depois a Londres. A viagem constituiu um sucesso e, no mesmo ano, a companhia colocou mais um navio ao serviço, o SS Chimborazo, primeiro com um cruzeiro no mediterrâneo e mais tarde com um cruzeiro à Noruega.

Em 1891, Albert Ballin, diretor da companhia de navegação Hapag (Hamburg America Line), decidiu enviar o SS Augusta Victoria num cruzeiro de lazer em climas mais quentes. De outra forma, o maior navio de passageiros então existente, com 144 metros, teria passado todo o inverno ancorado. Efetivamente, durante a estação fria a procura pela passagem transatlântica usual reduzia-se bastante, dada a perigosidade do Atlântico Norte nesta época. A apelidada "Orient Expedition" foi um sucesso espetacular. Com esse cruzeiro mediterrâneo de férias em 1891 Balin encontrou uma excelente oportunidade de negócios. Havia clientes interessados em destinos ensolarados, como Constantinopla ou Nápoles. E, em vez de migrantes desesperados, os passageiros eram industriais ricos.

Entretanto, do outro lado do Atlântico, em 1894, a Quebec Steamship Company começou a operar "Cruzeiros Especiais" de Nova Iorque para as Índias Ocidentais, realizadas anualmente de Janeiro a Fevereiro. O itinerário habitual incluía St Thomas, St Croix, St Kitts, Antigua, Guadalupe, Dominica, Martinica, St Lucia, Barbados, St. Vincent, Demerara e Jamaica. A companhia foi de tal forma bem-sucedida que, em 1895, dedicou três navios – o SS Maidana de 3.198 toneladas, o SS Orinoco de 1.864 toneladas e o Caribée de 1.817 toneladas, fazendo cada um deles um cruzeiro.

A P&O entra no negócio das "viagens de prazer" em 1904. O conceito já não era novo. Os benefícios das viagens de mar para a saúde e a noção de viajar por prazer estavam muito em voga. As viagens na região do Mediterrâneo e do Báltico estavam bem estabelecidas e fazia sentido para a P&O tirar proveito do "off-season", quando o número de passageiros nos navios correio a vapor, caiam drasticamente. Em 1924, a P&O era a maior companhia de navegação no mundo.

A época dos transatlânticos

No início do século XX foi desenvolvido o conceito de superliner. A Alemanha liderou o mercado no desenvolvimento destes enormes e ornamentados hotéis flutuantes. O design destes navios tentou reduzir o desconforto das viagens marítimas, minimizando o facto de se estar no mar e as condições extremas de clima, tanto quanto possível, através de acomodações elegantes e de atividades planeadas. Os navios Mauritania e Lusitania, ambos da companhia inglesa Cunard, iniciaram a tradição de se vestir para o jantar e publicitaram o romance da viagem. A velocidade ainda era o fator decisivo na conceção destes navios. Não havia espaço para grandes salas públicas e os passageiros eram obrigados a partilhar as mesas de jantar. A companhia White Star Line introduziu os navios de passageiros mais luxuosos, (completos com piscina e campo de ténis), nomeadamente o RMS Olympic e o RMS Titanic (RMS é o acrónimo de Royal Mail Ship).

No projeto destes navios, o espaço e o conforto dos passageiros ganharam prioridade sobre a velocidade, resultando em navios maiores e mais estáveis.

Ao começar a navegar, em 1912, o Titanic era o maior navio em funcionamento do mundo. Os seus operadores pretendiam estabelecer novos padrões de luxo em termos de recursos e de serviços. No entanto, na sua viagem inaugural entre Southampton e Nova Iorque colidiu com um iceberg, afundando-se de seguida, num dos desastres marítimos mais fatídicos da história moderna. 1514 de um total de 2200 passageiros morreram. O naufrágio do RMS Titanic na sua viagem inaugural devastou a White Star Line. Em 1934, a Cunard comprou a White Star, passando a designar-se Cunard White Star Limited, possuída 62% pela Cunard e 38% por credores da White Star. Em 1947, a Cunard adquiriu os 38% da Cunard White Star que ainda não possuía e, em 1949, reverteu o nome para o conhecido Cunard.

A Primeira Guerra Mundial (1914-1918) interrompeu a construção de novos navios de cruzeiros e muitos navios mais antigos foram usados como transporte de tropas. No final da guerra, a perda de muitas embarcações e o alto custo de substituições suspendeu a maioria das atividades de cruzeiro.

A lei seca nos EUA

Em 16 de Janeiro de 1920 os Estados Unidos da América aprovaram a lei que proibia o fabrico, venda e transporte de bebidas alcoólicas. Ironicamente, esta lei veio fortalecer a oferta ilegal de bebidas alcoólicas, controlada sobretudo pelos contrabandistas e criminosos. Curiosamente veio também contribuir para o desenvolvimento do mercado de cruzeiros marítimos, cujos operadores perceberam a oportunidade criada. Naturalmente, qualquer navio de bandeira norte-americana estava sujeito à mesma lei, logo interdito de vender bebidas alcoólicas. No entanto, os navios de bandeira estrangeira, desde que fora do mar territorial dos EUA, podiam fornecer bebidas alcoólicas, pois não estavam abrangidos pela lei. A companhia alemã Hamburg America Line, que até essa altura operava os seus navios Resolute e Reliance com bandeira norte-americana, alterou o registo destes navios, começando a operar com bandeira do Panamá, ficando assim livre das restrições impostas pela nova lei. A lei seca, conjugada com o ritmo de vida extravagante da época, levaram a uma grande expansão e divulgação dos cruzeiros marítimos, bem como à perceção dos cruzeiros como uma opção aceitável e divertida para as férias, apesar destas estarem ainda restritas a uma pequena percentagem da população. A proibição do consumo de bebidas alcoólicas durou até 1933.

Os anos entre 1920 e 1940 foram considerados os mais glamourosos para os navios transatlânticos de passageiros, navios destinados a pessoas ricas e famosas, que eram vistas pelo público em geral em vários noticiários, desfrutando de ambientes de luxo. Os turistas norte-americanos interessados em visitar a Europa, substituíram os passageiros imigrantes. Os anúncios publicitários promoviam a moda das viagens marítimas, evidenciando a comida elegante e as atividades a bordo. Em 1932, mais de 100.000 britânicos passaram as suas férias no mar, viajando em cerca de 200 cruzeiros em navios de luxo, a partir de portos britânicos.

A Grande Depressão

Em 1929 teve início a Grande Depressão, que afetou os Estados Unidos e vários outros países, incluindo a Alemanha, Países Baixos, Austrália, França, Itália, o Reino Unido e, especialmente, o Canadá, prolongando-se até ao início da Segunda Guerra mundial. A depressão atingiu duramente os navios de passageiros na década de 1930, e muitos navios famosos foram pressionados a fazer serviço de cruzeiros para se manterem em atividade. Por exemplo, os navios Mauritânia, Aquitania e Berengaria, da frota Cunard Atlantic Express, que normalmente permaneciam no porto de Nova Iorque pelo período de seis dias entre travessias atlânticas, foram enviados em "booze cruises" para o Caribe.

Estas excursões de quatro dias tinham o baixo custo de 50 dólares e marcaram o início dos cruzeiros populares.

A Segunda Guerra Mundial

Nos anos que antecederam a Segunda Guerra Mundial, o governo alemão liderado por Hitler, usou os cruzeiros como forma de recompensa e de incentivo à classe trabalhadora. Esta iniciativa constituiu um marco na história da indústria de cruzeiros, tornando os mesmos disponíveis e acessíveis financeiramente para a classe média. Entretanto foram-se definindo as áreas de cruzeiros como as Bahamas e as Caraíbas para o mercado norte-americano e a Noruega e o Mediterrâneo Ocidental para o mercado europeu.

Com o advento da segunda guerra mundial (1939-1945), os navios de cruzeiros foram novamente convertidos em navios de transporte de tropas, tendo a atividade dos cruzeiros transatlânticos cessado depois da guerra. As linhas europeias, em seguida, colheram os benefícios do transporte dos refugiados para a América e para o Canadá, e dos viajantes de negócios e turistas para a Europa. Com o terminar da guerra muitos dos navios de passageiros haviam sido afundados ou estavam em más condições. A falta de transatlânticos americanos nesta altura e, portanto, a perda de lucros, estimulou o governo dos EUA a subsidiar a construção de navios de cruzeiro. Além das comodidades de luxo, os navios foram concebidos de acordo com as especificações para uma possível conversão em navios de transporte de tropas, na eventualidade de um declínio no mercado de transporte de passageiros.

As viagens aéreas e o declínio dos transatlânticos

O aumento das viagens aéreas entre 1950 e 1960, e o primeiro voo non-stop para a Europa em 1958 marcaram o fim do negócio dos navios transatlânticos. Os navios de passageiros foram vendidos e as linhas foram à falência por falta de negócio. Nos anos 70, as operações de cruzeiros no Reino unido entraram em declínio, com o levantamento das restrições monetárias, que impediam os turistas britânicos de levarem mais de 50 libras para fora do país e um desenvolvimento notório na indústria de transporte aéreo. A combinação destes fatores propiciou o aparecimento de pacotes de férias em países estrangeiros, a preços relativamente acessíveis. A junção do transporte aéreo a destinos de férias como o sul de Espanha, o sul de Portugal e as ilhas do Mediterrâneo e do Atlântico, proporcionava aos consumidores de viagens britânicos, férias a cerca de duas ou três horas de distância e a preços significativamente mais baixos, quando comparados com os cruzeiros disponíveis. No início dos anos 80 restavam apenas três companhias de cruzeiros a operar no mercado do Reino Unido: a P&O com os navios Canberra e Sea Princess; a Cunard com os navios Queen Elizabeth II, Cunard Countess e Cunard Princess; e a Fred Olsen com o navio Black Prince apenas.

A indústria de cruzeiros no Reino Unido voltaria a crescer no final dos anos 80, devido a uma procura de alternativas de férias. O crescimento tornou-se exponencial e contínuo ao longo dos anos seguintes, sobretudo devido à integração de outras empresas, não de outras companhias de cruzeiros mas sim de operadores turísticos e agências de viagens. A entrada das companhias de cruzeiros na operação turística permitiu novas formas de divulgação e venda dos cruzeiros, aumentando assim o portfólio de produtos disponíveis no mercado tradicional de venda de viagens.

O crescimento Norte-Americano

Em 1966, em simultâneo com o decréscimo de procura registado no Reino Unido, o mercado de cruzeiros na América do Norte começou a demonstrar uma rápida expansão e uma procura cada vez maior. Nesse mesmo ano, a Norwegian Caribbean Line (renomeada NCL Norwegian Cruise Line em 1987) iniciou a venda e exploração de um cruzeiro nas Caraíbas, com saída do porto de Miami, utilizando o navio Sunward nas suas operações.

Em 1972, foi fundada a companhia Carnival Cruises, entrando no mercado com uma estratégia de tripulação não sindicalizada, navios com bandeiras de conveniência e grandes casinos. Atualmente é a maior companhia do mundo, devido a uma estratégia de aquisição de outras companhias de cruzeiros. Após o sucesso da NCL, outras duas companhias norueguesas entraram no mercado de cruzeiros nas Caraíbas: a Royal Caribbean Cruise Line (operando atualmente como Royal Caribbean International) e a Royal Viking Line, mantendo assim uma forte influência das companhias escandinavas no mercado norte-americano. Os Estados Unidos da América lideraram o crescimento da indústria dos cruzeiros nos anos 70 e 80, com novas companhias a serem formadas todos os anos, bem como outras a deixar o mercado ou a serem adquiridas por outras companhias.

A indústria dos cruzeiros modernos

A década de 1960 testemunhou os primórdios da indústria de cruzeiros modernos. As companhias de cruzeiros concentraram-se em viagens de férias nas Caraíbas, e criaram a imagem "Fun Ship", que atraiu muitos passageiros que nunca tiveram a oportunidade de viajar no mar. Os navios de cruzeiro ofereciam assim um ambiente casual, possibilitando um amplo entretenimento a bordo. Houve uma diminuição no papel de navios para o transporte de pessoas para um destino específico; em vez disso, a ênfase era sobre a própria viagem. O navio tornou-se um destino de férias, deixando de ser um meio de transporte.

A nova imagem das linhas de cruzeiros foi solidificada com a popularidade da série de TV "The Love Boat" ou, em português, "O Barco do Amor", que decorreu de 1977 até 1986. Esta série retratava histórias sobre a tripulação e os seus passageiros num ambiente de sol, paraísos tropicais, diversão e romance, que cativou milhões de telespectadores, não só nos Estados Unidos mas também no Reino Unido e em outros países onde a série foi transmitida com semelhante sucesso.

A indústria dos cruzeiros revelou nas últimas décadas, um enorme e constante crescimento, ultrapassando muitos outros sectores da atividade turística. Esta elevada procura, fruto da necessidade de diversificação da oferta ao consumidor e da aposta dos principais players do sector, levou a uma consequente evolução da indústria dos cruzeiros e a uma elevação dos patamares, no que à qualidade dos navios, inovação e serviços disponíveis diz respeito.

"O sector dos cruzeiros está ainda em expansão e ainda não alcançou a maturidade, o que explica a forte taxa de crescimento anual acumulado que ultrapassa os 7%, sendo portanto de esperar o aparecimento de mais e maiores desafios para este setor do turismo."

Organização Mundial do Turismo

"A bordo de um navio de cruzeiros moderno, há algo para todos os gostos, para todos, para cada dia do cruzeiro. E tudo é perfeitamente coordenado e conduzido. Um argumento convincente que é difícil de bater."

Andrea Cavallucci

14

O MALDITO
INGLÊS

Não falar inglês é um dos maiores inimigos do marítimo e de quem o pretende ser. Em navios com tripulações cada vez mais multiculturais, é fundamental que todos consigam comunicar num idioma comum. No meio marítimo, o inglês foi a língua escolhida para este efeito. É claro que, num navio, todos podem falar no seu idioma nativo quando em grupos de determinada nacionalidade. Mas, nas comunicações internacionais entre navios, entre navios e terra e em situações de emergência, mesmo nos simulacros regulares, apenas se comunica em inglês. Seria uma loucura imaginar algo diferente. A comunicação deve ser precisa, simples e inequívoca, de forma a evitar confusão e erros que podem causar mal-entendidos, ameaçando os navios, as pessoas a bordo e o ambiente.

O nível de inglês exigido é totalmente diferente consoante as funções desempenhadas. Um oficial de máquinas, por exemplo, tem de dominar o inglês marítimo técnico, relacionado com as operações de condução e de manutenção de máquinas e equipamentos, assim como o inglês comum de diálogo entre equipas, incluindo a passagem de serviço, elaboração de relatórios, comunicação com a ponte, frases normalizadas em situações de emergência, etc. Um oficial piloto tem ainda mais responsabilidades neste domínio, dado que além das comunicações internas no navio, tem um sem fim de tarefas a coordenar com entidades externas ao navio. O seu nível de inglês deve ser assim elevado, quer no diálogo corrente, quer em linguagem técnica. Existe inclusive um padrão normalizado de comunicação a bordo de navios, para oficiais (SMCP Standard Marine Communication Phrases), sendo a capacidade de o compreender e utilizar, necessária para a certificação de oficiais chefes de quarto de navegação, de navios de arqueação bruta igual ou superior a 500.

Mas importa aqui sublinhar, que nenhum destes oficiais necessita naturalmente de possuir o conhecimento de inglês específico de quem trabalha, por exemplo, a servir clientes em restaurantes ou bares. E vice-versa. E se trabalhar na cozinha como ajudante, sem contato com clientes, o nível de inglês exigido é claramente menor.

E se ocorrer uma emergência? Sem dúvida que todos têm de se entender, rapidamente e sem falhas de comunicação. Todos os elementos da tripulação têm de comunicar em inglês, num vocabulário simples mas essencial. Todos têm de saber os nomes das diferentes áreas do navio, dos equipamentos de segurança e combate a incêndios, de meios de salvamento. Têm também de saber comunicar com os passageiros, orientando os mesmos em termos de ações a executar e direções a seguir, evitando o pânico. Assustado? Não é caso para isso. Este nível de inglês aprende-se com facilidade e não constitui obstáculo para trabalhar num navio. Não caia no senso comum de que "não falo inglês, logo não posso trabalhar num navio". Troque esta frase pela seguinte: "não falo inglês, mas vou aprender o suficiente para trabalhar num navio".

Por exemplo, as seguintes frases para orientação de passageiros sobre o que precisam vestir e levar para os pontos de reunião, em caso de emergência, são frases estabelecidas e normalizadas. Não é difícil aprender as mesmas:

- Keep calm. There is no reason to panic.
- Take your lifejacket and a blanket. You will find your lifejacket under your bed.
- Put on warm clothing, long-sleeved shirts and strong shoes.
- Do not forget personal documents, your spectacles and medicine if necessary.
- Do not return to your cabin to collect your property.
- All persons, please move closer.

Aprender sem custos

Existem hoje muitas ferramentas gratuitas e disponíveis online, que permitem que todos possam aprender ao seu ritmo e consoante o nível pretendido, o inglês que necessitam para trabalhar num navio. Apresentamos a título de exemplo as seguintes plataformas:

- Woodward English
- Duolingo
- Ames836
- Spotlight
- Voice of America

Bombordo ou estibordo?

Porque razão os navios usam os termos bombordo e estibordo, em vez de esquerda e direita? Porque, ao contrário de esquerda e direita, bombordo e estibordo referem-se a locais fixos num navio, os lados do navio.

Num navio, os lados de bombordo e estibordo nunca mudam, são referências inequívocas independentes da orientação de uma pessoa a bordo, utilizando-se estes termos náuticos em vez de esquerda e direita, para evitar confusão. Se estiver a bordo de um navio, ao olhar para a frente, em direção à proa, bombordo e estibordo referem-se aos lados esquerdo e direito, respetivamente.

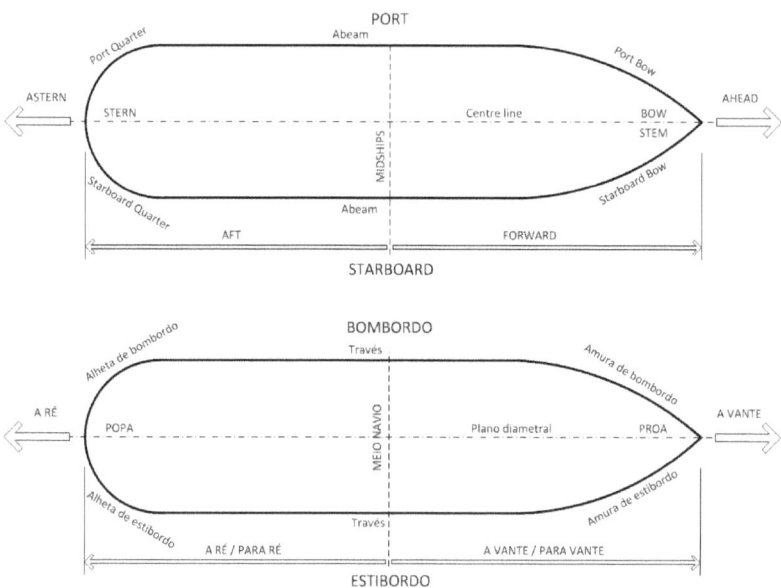

Terminologia marítima essencial

Sem a ambição de apresentar um manual de inglês para marítimos, vale a pena contudo, ilustrar a terminologia básica que suporta a vida de qualquer marítimo. A construção de frases é realizada com suporte do inglês comum, que se aprende em qualquer escola.

Zonas e partes do navio

SHIP, VESSEL – NAVIO
Construção de grande porte, feita em materiais apropriados de modo à flutuar e destinada a transportar pela água pessoas e carga.

BOW – PROA
Extremidade anterior do navio no sentido normal da sua navegação, também chamada zona de vante (frente do navio). Quando um objeto se situa na proa ou próximo dela, diz-se que está a vante.

STERN – POPA
Extremidade posterior do navio, no sentido normal da sua navegação, também chamada zona de ré (retaguarda do navio). Quando um objeto se situa na proa ou próximo dela, diz-se que está à ré.

FORE, FOREWARD – A VANTE
A vante, na direção da proa, na metade dianteira da embarcação.

AFT – À RÉ
À ré, na direção da popa, na metade traseira da embarcação.

SIDE, SHIPBOARD – BORDO, COSTADO
Cada uma das duas partes simétricas em que o casco é dividido pelo plano diametral.

PORT – BOMBORDO
Bordo esquerdo de uma embarcação, considerando-se a sua proa como a frente.

STARBOARD – ESTIBORDO
Bordo direito de uma embarcação, considerando-se a sua proa como a frente.

MIDSHIP – MEIO-NAVIO
Zona a meia distância entre a proa e a popa da embarcação.

QUARTER – ALHETA
Zona do casco nas obras mortas em ambos os bordos, a ré.

BOW – AMURA
Zona do casco nas obras mortas em ambos os bordos, a vante.

BOTTOM – CARENA, QUERENA
Parcela do forro exterior do casco, que se mantém abaixo da linha de flutuação com o navio na situação de deslocamento em plena carga. O mesmo que obras vivas.

QUICK WORKS – OBRAS VIVAS
Parte do casco da embarcação situada abaixo do plano de flutuação com o navio na situação de deslocamento em plena carga. O mesmo que carena ou querena.

UPPER WORKS – OBRAS MORTAS
Parte do casco da embarcação situada acima do plano de flutuação com o navio na situação de deslocamento em plena carga.

Espaços do Navio

BRIDGE – PONTE
Ponte de comando. O mesmo que passadiço.

ENGINE ROOM – CASA DA MÁQUINA
Área do navio onde se encontram as máquinas principais e auxiliares

GALLEY – COZINHA
Cozinha do navio.

PANTRY – DESPENSA
Despensa, copa.

MESS – MESSE
Área de restauração para a tripulação

CABIN – CABINA, CAMAROTE
Local de descanso, quarto.

CORRIDOR – CORREDOR
Corredor de passagem com acesso a quartos.

LAUNDRY – LAVANDARIA
Área da lavandaria.

LOCK – PAIOL
Compartimento para armazenamento ou guarda de equipamentos, materiais ou mantimentos.

CHAIN LOCKER – PAIOL DA AMARRA
Compartimento na proa do navio, para colocação por gravidade das amarras das âncoras.

PAINT LOCKER – PAIOL DAS TINTAS
Compartimento na proa do navio, para colocação por gravidade das amarras das âncoras.

HOLD – PORÃO
Cada um dos grandes espaços estanques, entre o fundo ou o teto do fundo duplo, e a coberta imediatamente superior, destinado a arrumação da carga.

Estruturas do navio

HULL – CASCO
Corpo da embarcação sem mastreação, aparelhos, acessórios ou qualquer outro arranjo.

DECK – CONVÉS, PISO, PAVIMENTO
Estrutura que subdivide horizontalmente a embarcação.

DECK PLANKING – TABUADO DO CONVÉS
Conjunto de tábuas de madeira e de juntas calafetadas, que revestem parte dos conveses expostos ao tempo.

BULKHEAD – ANTEPARA
Estrutura vertical que subdivide uma embarcação em compartimentos ou em regiões estanques.

BOARD, EDGE – BORDA
Limite superior do costado.

BULWARK – BORDA-FALSA
Parapeito que se ergue acima dos conveses expostos ao tempo, com a finalidade de dar proteção ao pessoal e ao material, evitando que caiam ao mar. Elevação da borda acima do convés.

PORTHOLE – VIGIA
Abertura circular praticada no costado ou na antepara de uma superestrutura, destinada a arejar ou a iluminar um compartimento. São guarnecidas de uma gola de metal na qual se fixam ou se articulam as suas tampas.

GANGWAY – PORTALÓ
Abertura na borda do navio, ou passagem na balaustrada, ou, ainda, abertura feita no costado de um navio mercante de grande porte, utilizado para o trânsito de pessoal e cargas leves.

FORECASTLE – CASTELO DE PROA
Superestrutura no extremo de vante do navio. O mesmo que castelo.

FUNNEL – CHAMINÉ
Estrutura metálica que serve para conduzir para a atmosfera os gases resultantes da queima de qualquer combustível.

COFFERDAM – COFERDAM
Espaço celular entre duas anteparas transversais contíguas, destinado a isolar um tanque de óleo de um tanque de água, de um compartimento habitável, paiol, praça de máquinas, etc. O mesmo que espaço de ar ou espaço de segurança.

BULB – BULBO
Apêndice situado na proa, abaixo da linha de flutuação. A sua forma é projetada de forma a reduzir a resistência ao deslocamento do navio na água.

SCUPPER – EMBORNAL
Aberturas existentes no convés, para escoamento das águas provenientes de chuva, de baldeação ou condensação.

HATCH – ESCOTILHA
Abertura feita num convés, para passagem de ar, luz, pessoal ou carga.

CARGO HATCH – ESCOTILHA DE CARGA
Escotilha de grandes dimensões, utilizada para a passagem de carga para os porões.

HATCHWAY – ESCOTILHA COMUM
Escotilha utilizada para o trânsito de pessoal entre dois pavimentos, através de escada.

DOOR – PORTA
Abertura que dá passagem franca a um homem de um compartimento para outro, num mesmo convés. (Recebe a denominação do compartimento a que serve como, porta da lavandaria, ou do fim a que se destina, como porta de comunicação, porta de inspeção, etc.).

MANHOLE – PORTA DE VISITA
Abertura que dá passagem para um homem, feita em tanques ou no teto do duplo-fundo, a fim de permitir a inspeção, limpeza e tratamento desses espaços.

BREAKWATER – QUEBRA-MAR
Chapas colocadas no convés exposto ao tempo, na proa, a fim de quebrar o ímpeto das águas que embarcam pela proa, e dirigi-las para os embornais, quando o navio navega com mau tempo.

KEEL – QUILHA
Peça estrutural básica da embarcação, disposta na parte mais baixa do seu plano diametral, em quase todo o seu comprimento.

SUPERSTRUCTURE – SUPERESTRUTURA

Construção feita sobre o convés principal, estendendo-se ou não de um bordo a outro da embarcação e cuja cobertura é, normalmente, também um convés.

Navegação e estabilidade

COURSE – RUMO
Ângulo que faz o sentido da rota do navio com uma direção de referência, normalmente a do norte.

PITCH, PITCHING – BALANÇO LONGITUDINAL
Balanço de uma embarcação no sentido de proa a popa.

ROLL, ROOLING – BALANÇO TRANSVERSAL
Balanço de uma embarcação no sentido de um a outro bordo.

SCEND – CATURRO
Soerguimento da proa da embarcação, no balanço longitudinal. O mesmo que arfagem.

LIST, HEEL – BANDA
Inclinação permanente da embarcação para um dos bordos, resultante da má distribuição de pesos ou de avaria.

TRIM – CAIMENTO, COMPASSO
Inclinação permanente da embarcação no sentido longitudinal. Também conhecido como estabilidade longitudinal. Mede a diferença entre o calado à proa e o calado à ré.

CRUISING SPEED – VELOCIDADE DE CRUZEIRO
Velocidade na qual o navio tem o maior raio de ação. O mesmo que velocidade económica.

KNOT – NÓ
Unidade de medida da velocidade no mar. Equivale a uma milha marítima (1852 metros) por hora.

WINDWARD – BARLAVENTO
A parte ou a direção de onde vem o vento relativamente a um barco, objeto ou lugar.

LEEWARD – SOTAVENTO
Parte oposta de onde vem o vento em relação a um ponto ou um lugar determinados.

LATITUDE – LATITUDE
Arco de meridiano compreendido desde o Equador até a um ponto qualquer da superfície terrestre. Distância Norte ou Sul do Equador, expressa em graus.

LONGITUDE – LONGITUDE
Distância Este ou Oeste a partir do meridiano principal, expressa em graus.

CABLE – ESPIA
Cabos que amarram um navio a um cais ou a outro navio.

ANCHORAGE – FUNDEADOURO
Local para fundear/ancorar os navios.

FLAG – BANDEIRA
Bandeira de nacionalidade.

BUOY – BÓIA
Equipamento para amarração de um navio ou sinalização.

BALLAST – LASTRO
O lastro consiste em qualquer material usado para aumentar o peso e/ou manter a estabilidade de um navio.

Equipamentos do navio

WINCH – GUINCHO
Aparelho constituído por um ou dois tambores (saias), ligados a

um eixo horizontal acionado por motor elétrico (com transmissão mecânica ou hidráulica), ou manualmente, destinado a içar espias, movimentar aparelhos de carga, etc.

CAPSTAN – MÁQUINA DE SUSPENDER, CABRESTANTE

O cabrestante é uma máquina de suspender com tambor de eixo vertical, destinado a içar amarras ou espias, ou efetuar outras manobras de peso. É constituído por um tambor acionado por motor elétrico (com transmissão mecânica ou hidráulica), ou manualmente.

WINDLASS – MÁQUINA DE SUSPENDER, MOLINETE

O molinete é uma máquina de suspender com tambor de eixo horizontal, destinado a içar amarras ou espias, ou efetuar outras manobras de peso. É constituído por um tambor acionado por motor elétrico (com transmissão mecânica ou hidráulica), ou manualmente.

STEERING GEAR – MÁQUINA DO LEME

Máquina elétrica ou electro-hidráulica, destinada a movimentar o leme sem que seja necessário grande esforço muscular do timoneiro, aplicado na roda do leme.

PROPELLER – HÉLICE

O hélice é um aparelho de propulsão consistindo de um eixo com pás no sentido radial, cujas faces posteriores são superfícies aproximadamente helicoidais.

ANCHOR – ÂNCORA, FERRO

Peça de ferro ou aço, ligada à embarcação através da amarra, que se destina a fixar a posição do navio fundeado.

TENDER – EMBARCAÇÃO

Embarcação para transportar passageiros a terra, quando o navio fica fundeado.

DAVITT – TURCO

Estrutura metálica utilizada para estivar, arriar e içar embarcações miúdas e portalós dos navios. Os mais comuns são os turcos de gravidade.

RUDDER – LEME
Peça destinada a governar a embarcação, quando submetida à pressão dos filetes de água.

Dimensões de navios

DRAFT, DRAUGHT – CALADO
Distância vertical, tirada sobre um plano vertical, entre a parte extrema inferior da embarcação nesse plano e o plano de flutuação.

LENGHT OVERALL – COMPRIMENTO
A medida longitudinal do navio.

BREADTH – BOCA
Maior largura do navio.

WATERLINE – LINHA DE ÁGUA
Linha que separa as obras vivas das obras mortas e que é definida pela interseção do plano da superfície da água com o plano do casco.

FREEBOARD – BORDO LIVRE
Distância vertical a meio-navio entre a linha de água e a linha de borda.

DEADWEIGHT, DWT – PORTE BRUTO, PORTE
O porte bruto ou porte é a soma de todos os pesos variáveis que um navio é capaz de embarcar em segurança, incluindo o combustível, lubrificantes, água, mantimentos, consumíveis, tripulantes, passageiros, bagagens e carga embarcados.

ARQUEAÇÃO BRUTA – GROSS TONNAGE
A arqueação é a medida do volume total do navio e de todos

os seus compartimentos fechados. A arqueação bruta consiste portanto numa espécie de índice de capacidade ou dimensão do navio.

DISPLACEMENT – DESLOCAMENTO
O deslocamento é a medida do peso do volume de água que o navio desloca, quando flutuando em águas tranquilas. Esse valor é o peso do navio, sendo expresso em toneladas.

Segurança

CREW – TRIPULAÇÃO
Conjunto de homens e mulheres que trabalham num navio, executando manobras e demais serviços de bordo.

LIFEBUOY – BÓIA DE SALVAMENTO
Utilizada nas anteparas dos navios, com o propósito de auxiliar uma pessoa que porventura caia no mar.

LIFEBOAT – EMBARCAÇÃO SALVA-VIDAS
Embarcação rígida para utilização em situação de emergência que obrigue a abandonar o navio.

LIFERAFT – JANGADA SALVA-VIDAS
Embarcação insuflável para utilização em situação de emergência que obrigue a abandonar o navio.

RESCUE BOAT – EMBARCAÇÃO DE SALVAMENTO
Embarcação destinada a prestar socorro a outras embarcações ou pessoas.

LIFEJACKET – COLETE SALVA-VIDAS
Equipamento individual de salvamento que permite a uma pessoa manter-se em flutuação na água.

DRILL – SIMULACRO
Os simulacros realizam-se para testar a operacionalidade do

plano de emergência, treinar os membros da tripulação e passageiros, criar rotinas de comportamento e de atuação e, em sequência, aperfeiçoar os procedimentos estabelecidos.

MUSTER STATION – PONTO DE REUNIÃO
Ponto de agrupamento de passageiros em situações de emergência do navio.

WATERTIGHT DOOR – PORTA ESTANQUE
Porta destinada a vedar a passagem da água por uma abertura feita numa antepara estanque.

FIRE EXTINGUISHER – EXTINTOR

Outros termos

FRESH WATER – ÁGUA DOCE

POTABLE WATER – ÁGUA POTÁVEL

SEAWATER – ÁGUA DO MAR

E para as dúvidas que surgirem, fica aqui mais um Glossário de Termos Náuticos.

15

PLANO
TRABALHAR NUM
NAVIO

Se leu atentamente toda a informação apresentada previamente, sabe agora, com certeza, se quer realmente trabalhar num navio.

Se a sua resposta é negativa, apresento-lhe os meus parabéns. Com a simples leitura de um livro percebeu que este não é caminho para si e, sem se aperceber, ganhou já uma fortuna. De facto, ao retirar da sua cabeça a ideia de trabalhar num navio, ganha espaço e energia para se dedicar a outra atividade, com maior atenção e probabilidade de sucesso. Ganha foco, um dos mais importantes ingredientes de uma carreira ascendente.

> *"Foco é uma questão de decidir as coisas que não vai fazer"*
> John Carmack

Se a sua resposta é positiva, se quer realmente trabalhar num navio, bem-vindo a bordo! Apresento-lhe também os meus parabéns pela decisão, que sei ser acertada. E terei todo o gosto em acompanhar a caminhada. Para que chegue a bom porto, vai necessitar de método, foco, disciplina e perseverança. Em resumo, um bom plano e uma boa execução do mesmo. Conte comigo!

Mas deixe-me apresentar desde já um aviso à sua navegação. Trabalhar num navio não é um Plano B, nem alternativa a outra coisa qualquer. Se o seu objetivo é trabalhar num navio, comece por o tratar como o Plano A!

Talvez.. não sei.. mas.. se.. vou tentar.. são expressões de energia nula, polos negativos que atraiem inércia e repelem resultados. Para Trabalhar num Navio não basta ser muito trabalhador ou boa pessoa. Não basta a vontade, curiosidade ou insatisfação. É preciso querer e muita vontade de fazer acontecer. É fundamental ter conhecimento do mercado de trabalho, das profissões disponíveis e das melhores estratégias de entrada. É imperativo identificar as competências críticas e os recursos indispensáveis. É obrigatório construir um plano e executar o mesmo com disciplina e resiliência. Foco, foco, foco.

> *"No adiamento não existe abundância"*
> William Shakespeare

Quero Trabalhar num Navio. Quando?

Indique o mês e ano em que quer realmente estar já a bordo de um navio, com um contrato de trabalho assinado. Este é o principal ponto do seu plano. Se não o definir com certeza, unhas e dentes, nem sequer vale perder mais tempo. Simplesmente não vai acontecer. Porquê? Porque o ser humano é preguiçoso e adia sucessivamente as tarefas que deve realizar, se não tiver um compromisso consigo próprio ou com outros. É a chamada procrastinação – escolher fazer coisas não prioritárias nem sequer relevantes, deixando de fazer as mais importantes. O tempo vai passar e, daqui a uns anos, vai questionar-se sobre o que andou a fazer. Por isso, estabeleça uma data limite e assuma a responsabilidade por a cumprir.

"Um objetivo é um sonho com prazo limite"
Napoleon Hill

Naturalmente, e depois de ter lido este livro, estando claramente bem informado, passam agora pela sua cabeça várias questões:

– Como posso definir uma data se me falta adquirir algumas competências, preparar a minha apresentação, tratar de documentação, etc?

Faça uma reflexão tendo em conta os aspetos mencionados e o tempo que necessitará para os resolver. Defina agora a data em que quer estar a trabalhar a bordo de um navio. Escreva-a numa folha de papel.

Um grande objetivo = soma de objetivos parciais

Parabéns. Tem já duas datas definidas para o seu plano:

- O dia de hoje;
- O dia em que quer estar a trabalhar a bordo de um navio.

Pelo meio ficam agora meses (ou anos), não de férias ou de inação, mas de desafio e de concretização. Este intervalo será utilizado para completar os aspetos que lhe fazem falta para trabalhar num navio. Para alguns são poucos, para outros serão mais. Já pensou quais são? É tempo de os identificar. Pegue numa folha de papel e responda por escrito às seguintes questões:

Recursos e competências

- Quais são as suas habilitações literárias?

- Está atualmente a estudar para finalizar um curso? Quando termina?

- Qual a sua qualificação (ou qualificações) profissionais?

- Tem experiência de trabalho em alguma delas?

- Que interesses (hobbies) tem, que possa eventualmente converter em atividade profissional?

- Que idiomas domina, em termos de conversação e de escrita?

- O inglês é um dos idiomas que domina?

- Que certificações específicas possui, nomeadamente STCW?

- Possui um CV atualizado, em inglês?

- Tem alguma poupança para eventuais investimentos de formação?

- Conhece alguém no setor do transporte marítimo, que eventualmente o possa ajudar?

Trabalho

- Em que tipo de navio pretende trabalhar?

- Qual a função (ou funções) que pretende desempenhar a bordo?

- Qual a duração de contrato ideal para si?

Ações para trabalhar em navios

- Já enviou CVs para companhias de transporte marítimo?

- Já visitou empresas de recrutamento marítimo?

- Já participou em feiras de emprego especializado?

- Já falou com alguém do setor, procurando apoio para entrar num navio?

- Já discutiu a ideia com os seus familiares? Tem o seu apoio?

Pontos fortes, pontos fracos

Depois de responder a todas estas questões, tem com certeza, uma ideia do que já fez e do que falta fazer para alcançar o seu objetivo, e uma noção clara dos seus "pontos fortes" e dos seus "pontos fracos".

Os primeiros, os pontos fortes ou as suas forças, são os que deve evidenciar no seu CV, na sua apresentação profissional, nas entrevistas. São eles que o diferenciam e criam atenção nas companhias e recrutadores.

Os segundos, os pontos fracos ou as suas fraquezas, não o devem atemorizar nem deve sequer pensar em os colocar debaixo de um tapete, na expetativa de que ninguém veja. Estes são os seus pontos de trabalho a desenvolver, para os quais vai precisar de tempo. E de datas limites. Caso contrário não vai cumprir os objetivos parciais. Consequentemente, não vai atingir o objetivo final.

Faça uma lista (escrita) destes pontos fracos, agrupando-os em três diferentes áreas:

- Competências que lhe faltam (cursos, certificados, falar inglês, experiência profissional, etc);

- Recursos de que ainda não dispõe (CV em inglês, dinheiro, perfil Linkedin, contatos, etc;

- Ações ainda não realizadas (Networking, visita a empresas, feiras, etc).

"Planear é trazer o futuro para o presente, para que possa fazer alguma coisa por ele agora"
Alan Lakein

Plano final

Parabéns. Tem já todos os componentes necessários para realizar o seu plano Trabalhar num Navio:

- A data em que quer estar a trabalhar a bordo de um navio;
- Uma lista com as tarefas a realizar e concluir, antes da data de entrada num navio.

Pode agora finalizar o plano. Construa um gráfico semelhante ao que apresentamos de seguida, imprima-o pelo menos em formato A3 e cole-o numa parede que veja com frequência.

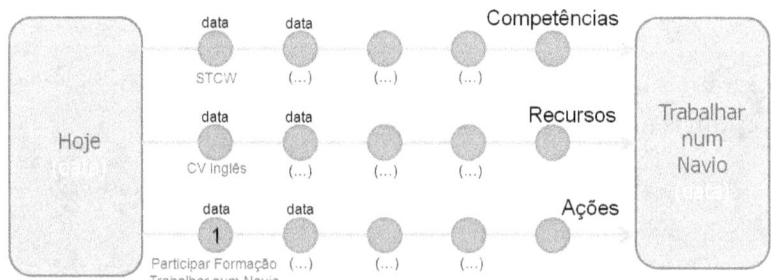

Entre os pontos de partida e de chegada (o seu objetivo) encontra três eixos, para os quais fez já uma lista de tarefas a executar.

Identifique cada uma delas nos círculos laranja. Especifique a data em que vai iniciar a tarefa e concluir a mesma.

Verifique se tem tempo para todas as tarefas. Eventualmente terá de esticar o tempo para as mesmas, empurrando a data de entrada num navio para mais tarde. Só depende de si.

> *"Tem tanto cuidado com o final como tiveste com o início, e não conhecerás o fracasso."*
> Lao Tzu

Quatro importantes conselhos, para a viagem rumo ao seu objetivo:

- Se não for atrás do que quer, nunca vai ter;

- Se não perguntar, a resposta vai ser sempre ser não;

- Se não der um passo em frente, nunca sairá do lugar;

- Se está a tentar e não resulta, pense e faça de forma diferente.

Até já. Encontramo-nos num navio!

16

AS EMOÇÕES

Trabalhar num navio tem efeitos colaterais nas emoções e estado espiritual. Ver o mundo a partir do meio do infinito Mar, a uma distância gigante de raízes e referências, oferece-nos perspectivas únicas e avassaladoras. Afinal,

"A vida tem tudo a ver com partidas e regressos, lágrimas e sorrisos, receios e amores. Sou agora o mesmo mas diferente. Guardo para sempre sentimentos descobertos. Sobre humanidade. Sobre o Amor. Sobre prioridades. Sou o mesmo mas melhor, acredito. A vida é um mistério. Assim como a felicidade. Para a entender um pouco, temos de ousar soltar lastro, ultrapassar limites. Carregar menos teres e saborear mais seres. Encontrar um propósito com nome de gente e entregar-lhe corpo e alma. Depois, passo a passo, sorriso a sorriso, pertencer e caminhar de mão dada. Amar."

Os textos seguintes foram escritos a bordo de navios, em viagens longas por mares e terras longínquas, rodeado de gente de todos os cantos do mundo. Todos foram escritos com tinta e lágrimas. Não de tristeza ou solidão, antes de saudade, orgulho e privilégio.

Os meses do Mar

Tarde de sol. O porto é simpático e o mar generoso.
A descoberta continua. E surpreende.

Tantas histórias de marítimos escutadas, relatando ausências e desli-
gamentos, tinham-me antecipado conflitos, com sentimentos feridos e
emoções reprimidas. Não foi bem assim. Não é bem assim.
Somos rotina e hábitos. Momentos, presenças e horas marcadas. A tole-
rância é apertada e o desvio desperta alarme. Surpreende-nos um des-
conforto nublado e persistente, quando o (nosso) mundo se esconde por
detrás de uma nova realidade. A configuração usual perde o sentido e os
sentidos reclamam. Com ou sem razão.
Foi assim o primeiro encontro. Devagarinho, com a pressa aprisionada,
deixou de o ser. A rotina e o hábito vestiram novas amizades, caminha-
ram novos passos, visitando e ocupando espaços descobertos. O cora-
ção a querer ser pensamento, engenhou mundos paralelos, simultâneos,
tranquilos. A viagem do antes ao depois faz-se sem demoras e o regresso
sem pressas. Não existe velocidade neste veículo, não se acelera e muito
menos se detém. O combustível, gratuito, não se chega sequer a consu-
mir.

Tantas histórias de marítimos escutadas, contando dias olhando o
regresso, tinham-me condicionado, tentado levar-me por ruas estreitas
e sombrias. Não foi bem assim. Não é bem assim.
A liberdade está aqui mesmo ao lado. Há que olhar para o lado certo. A
fronteira não chega sequer a ser uma linha. Antes um azul, um aroma,
uma memória. Ou até mesmo nada. O presente é generoso e farto, sem
pressa de futuro. Não é mais, nem menos um dia. Os afetos estão no
lugar certo. Confirmam-se. Ganham nomes e crescem. Saudade e sau-
davelmente.
Percebemos nas frases as palavras, as pequenas e as maiores, as que
quase esquecemos e as que se pintaram de invisíveis. Separamo-nos das
lentes e vemos mais longe, mais claro. Há que olhar para o lado certo.

Tantas histórias de marítimos escutadas, assegurando dias ásperos,
tinham-me assustado, sequestrado a coragem e exigido desproporcio-

nado resgate. Não foi bem assim. Não é bem assim.
Há festa no trabalho. O desafio está escrito no contrato. E faz-se notar.
Bem alimentado, apresenta-se emproado e de orgulho vestido. Exigente,
reclama mente desperta, passos ligeiros e, teimoso, um pouco mais.
Enfrenta e resiste-se. A missão ganha razão e esclarece-se o desconforto.
A confiança aproxima-se e o saber ganho, abraça. Há festa no trabalho.
Com razão.

Tantas histórias de marítimos escutadas, não são a minha história.
Não são a tua também. Anda daí e faz a tua!

Trabalhar num Navio

Sejam bem-vindos, aos meus pensamentos mais profundos como Marí-
timo, seguramente úteis se olharem o Mar como eu. Permitam-me que
inicie, explorando alguns pontos de reflexão.

Dinheiro
Disseram-me muitos marítimos, que trabalham em navios apenas para
ganhar dinheiro. Neste novo mundo tecnológico, optam por pressionar
o botão de pausa. Fantástico! Tornam-se eremitas, não porque gostem,
mas porque o dinheiro é bom. Consideram normal a dor que sentem no
peito. Fazem pausa à vida mas continuam a contar os dias. Como se
caminhassem sem sair do mesmo sítio. Não vão a lado nenhum. Mas a
vida segue o seu caminho. Afastando-se.
O Mar é muito mais que apenas dinheiro e merece toda a atenção. O
Mar é uma oportunidade, um privilégio, uma janela para outra dimen-
são. O local mais próximo de Deus. O sítio ideal para uma conversa
profunda.
Vem conhecer o Mar e entenderás. Mas não venhas apenas por dinheiro.
Ficarás desapontado.

Liderança
É fundamental fazer parte de algo: uma família, um grupo, uma equipa.
E onde pertencermos, necessitamos de liderança. Alguém para seguir,
para colaborar, para partilhar adversidade e sucessos. Precisamos de

alegria no trabalho. Caso contrário sentiremos isolamento, um enorme risco no Mar.

Mas fica atento. Existe um défice de líderes no Mar. Vais encontrar muitas pessoas a dar ordens. Vais sentir poucas competências sociais. Vais ficar desapontado, até mesmo triste e irritado. Pensarás "Não deveria ser assim". Tens razão. Liderança corresponde a partilha de responsabilidades, trabalho de equipa e celebração.

Não implica desrespeito nem sequer é palco de estrelas.

As boas notícias: tu podes fazer a diferença.

Comunicação

Todos conhecemos guerras que se iniciaram por falta de entendimento. Todos testemunhamos casamentos destruídos por falta de comunicação. Todos ouvimos falar de acidentes devidos a interpretações erradas. Sendo assim, a comunicação deveria ser algo muito importante. E é! Então qual é o problema?

– Em primeiro lugar, algumas pessoas falam apenas para ouvir a sua voz;

– Em segundo lugar, muitas pessoas não se interessam;

– Em terceiro lugar, a maioria das pessoas não escutam verdadeiramente;

– Por fim, muitas pessoas estão nos navios apenas pelo dinheiro.

Na realidade não comunicam. A comunicação ocorre quando se estabelece uma conexão. Conexões são transformadores invisíveis, de vozes em vontade, energia e ação. Conexões colocam coração nas razões.

Fica atento. Da próxima vez que comunicares, tenta também estabelecer uma conexão. Fará toda a diferença.

Sexo

Alguém me disse:

– Em casa, a tua mulher é o teu braço direito;

No Mar, o teu braço direito é a tua mulher.

Esta afirmação pretende ser um gracejo. No entanto, muitas pessoas acreditam ser real. Sim, se não encontras uma relação, fazes amor contigo próprio. No entanto, uma relação é muito mais que sexo. Num navio, vais sentir a sua ausência. Natural. Mas, mesmo que não o perce-

bas, vais sentir muito mais a falta de outra coisa. Algo imenso que te irá magoar e não saberás porquê. Sem segredos. Falo de intimidade. Deixa-me ajudar:
– Intimidade é a linguagem dos abraços e beijos macios;
– Intimidade é comunicação em silêncio;
– Intimidade é olhar a cor de outros olhos e descobrir o céu;
– Intimidade é a evidência do amor. E amor é tudo o que precisas. (John Lennon disse-o também).
Agora já sabes. A próxima vez, antes de saíres de casa para uma nova viagem, assegura-te que não colocas apenas roupas na tua bagagem.

Amizade
O primeiro contacto com um navio é semelhante a um novo começo. Provavelmente não conhecerás ninguém. Provavelmente, a primeira pessoa que falar contigo não será amigável. Irás antecipar maus dias. Mas não desistes. Um dia, surpreendentemente, vais ouvir a voz de alguém:
– Bem-vindo!
Voltas-te e deparas com alguém que te olha, sorrindo. O teu primeiro amigo. A tua primeira ponte para a humanidade. Outro dia estás em apuros por alguma razão. Surpreendentemente, vais ouvir a voz de alguém:
– Precisas de ajuda?
O teu segundo amigo. A tua segunda ponte para a humanidade. E muitas mais surgirão. Mas pontes precisam de manutenção. De outra forma, um dia colapsarão. Não permitas que tal aconteça.
Transforma-te em bons dias, de Segunda a Domingo. Partilha com outros. E não esperes ouvir vozes.
É a tua vez de construir pontes.

Família
Todos temos uma família. Uma família iniciada por nós ou uma de onde viemos e pertencemos. Ou mesmo uma construída com amigos especiais. Normalmente, os laços mais fortes são estabelecidos com membros da família. Tens as tuas emoções e saudades organizadas e classificadas. Um dia partes para o Mar num navio, para uma longa viagem. À

medida que o tempo passa, começas a desenhar um mapa emocional que te pode surpreender. Chegará o dia em que sentes tanto a falta de alguém, que deixarás de conseguir suportar o silêncio. E começarás a escrever uma mensagem, uma carta ou email, ou não resistirás a um telefonema. Questão:

– Com quem falarás ou a quem escreverás primeiro?

– E depois? Quem ficou ausente nas tuas prioridades?

– Que nomes surgiram inesperadamente na tua memória?

Vais descobrir que tens um novo mapa emocional.

Um mapa construído com uma mistura de familiares e amigos. Vais também descobrir que outros familiares e amigos não fazem parte do mapa. Ou pelo menos, não ocupam lugares de destaque.

Bem-vindo ao Mar. Bem-vindo a ti. Completo.

Fim da viagem

Um dia desembarcarei do navio, regressando a casa, à família e amigos. Antecipo a felicidade desse momento. Será o meu primeiro regresso após uma longa viagem no Mar. Um grande mistério que, seguramente, me surpreenderá. Mas antecipo também a dor da separação do Mar e de tantas relações de amizade construídas no navio, com mais de 250 tri-pulantes. Tal como eu, também eles viajaram para longe, descobrindo este bonito planeta e também o seu riquíssimo planeta interior. Esta separação vai magoar-me. Tenho a certeza.

Mas a vida continua. A vida tem tudo a ver com partidas e regressos, lágrimas e sorrisos, receios e amores.

Regressar a Casa

Passei seis longos meses a navegar. Visitei mais de quinze países. Con-vivi com gentes de vinte nacionalidades. Chega de contabilidade. O regresso a casa não cabe em números, finitos ou infinitos. A dimensão da descoberta não encontra espaço na razão. Ainda bem.

Pois foi assim. Juntei todas as saudades e saí do navio. Sem pressas mas com urgência, saboreei o caminho, recuperando dos sítios a memória.

Imaginei aromas e sabores, beijos, primavera, neve, cores. Arcos e íris choveram-me completo. Lembro-os mornos e abundantes. A vida quis-me mais nesse dia. Aproximou-se e, sem maneiras, tomou-me de abraços e levantou-me do firmamento. Perdi-me.

Tinha desenhado o plano para o reencontro perfeito. Complexamente simples. O guião incluía o espaço de palco mas também os bastidores. Cada pedaço de tempo. Porém, venceu-me o improviso. Dei-me a caminhar em círculos, a escolher distância para saborear o tempo. Como que entregue a um delicioso gelado ou a um magnífico pudim. Nos passos perdidos, falei que me fartei. Com todos os desconhecidos que conheci. Apeteceu-me partilhar, soltar amarras a tanta alegria, traduzir o inexplicável em palavras. Intercalei nas frases mãos agitadas e olhares gigantes. Menino outra vez. Mais uma viagem, agora no tempo.

O táxi levou-me a casa. E levou-me também o telemóvel que lá ficou esquecido. Nas mãos não cabia nada mais que o mundo que trazia comigo. Cúmplice, o coração de agitado preocupou a razão e distraiu o hábito. Poderia estar nu e não o perceberia.

As escadas não estavam lá. O elevador, não o lembro ou não o vi. O quarto andar desceu aos meus pés. Aproveitei e subi os braços à porta. Calmo e de peito aos saltos entreguei-lhe sonora vontade e emoção. Bastou pouco tempo para o sol nascer e para se por no meu olhar.
Percebi no momento o universo e os porquês. Estava tudo ali.
Abati-me de joelhos. Olhos nos olhos, a festa começou com acrobacias a palmos do chão. Seguiram-se arriscadas coreografias caninas nem sequer imaginadas. Afinal, ela não me tinha esquecido. O cerco de patas e coração durou. Irresistível. Rendi-me, grato.
Depois ergui o olhar. Ali estava o sonho e a saudade, com toda a dimensão de mulher. Lembro que perdi perdão ao firmamento, por o trocar por tanto céu. O abraço chegou com vontade de beijo mas este, paciente, ofereceu a vez ao sorriso. Ouve tempo.

Passaram por ali as quatros estações do ano numa correria.
Brilhou o sol e choveu a cântaros.

E não percebemos nada.
Percebemos tudo.

Depois fizemos viagem. Viagens. Pelo aMar. Desta vez sem navio. A seu tempo, agora juntos, chegámo-nos a outros cais. Todos com nome de família. Todos momentos únicos de surpresa e celebração. Com inexplicável satisfação, aprendi de novo os sabores, os sorrisos, a amizade, a intimidade. Senti-me visitante de um planeta distante, guiado por mãos de carinho, seguro por abraços. Senti-me até um pouco não humano, abençoado por tanta luz. Como se o sol raiasse por mim e uma estrela me guiasse os passos. Senti-me o homem mais feliz do mundo.

Sou agora o mesmo mas diferente. Guardo para sempre sentimentos descobertos. Sobre humanidade. Sobre o Amor. Sobre prioridades.
Sou o mesmo mas melhor, acredito. A vida é um mistério. Assim como a felicidade. Para a entender um pouco, temos de ousar soltar lastro, ultrapassar limites. Carregar menos teres e saborear mais seres. Encontrar um propósito com nome de gente e entregar-lhe corpo e alma. Depois, passo a passo, sorriso a sorriso, pertencer e caminhar de mão dada. Amar.

E quando chegar de novo a hora da partida, para esse Mar gigante, saber e querer o sabor do regresso. Muitíssimo.
Mas agora não é tempo de partida. Antes de regresso.

A vida é um mistério.
Vemo-nos por aí!

"A vida é demasiado curta para ser pequena."

Benjamin Disraeli

AGRADECIMENTOS

Passaram meses, desde a ideia inicial até à conclusão deste livro. Pelo meio, altos e baixos, euforia e reflexão. Paragens e hiper produção. Umas vezes por minha responsabilidade, outras, por factos adversos e prioritários.

Escrever este livro não foi tarefa fácil. Mas nunca deixou de ser aliciante. Pouco poderia ter escrito se não me tivesse entregue a uma gigante viagem de exploração e de descoberta. Desafiante, a construção do veículo e o abastecimento do necessário combustível. Colossal, a descoberta e equilíbrio da disciplina necessária para cumprir o objetivo. No momento de agradecer tudo o que recebi, passam-me pela mente muitas pessoas.

Por um lado, todos os meus alunos da Formação Trabalhar num Navio, aos quais ensinei o Mar e aprendi muita vida. Mais de duzentos seres humanos curiosos e empreendedores, com os quais partilhei o meu conhecimento. Alguns deles, hoje a trabalhar em navios.

Por outro, a minha família, sempre presente na minha ausência, nas longas horas de escrita e de silêncio.

No final, com o sentimento de missão cumprida, chega o tempo de um imenso obrigado a toda a comunidade marítima da qual faço parte, numa permanente dualidade de mestre e eterno aprendiz.

ACERCA DO AUTOR

Álvaro Máximo Sardinha é licenciado em engenharia marítima, pela Escola Superior Náutica Infante D. Henrique, desempenhando atualmente a função de oficial da marinha mercante, com experiência profissional recente em navios de cruzeiros. É também oficial de proteção de navios e de companhias.

Possui certificação STCW de acordo com a International Maritime Organization (IMO), sendo o fundador da plataforma TransporteMaritimoGlobal.com e autor do livro "Mar, a Terra dos Segredos". É igualmente formador certificado e consultor de transporte marítimo, com especialização em certificação marítima, recrutamento e seleção.

Nos intervalos entre embarques em navios realiza várias atividades em terra, incluíndo a Formação Trabalhar num Navio, na qual transmite os conhecimentos essenciais sobre a indústria do transporte marítimo, revelando os segredos da certificação, acesso a emprego e condições reais de vida e trabalho, em navios de carga e de cruzeiros.

Continua hoje a sua carreira no Mar, em paralelo com a atividade de formação e consultoria em desenvolvimento pessoal.

CENTRO DO MAR

O Mar tem aqui centro, onde encontra recursos estratégicos fundamentais. Não falamos de geografia, antes de informação. Afinal vivemos na era do conhecimento e, se não o podemos centralizar na nossa cabeça, torna-se fundamental agregar para que esteja sempre disponível e à distância de um click.

SEAFARERS
ITF Seafarers
SRI Seafarers Rights International
The Mission to Seafarers
Human Rights at Sea
Missing Seafarers Register
Harassment and Bulying
Proud to be Seafarer
Transporte Marítimo Global

CONHECIMENTO e PROSPECTIVA
BIMCO International Shipping Association
CLIA Cruise Lines International Association
Cruise Market Watch
Geography of Transport Systems
ICS International Chamber of Shipping
INTERCARGO Int. Association of Dry Cargo Shipowners
INTERFERRY Ferry Industry
INTERTANKO Tanker Industry
IHS Global Insight
IMCA International Marine Contractors Association
IMarEST Institute of Marine Engineers, Science & Technology

Statista The Statistics Portal
The Nautical Institute
The Royal Institution of Naval Architects
UNCTAD Review of Maritime Transport
UNCTADstat Maritime Transport Statistics
Wartsila Enciclopédia de Tecnologia de Navios
World Shipping Council

DIREITO DO MAR
Convenção das Nações Unidas sobre o Direito do Mar
UNCLOS Ratificação em Português e Inglês
Tribunal Internacional sobre Direito do Mar
Autoridade Internacional para os Fundos Marinhos
Comissão dos Limites da Plataforma Continental
Extensão da Plataforma Continental de Portugal

LEGISLAÇÃO E REGULAMENTOS
MARINHA PT Legislação para as Actividades Marítimas
MARINHA BR Convenções IMO
MARINHA BR Códigos IMO
MLC Maritime Labour Convention em Português
IMO Status of Conventions

ORGANIZAÇÕES
IMO Organização Marítima Internacional
DGRM Direção-Geral de Recursos Naturais, Segurança e Serviços Marítimos
IMT Instituto da Mobilidade e dos Transportes
MAR Registo Internacional de Navios da Madeira

SINDICATOS
ITF International Transport Worker's Federation
ETF European Transport Worker's Federation
SINCOMAR Sindicato de Capitães e Oficiais da Marinha Mercante
SEMM Sindicato dos Engenheiros da Marinha Mercante
SOEMMM Sindicato dos Oficiais e Engenheiros Maquinistas da

Marinha Mercante
OFICIAISMAR Sindicato dos Capitães, Oficiais Pilotos, Comissários e Engenheiros da Marinha Mercante

SEGURANÇA (SAFETY)
EMSA Agência de Segurança Marítima Europeia
EMSA Thetis Port State Control
EMSA STCW-IS
EMSA Maritime Aplications
IMCA International Marine Contractors Association Safety Flashes
ISM International Safety Management Code

PROTEÇÃO (SECURITY)
ICC IMB Commercial Crime services
ReCAAP Asia Piracy and Armed Robbery

SOBREVIVÊNCIA NO MAR
GMDSS EPIRB SART
Survival Zone (Videos)
RYA Sea Survival Handbook
Wilderness Survival For Dummies

ESTRATÉGIA E GESTÃO
DGPM Direção-Geral de Política do Mar

INFORMAÇÃO MARÍTIMA
Atlas Europeu dos Mares
Equasis Quality Shipping
Marine Traffic
Fleetmon
Vesseltracker
VTSLite

ASSOCIAÇÕES
Fórum Oceano Associação da Economia do Mar
AAMC Associação de Armadores da Marinha do Comércio

LIVRARIAS ESPECIALIZADAS
Boat Books Australia
Boat Books Ltd
Sailing Books
The Nautical Mind
Witherby Seamanship International

ADMINISTRAÇÕES MARÍTIMAS
Australian Maritime Safety Authority
Danish Maritime Authority
Egyptian Authority for Maritime Safety
Ghana Maritime Authority
Hong Kong Marine Department
Jordan Maritime Commission
Kenya Maritime Authority
Maritime New Zealand
Maritime Safety Administration of the People's Republic of China
Maritime Singapore
Norwegian Maritime Authority
Panama Maritime Authority
Portugal Maritime Authority
South African Maritime Safety Authority
The Bahamas Maritime Authority
UK Maritime & Coastguard Agency
US Coast Guard

PORT STATE CONTROL
Paris MoU (Estados costeiros europeus e bacia do Atlântico Norte)
Acuerdo de Viña del Mar (América Latina)
Tokyo MoU (Ásia e Pacífico)
Caribbean MoU (Mar das Caraíbas)
Mediterranean MoU (Mar Mediterrâneo)
Indian Ocean MoU (Oceano Índico)
Abuja MOU (África Central e Oeste)

Black Sea MoU (Mar Negro)
Riyadh MoU (Golfo Pérsico)

SOCIEDADES CLASSIFICADORAS

DNVGL Det Norske Veritas Germanischer Lloyd (Noruega + Alemanha)
LR Lloyd's Register (Reino Unido)
ABS American Bureau of Shipping (EUA)
CCS China Classification Society (China)
RINA Registro Italiano Navale (Itália)
KRS Korean Register of Shipping (Coreia)
BV Bureau Veritas (França)
NKK Nippon Kaiji Kyokai (Japão)
TL Turkish Lloyd (Turquia)
RMRS Russian Maritime Register of Shipping (Rússia)
PRS Polish Register of Shipping (Polónia)
IACS International Association of Classification Societies

ESTALEIROS NAVAIS

Hyundai Heavy Industries (1972, Coreia do Sul)
Samsung Heavy Industries (1974, Coreia do Sul)
Daewoo Shipbuilding & Marine Engineering (1978, Coreia do Sul)
STX Offshore & Shipbuilding (1962, Coreia do Sul)
Hyundai Samho Heavy Industries (1998, Coreia do Sul)
Hanjin Heavy Industries (1937, Coreia do Sul)
Mitsubishi Heavy Industries (1934, Japão)
Shanghai Waigaoqiao Shipbuilding (1999, China)
STX Europe (subsidiária da STX Corporation – Coreia do Sul)
Fincantieri Cantieri Navali Italiani (1959, Itália)
T. Mariotti (1928, Itália)
Meyer Werft (1795, Alemanha)
Lloyd Werft (1857, Alemanha)
Blohm & Voss (1877, Alemanha)
Lisnave (1937, Portugal)

Navalria (1978, Portugal)
WestSea (1944, Portugal)

LIGAÇÕES

A edição digital do livro Objetivo Trabalhar num Navio, apresenta dezenas de ligações (links) ao longo do texto, permitindo que os leitores, com um simples click, possam aceder a vasta e valiosa informação, transformando o livro num autêntico portal de carreira marítima.

Os mesmos links estão assinalados na edição impressa (textos com cor azul), mas os endereços das ligações não estão disponíveis, dado que muitos são longos e obrigariam o leitor a escrever os mesmos nas ferramentas de pesquisa.

Em alternativa, criámos uma local de partilha de recursos, onde encontra todos os links organizados por páginas, podendo aceder diretamente aos mesmos de forma facilitada.

Por favor, siga os links do livro Objetivo Trabalhar num Navio, na sua versão impressa em:

https://transportemaritimoglobal.com/links-objetivo-trabalhar-num-navio/

TRIBUTO AO MARÍTIMO

Sou Marítimo
Sou parte da tua vida. Mesmo que não me conheças. Vejo-te nas ruas, na televisão, em todos os lugares. Preocupo-me contigo. Ajudo a entregar as roupas que vestes, a energia que te aquece e que te move, os alimentos que suportam o teu sorriso. Ajudo-te a visitar lugares paradisíacos e a alcançares os teus maiores sonhos. Na verdade nunca estou sozinho. Basta-me fechar os olhos e vejo-te, seguindo a tua vida. Aquece-me a alma saber que tenho uma missão. E que tu és uma grande parte dela.

Sou Marítimo
Muito mais que uma profissão, ser Marítimo é uma forma de viver. A ausência de coisas triviais e de emoções comuns, a singularidade de viver num pequeno navio flutuando num mar imenso, a humilde exposição à mãe natureza, o movimento constante da plataforma e o ciclo de partida e regresso constante, criam um ambiente único. Não apenas para o corpo. Também muito para a alma.

Sou Marítimo
Não tenho uma vida fácil no mar. Sinto falta das pessoas amadas. Sinto falta do perfume, dos sabores e das cores do meu país. Tenho saudades da rotina diária e das coisas simples. Sinto falta de intimidade. A vida no mar exige-me por completo, requerendo toda a minha energia no trabalho e na aprendizagem, enfrentando desafios infinitos. Não só físicos e técnicos. Tam-

bém sociais. O transporte marítimo é um lugar multicultural e multicolorido. Nele encontramos pessoas gigantes como montanhas ensolaradas e pessoas profundas como densos abismos. Vivendo juntos num espaço confinado, compartilhando a frequência das ondas. Único. O mar é realmente a terra dos segredos. Quente e frio, azul e laranja, cinza também. Mágico e fantástico. O lugar perfeito para uma conversa profunda contigo mesmo.

Sou Marítimo
Confesso – tenho uma vida paralela. Quando estou no mar, sigo as suas regras, viajando ao redor do mundo, sonhando com o regresso a casa. Quando em casa, sigo as regras da família, imerso num oceano de amor e cuidados, pensando em regressar ao mar. Em ambos os lugares pertenço, compartilho e tento oferecer o melhor de mim. Em ambos os lugares a minha liberdade acaba onde começa a liberdade de outros. Respeito. No entanto, os diferentes habitats mudam minha atitude, o meu humor, os meus sentidos e sentimentos, vestindo-me com diferentes cores. Como um camaleão do mar. Mas, em ambos os lugares, sou sempre Marítimo.

Forjado com aço e prata, em singular têmpera de coragem, força e fé, abençoado por Deus.